勒索自己

一度放棄，停止

憂鬱本身不是罪，
不必為悲觀向任何人道歉

謝琇龍，大衛◎著

目錄

第3章　心胸寬一點，煩惱少一點

第 6 章　心態好一點，煩惱少一點

第 7 章　糊塗多一點，煩惱少一點

 目錄

前 言

　　法國作家大仲馬說：「人生是用一串無數小煩惱組成的念珠，樂觀的人是笑著數完這串念珠的。」其實，在很多情況下，煩惱都是自找的。

　　不論你是高官還是平民，不論你是富豪還是窮人，不論你是社會名流還是無名之輩，恐怕誰也超越不了「有得必有失」的辯證邏輯。即使你不自找煩惱，但還是少不了煩惱，因為人是現實的，不是超脫凡俗的聖人。每當我們自尋煩惱之際，身邊的人大都會勸導說：「不要自尋苦惱，開朗一點，開心一點。」但不好的情緒還是會不自覺地湧起。煩惱的想法一出現，我們便不由自主地陷入到更多的糾葛中，搞得整個人心神不寧。

　　是的，我們每個人都有七情六慾和喜怒哀樂，有煩惱也是人之常情，是人人都避免不了的。但是由於每個人對待煩惱的態度不同，所以煩惱帶給人的影響也不同。通常人們所說的樂天派和多愁善感型就是很明顯的區別。樂天派的人通常較少自找煩惱，而且善於淡化煩惱，所以活得輕鬆愉快，活得瀟灑。而多愁善感的人喜歡自找煩惱，一旦有了煩惱就憂愁萬千，牽腸掛肚，離不開、扔不掉，活得有些窩囊。

　　因為煩惱，一些本可以成為天才的人正在做著極其平庸的工作；因為煩惱，很多人把大量的時間和精力耗費在無謂的事上。世界上沒有任何一個人因煩惱而獲得好處過，也沒有任何一個人因煩

 前言

惱而改善過自己的境遇，但煩惱卻在隨時隨地損害著我們的健康，消耗著我們的精力，擾亂著我們的思想，減少著我們的工作效能，降低著我們的生活品質。

有統計發現，百分之四十的煩惱是關於未來的事情，百分之三十的煩惱是關於過去的事情，百分之二十二的煩惱來自微不足道的小事，百分之四的煩惱來自我們改變不了的事情，剩下百分之四的煩惱來自我們正在做的事情。

煩惱就像一張無形的大網，藏在我們的心裡，一不留神它就會出來網走我們的快樂和好心情，所以千萬不要自尋煩惱。生活本來是可以沒有煩惱的，只是我們自己捆住了自己而已。我們能夠無事生非、自尋煩惱，同樣，自己也能克服它們。所以，我們就要學會善於淡化煩惱，化解煩惱，

人生在世，我們是為了自己而活。活著，本身就是一種幸福。每個人來到這個世界上都是不容易的，也是幸運的。所以，珍惜和善待我們的人生吧！快樂和充實地度過每一天，才是遠離煩惱的正確選擇。

請記住一句話：煩惱就像天空上的一片烏雲，如果我們的心中是一片晴空，那麼煩惱不會對我們有絲毫的影響。

第 1 章

心情好一點，煩惱少一點

　　人活著是一種心情，是一種心靈的淡定！這個世界本來很簡單，是我們把它弄複雜了。隨之而來的就是痛苦和煩惱，人之所以煩惱，是因為我們沒有按照自己喜歡的方式去生活。多數人是在按照別人的要求生活，刻意改變，違背內心，所以才會讓自己煩惱！

▶ 給自己一個希望

　　希望，看似很平淡的兩個字，卻包含著各種不同的內涵。試著每天給自己一個希望，靠自身的努力和嘗試去創造，去不斷進取，不斷探索，不斷發展，事業就會成功，就會有所進步，生活也會因此而變得更加美麗。

　　有位醫生素以醫術高明享譽醫界，他的事業蒸蒸日上。但不幸的是，就在某一天，他被診斷患上了癌症。這對他就如當頭一棒，使他一度情緒低落。但是，最終他不但接受了這個事實，而且的心態也改變了，變得更加寬容、更加謙和、更懂得珍惜現在所擁有的一切。在勤奮工作之餘，他從沒有放棄過與病魔搏鬥。就這樣，他已平安度過了好幾個年頭。有人驚訝於他的事蹟，就問他是什麼神奇的力量在支撐著他。

　　這位醫生笑盈盈地答道：是希望，幾乎每天早晨，我都給自己一個希望，希望我能多救治一個病人，希望我的笑容能夠溫暖每個人。我們可以看出，這位醫生不但醫術高明，做人的境界也達到了一定的高度。

　　是的，在這個世界上，有許多事情是我們所難以預料的。但是，我們不能控制際遇，卻可以掌握自己；我們無法預知未來，卻可以把握現在；我們不知道自己的生命到底有多長，但我們卻可以安排當下的生活；我們左右不了變化無常的天氣，卻可以調整自己的心情。只要活著，就有希望，只要每天給自己一個希望，我們的人生就一定不會失色。

　　是的，希望是催促人們向前的最大動力，也是生命存在的最主

要激發素。只要活著，我們就有希望，相對的，只要抱有希望，生命便不會枯竭。對於我們來說，希望不一定是多麼偉大的目標，它可以縮小到平淡生活中的一些小期待、小盼望、小快樂、小滿足，譬如明天要出去玩，希望天氣晴朗會看到太陽；明天要去參加一個活動；聽一場音樂會；下星期約了老朋友喝茶一起吃飯；下個月即將得到一小筆獎金；陽台上的盆花即將盛開；不久的將來自己可能會升職；遠方的老同學要來看自己了；週末要去買件新衣服；下個星期是自己的生日，希望心愛的人能給自己一個驚喜……雖然在別人眼裡，這些或許盡是微不足道的瑣碎小事，但是，對我們自己而言，卻能帶來一些樂趣，一些期盼，這些都是喜悅的希望。希望可能是明天公布考試成績得高分，或是榮登金榜；希望可能是明天見到自己心愛的人，或是獲得自己渴望的答案，也可能是洞房花燭夜的日子；希望可能是工作獲得上級的肯定，能表現自己的才華和成就。

　　每天給自己一個希望，就是給自己一個目標，給自己一點信心。希望是什麼？是引爆生命潛能的導火線，是激發生命熱情的催化劑。每天給自己一個希望，我們生命將充滿活力，澎湃激昂，哪裡還有時間去嘆息、去悲哀，將生命浪費在一些無聊的小事上？生命是有限的，但希望是無限的，只要我們不忘記每天給自己一個希望，我們就一定能夠擁有一個豐富多彩的人生。

每天喝一點雞湯：

　　　只要每天給自己一個希望，點亮心中的希望之燈，我們的人生就一定不會失色。

13

▶ 讓夢想伴隨你

美國某個小學的作文課上，老師給小學生的作文題目是：「我的夢想」。

一位小朋友非常喜歡這個題目，他在自己的作文簿上，飛快地寫下了自己的夢想。

他希望將來自己能擁有一座占地十八公頃的莊園，在廣闊的土地上種滿如茵的綠草。莊園中有無數的小木屋、烤肉區及一座休閒旅館。除了自己住在那以外，還可以和前來參觀的遊客分享自己的莊園，有住處供他們憩息。

寫好的作文經老師過目，這位小朋友的簿子上被劃了一個大大的紅「×」發回到他的手上，老師要求他重寫。小朋友仔細看了看自己所寫的內容，並無錯誤，便拿著作文簿去請教老師。

老師告訴他：「我要你們寫下自己的夢想，而不是這些如夢幻般的空想；我要實際的志願，而不是虛無的幻想，你知道嗎？」

小朋友據理力爭：「可是，老師，這真的是我的夢想啊！」

老師也堅持：「不，那不可能實現，那只是一堆空想，我要你重寫。」

小朋友不肯妥協：「我很清楚，這就是我想要的，我不願意改掉我夢想的內容。」

老師搖頭：「如果你不重寫，我就不能讓你及格了，你要想清楚。」

小朋友也跟著搖頭，不願重寫，而那篇作文也就得到了大大的一個 "E"。

　　三十年後，這位老師帶著一群小學生，來到一處風景優美的度假勝地旅行，在盡情享受無邊的綠草、舒適的住宿及香味四溢的烤肉之餘，他望見一名中年人向他走來，並自稱曾是他的學生。

　　這位中年人告訴他的老師，他正是當年那個作文不及格的小學生，如今，他擁有這片廣闊的度假莊園，真的實現了兒時的夢想。

　　望著眼前這位莊園的主人，這位老師想到自己三十年來不敢有夢想的教師生涯，不禁感嘆：「三十年來，為了我自己，不知道用成績改掉了多少學生的夢想。而你是唯一保留自己的夢想而沒有被我改掉的。」

　　美國第三十七任總統威爾遜（Thomas Woodrow Wilson）說：「我們因有夢想而偉大，所有偉人都是夢想家。他們在春天的和風裡或是冬夜的爐火邊做夢。有些人讓自己的偉大夢想枯萎而凋謝，但也有人灌溉夢想，保護它們，在顛沛困頓的日子裡細心培育夢想，直到有一天得見天日。這些是誠摯地希望自己的夢想能夠實現的人。」

　　偉大的夢想，我們每個人在兒時都曾擁有過。只是在成長歲月中不知道何時被改掉了、丟失了，或因為我們給予的滋養不足，夢想的種子仍深埋在土裡，難以發芽。

　　就在今天，找回自己真正的夢想，不論過去這段時間裡，曾將它藏在何處，或被改掉，或被「偷走」，把夢想找回來，並且相信自己必能夢想成真。

　　在你找回夢想的過程中，或許會遇到一些專業的偷夢人，他們可能是你的朋友、同事、鄰居，甚至是你的父母或配偶；他們會在你興致勃勃述說夢想時，神色嚴肅地告訴你，那是不可能的；要你

腳踏實地好好做事；不要說的比做的多，先做到再來說也不遲。

　　只要自己本來就是腳踏實地的人，只要自己緊緊握住夢想，就不用怕這些人的冷嘲熱諷，讓夢想牢牢的駐紮在自己心靈的莊園，不怕別人偷竊。而所有偷夢人潑向你的冷水，足以灌溉自己夢想的種子，使之茁壯成長為大樹。你可以感謝他們潑的冷水，真心地感恩，因為待你夢想成真之後，將與他們分享。

每天喝一點雞湯：

　　　心愛的東西不見了，可以再去買；錢沒有了，可以再賺回來；唯獨夢想，若是丟失了，就難以再尋覓回來。除非你願意，否則沒有人可以偷走你的夢想。

▶ 打開人生的另一扇門

　　生活中，有的人一生下來就有良好的家庭環境，從小就受著不同他人的待遇；有的人，在睜開眼睛的瞬間就註定一輩子勞碌奔波……不論如何我們都不必抱怨，因為生活對每個人都是公平的。

　　一個人如果出生在繁榮的都市，當然會受到優越的教育，但是出生在山村也不要哭泣。因為出身在山村的你，能夠保存一顆完美的、純潔的心，這不是每個城市人都能夠擁有的。出生在農村的你，知道什麼叫做滿足，不需要千噸黃金，只要有一支新的筆、一本新的書就能讓你露出笑容。

　　在繁華的都市，人來人往，車水馬龍，好不熱鬧。它多了高聳著的建築，但卻沒有了原來的成蔭綠樹、清澈小溪。學生們低頭認

真做作業、複習的情景隨處可見，卻不見了孩子們與魚兒、蝦兒嬉戲的身影。各種式樣的新車子穿梭在馬路上，清新的空氣卻被廢氣掩蓋了。

有時候，可能會埋怨自己躲在窮山村裡不會有什麼成就，永遠不會出人頭地，更不會坐上領導的位置。事實上，上帝是公平的。他不給予你領導的位置，要你從低階職員做起，並不是他吝嗇，是因為他明白：天將降大任於是人也，必先苦其心志，勞其筋骨，餓其體膚。他要鍛鍊你，讓你用自己的實力坐上這個寶座，因為只有真正經過風雨，花兒才能結成甘甜、碩大的果實。

無論你生在都市，還是山村，都不必埋怨任何東西，因為生活對每個人都是公平的。

有這樣一個故事：

歐洲一位著名的女高音歌唱家，年僅三十歲就已經享譽全球，而且她擁有一位如意郎君和一個美滿幸福的家庭。一次她舉行完一個成功的音樂會後，歌唱家和丈夫、兒子被一群狂熱的觀眾團團圍住。人們七嘴八舌地與歌唱家攀談起來，讚美與羨慕之詞洋溢了整個會場。

有的恭維歌唱家少年得志，大學剛畢業就走進了國家級劇院，成了一名主要演員；有的人恭維歌唱家二十五歲就被評為世界十大女高音之一，年輕有為；也有的恭維歌唱家有一個優秀的丈夫，膝下又有個活潑可愛，臉上永遠洋溢著笑容的小男孩。

在人們議論的時候，歌唱家只是靜靜地聽著，什麼話也沒有說。當大家把話說完後，她才緩緩地說：「首先，我要謝謝大家對我和我家人的讚美，我希望在這些方面能夠和你們分享快樂。但

是，你們只看到了一面，還有另一面你們沒有看到，那就是你們所誇獎的，臉上總帶著微笑活潑可愛的小男孩卻是一個不會說話的啞巴，而且他還有一個精神分裂，經常要被關在屋裡的姐姐。」

人們震驚了，你看看我，我看看你，似乎很難接受這樣的事實。這時，歌唱家又心平氣和地對人們說：「這一切說明什麼呢？恐怕只能說明一個道理：上帝是公平的，給誰的都不會太多，同樣也不會太少。」

生活，給富人以好的食物，給窮人以好的胃口；給大人物以矮小的身軀，給偉岸者以卑鄙的靈魂；給馥郁的桂花以可憐的形貌，給不芬芳的牡丹以天仙的姿色。讓惡人得到詛咒，但用享樂來補償；讓善人獲得讚美，但用痛苦折磨；讓強大者獨處，讓弱小者群居。

雖然，完美的生活是每個人都渴望得到的，然而我們所生活的空間，卻註定是一個不完美的世界。但是只要我們用自己的智慧和汗水去接受上帝的給予，用堅強的毅力去坦然面對挫折，成功之門總有一天會向我們敞開。

每天喝一點雞湯：

上帝是公平的，當一扇門關閉，必會有另一扇門為我們開啟。

▶ 把工作當成一種快樂

隨著生活水準的提高，人們的消費觀念越來越強，這也加劇了人們對金錢的渴求。以至於許多人都把工作的價值和樂趣都用金錢來衡量。從而失去了最初自己對工作本身的興趣。然而，工作除了能給我們帶來金錢收入以外，保持自己最初的興趣，快樂的工作也是非常必要的。如果，你能夠踏實的做好每一件小事，機會就會垂青與你。如果能在工作的過程中，去享受那份酸甜苦辣，心情也就會愉快很多。

一位退休的老人，在鄉間買下一座宅院，打算安享天年。但不幸的是，在這宅院的庭園裡，種著一株果實纍纍的大蘋果樹。

鄰近的頑童，幾乎是日以繼夜地來「探視」這株蘋果樹，同時還帶來了石頭或棍棒，玻璃常被擊破。想安享寧靜的老人有時不堪喧鬧，會走到庭院中驅趕樹上或園中的頑童，而頑童回報老人的，則是無數的嘲弄及辱罵。

老人在不堪其擾之餘，想出一條妙計。有天，當他如往常一樣，面對滿園的頑童時，他告訴他們，從明天起，他歡迎頑童們來玩，同時在他們要離去前，還可以到屋子裡向老人領取一塊錢的零用錢。

孩子們大喜，如往常一樣地砸蘋果，戲弄老人，同時又多了一筆小小的零用錢收入，因此天天來園中玩得樂不思蜀。

一個禮拜過去後，老人告訴小孩們，以後每天只有五毛錢的零用錢。頑童們雖然有些不悅，但仍能接受，還是每天都來玩耍。

再過一個星期，老人將零用錢改成每天只有一毛錢。孩子忿忿

不平，群起抗議：「哪有這種事，錢愈領愈少，我們不幹了，以後再也不來了。」

從此，庭院中恢復了往日的幽靜，蘋果樹依然果實纍纍，不再飽受摧殘。

聰明的老人為了對付貪心的小孩，在原本只為了興趣而快樂的事物上加入酬勞，假以時日，將酬勞逐漸降低，終於使孩子們失去興趣；原本能夠使自己快樂的遊戲，也因失去酬勞，而再也沒有任何樂趣可言。

或許不只小孩子是這樣，在我們成人中，也常有這樣的現象，因為金錢的緣故，而使自己對原本熱愛的工作失去了興趣。

這個時候，人們開始詛咒金錢是萬惡的，因為加入金錢，而使得單純的工作興趣不再有意義。事實上，金錢非善也非惡，貪財才是萬惡的根源。真正犯錯的，並不是金錢，而是我們對工作與金錢的態度是否正確，是我們對付出與獲得的心態能否達觀。

我們可以再一次去審視自己的工作，清楚地分析出自己為何要從事這項工作，而這項工作的最終目的何在。然後回想自己從事這項工作時起初的心願，緊緊把握住這份心願，就能不為起伏不定的酬勞所迷惑，從工作中獲得最大的樂趣。

我們不能讓金錢阻礙了自己原本所熱愛的工作。要時時弄清楚自己的定位，這樣才能在工作及日常生活中獲得極大的快樂，而這份快樂，也將為我們帶來更多的人緣和更大的財富。

每天喝一點雞湯：

真正犯錯的，並不是金錢，而是我們對工作與金錢

的態度是否正確，是我們對付出與獲得的心態能否達觀。

▶ 不要讓比較毀掉你的幸福

對於幸福，每個人有不同的理解：有些人視闔家團圓為幸福，有些人視事業有成為幸福，還有些視幫助別人為幸福。不過還是有一部分人，不知幸福為何物，因為她只知一味的與別人比較，迷失了自己，最終連自己想要什麼都不知道。

如果只是一味的希望自己比別人更幸福，那就會很難得到真正的幸福，因為我們對於別人幸福的想像總是超過實際情形。

許多時候，一個人感到不滿足和失落，僅僅是因為覺得別人比自己幸運！

如果我們安心享受自己的生活，不和別人比較，在生活中就會減少許多無謂的煩惱。

下面這則寓言就生動地詮釋了這個道理：

有一天，一個國王獨自到花園裡散步，讓他萬分詫異的是，花園裡所有的花草樹木都枯萎了，園中一片荒涼。

後來國王瞭解到，橡樹由於沒有松樹那麼高大挺拔，因此輕生厭世死了；松樹又因自己不能像葡萄那樣結出許多果子，也死了；葡萄哀歎自己終日匍匐在架上，不能直立，不能像桃樹那樣開出美麗可愛的花朵，於是也死了；牽牛花也病倒了，因為它嘆息自己沒有紫丁香那樣芬芳；其餘的植物也都垂頭喪氣，沒精打采，只有很細小的心安草在茂盛地生長。

第 1 章　心情好一點，煩惱少一點

國王問道：「小小的心安草啊，別的植物全都枯萎了，為什麼你這小草這麼勇敢樂觀、毫不沮喪呢？」

小草回答說：「國王，我一點也不灰心失望，因為我知道，如果國王您想要一棵橡樹，或者一棵松樹、一叢葡萄、一株桃樹、一株牽牛花、一棵紫丁香等等，您就會叫園丁把它們種上，而我知道您希望於我的就是要我安心做小小的心安草。」

《牛津格言》中說：「如果我們僅僅想獲得幸福，那很容易實現。但我們希望比別人更幸福，就會感到很難實現，因為我們對於別人幸福的想像總是超過實際情形。」人各有所長，各有所短。我們既不能專門以己之長，比人之短；也不應以己之短，比人之長。生活中的許多煩惱都源於我們盲目地和別人比較，而忘了享受自己的生活。

幸福有很多種。別人以為吃喝玩樂就是幸福，但不見得讓你吃喝玩樂就感到幸福，甚至你還會認為那簡直是一種折磨。所以，生活中我們無需與別人進行比較。因為，比較來的幸福不牢靠，哪怕你比過了別人，幸福還是會偷偷溜掉的。

每天喝一點雞湯：

如果我們僅僅想獲得幸福，那很容易實現。但我們希望比別人更幸福，就會感到很難實現。

▶ 煩惱往往是自找的

　　生活中，人一旦被煩惱籠罩住，那他的生活將苦不堪言。那麼，煩惱到底躲在哪裡呢？我們又將如何擺脫煩惱呢？

　　一個年輕人四處尋找解脫煩惱的祕訣。

　　這一天，他來到一個山腳下。只見一片綠草叢中，一位牧童騎在牛背上，吹著悠揚的橫笛，逍遙自在。

　　年輕人走上前去詢問：「你看起來很快活，能教我解脫煩惱的方法嗎？」

　　牧童說：「騎在牛背上，笛子一吹，什麼煩惱也沒有了。」年輕人試了試，不靈。於是他又繼續尋找。

　　年輕人來到一條河邊。看見一位老翁坐在柳蔭下，手持一根釣竿，正在垂釣。他神情怡然，自得其樂，年輕人走上前去鞠了一個躬：「請問老翁，您能賜我解脫煩惱的辦法嗎？」

　　老翁看了他一眼，緩緩地說：「來吧，孩子，跟我一起釣魚，保證你沒有煩惱。」

　　年輕人試了試，還是不靈。

　　於是，他又繼續尋找。不久，他來到一個山洞裡，看見有一個老人獨坐在洞中，面帶滿足的微笑。

　　年輕人深深鞠了一個躬，向老人說明來意。

　　長髯老者微笑著摸摸長髯，問道：「這麼說你是來尋求解脫的？」

　　年輕人說：「對對對！懇請前輩不吝賜教。」

　　老人笑著問：「有誰捆住你了嗎？」

「……沒有。」

「既然沒有捆住你，又談何解脫呢？」

生活中，有很多煩惱就是我們自找的，是自己捆住了自己。好多人都這樣假設：如果變成這樣要怎麼辦？假如變成那樣又會如何？這樣做會不會變得更差呢？

麗娜就是一個成天無故擔憂、自尋煩惱的人，從小她便是如此，常常杞人憂天。

出門總擔心自己會不會穿得太邋遢？對方會不會看輕自己？結了婚，有了小孩，她的毛病更是變本加厲，成天擔心她的小孩是不是生病了？能不能平安成長？

有時候，我們又何嘗不是如此呢？只是每個人煩惱的程度不一樣罷了！

有時我們也會不自覺地為一些芝麻綠豆小事煩惱，而且常常抓不著頭緒地往壞處想。只是我們經常會認為這只是小毛病，不需要太重視，可是等到事態嚴重的時候，已經是積重難返了。

仔細想想的確有點好笑，自尋煩惱只有百害而無一利，再怎麼樣的憂慮都無法解決任何問題，只會讓自己心情不好，想法更消極而已。可是為什麼許多人仍然會不經意地自尋煩惱呢？這主要是性格使然，也有環境因素的影響。

其實人生大多數煩惱都是自找的，本來就沒有煩惱或者不是煩惱。比如說，有人當了幾年領導，想升上更高一層，沒想到部門升了一個資歷遠不如自己的人上去了，於是就煩惱、不高興。他卻不知自己現在的這個位置已經有很多人在羨慕了。

人生中百分之九十三的煩惱都是自找的，因為他們只存在於自

己的想像中，根本就不會出現。煩惱就像一張無形的大網，藏在人們心裡，一不留神它就會出來網走我們的快樂和好心情，所以千萬不要自尋煩惱，也不用今天就急著解決明天的難題。因為人生每天都有每天的功課要完成，所以還是先努力完成今天的功課吧！

每天喝一點雞湯：

在生活中，我們的煩惱都是自找的，我們是自己捆住了自己。你能夠無事生非、自尋煩惱，同樣，你也能克服它們。

▶ 消極情緒是幸福的腐朽劑

我們每個人的思想，無論是好的還是壞的，時不時都會籠罩著某種消極的情緒，關鍵在於我們要以怎樣的態度去對待這種情緒。

一個獵人駕車行駛在漆黑無人的小路上，突然輪胎沒氣了，這時他看到遠處農舍的燈光。他邊向農舍走邊想：「也許沒有人來開門，要不然就是沒有千斤頂。即使有，主人也許不會借給我。」他越想越覺得不安，當門打開的時候，他一拳向開門的人打過去，嘴裡喊道：「留著你那糟糕的千斤頂吧！」

這個故事只會使人哈哈一笑，因為它挪揄了一種典型的自我擊敗式的思想。如果這個獵人在自己敲門之前，想的是另外一種想法或許事情就會出現另一種結局。

消極情緒不但會擊敗一個人，有時還會給一個人的心靈上造成巨大的恐慌，使之失去理智，甚至有時還會影響到一個人的健康。

第1章　心情好一點，煩惱少一點

下面是一個醫生講述的故事：

　　許多年以前，我剛開診所不久，開始給人做整型外科手術。一個高個子黑人來找我，他高六英尺四英寸，站在我面前就像黑鐵塔。他向我抱怨他的嘴唇不對勁。我叫他傑西先生。我給他檢查了一下，他的下唇有些突出，但是並沒發現有什麼異常，我就這麼告訴了他。

　　傑西先生說，來整型不是他的主意，而是女朋友的要求。她告訴傑西，在公共場合她羞於和傑西在一起，因為傑西的嘴唇那麼突出。我發現傑西是個彬彬有禮、和藹可親的巨人，我想和他談戀愛的女人不會對他那麼挑剔的。但是即便我這麼說，他仍然要我給他嘴唇做手術。考慮到高昂的手術費用也許會讓他放棄，我就對他說，做手術可能得花一千二百美元。傑西先生說他付不起這筆費用，於是優雅地鞠了躬向我致謝，便告辭而去。但是第二天一早他就又來了，還拎著個小包。他把黑包裡的東西倒在桌子上，上百張的鈔票傾洩而出。一千二百美元是傑西先生一生的積蓄，他把錢捧給我，懇求我給他做手術。

　　我大吃一驚，又有點難過，因為我並不想掠奪他的財產。這筆錢對他來說數額巨大。我向他承認，我要的費用太高了，其實是希望他放棄手術，因為他根本就不需要做手術。但是傑西先生說他還是想做手術，如果我不收他這個病人，他就去找別的醫生。我只好同意給他做手術，不過費用會比通常低一些，條件卻是他得告訴女友，我的手術費是一千二百美元。手術很簡單，局部麻醉之後，我從他內唇切除了多餘的組織，傷口邊緣的皮膚還非常好，嘴唇外也包紮上紗布。半個小時之內，手術就做完了。病人又來複診了幾

次，換了紗布。手術一週以後，傑西先生來做了最後一次複診。所有的整型都在唇內完成，沒有留下看得見的傷疤。

傑西先生對他的嘴唇非常滿意。他緊緊地握著我的手，用渾厚的嗓音說著感謝的話，發自內心地感激我。然後，高大的身影邁著大步離開了診所。幾周之後傑西先生又來了。我差點認不出他了，他的身軀彷彿縮了水，手也沒了力氣。他的聲音刺耳尖銳，我問他發生了什麼事情。

「臭蟲，醫生……臭蟲！」

「什麼樣的臭蟲？」

「非洲臭蟲，醫生」，他說：「它咬我，我快被它折騰死了。」

傑西先生告訴了我他的苦惱。拆除繃帶之後，他馬上就去找女友，女友問他嘴唇整型花了多少錢，他按我的要求告訴她「一千二百美元」。女友勃然大怒，指責他騙了自己一千二百美元，因為這筆錢本該是她的。女友說自己從來沒有愛過他，她詛咒傑西先生，說他將死於她的詛咒。傑西先生非常難過，垂頭喪氣地回到住處，在床上躺了四天。他想到了詛咒，雖然受過良好的教育，可他終究沒學過咒語和魔法。傑西和這個女人相遇，說不定就是這女人使的魔法：如果她不恨他，就能用咒語控制他。那麼現在她也許真能要他的命。想著這些，傑西用舌頭舔了舔嘴，發現嘴裡的確有個可怕的東西。不久，女房東帶了個「醫生」來看傑西，因為他躺在房間連飯都不吃了。傑西先生告訴來客，他嘴裡有可怕的東西。「醫生」檢查了一下，從傑西的嘴裡拿了出來。「醫生」說：「它會殺了你啊！黏糊的非洲臭蟲叮在你嘴裡，那是因為咒語在你身上發作了！」

第1章　心情好一點，煩惱少一點

這個大個子恐懼地喘息著，雙手蒙住了臉。

「它真在你嘴裡？」我問傑西。

「是的，醫生。」他告訴我那個所謂的「醫生」如何設法幫助他用水、牙膏、藥劑來驅蟲。但是咒語太厲害了，「非洲臭蟲」怎麼都消滅不了。現在傑西滿腦子想的都是「非洲臭蟲」，對「非洲臭蟲」的恐懼使他失眠。「它毀了我的嘴唇……」

「你的嘴唇？」

「是的，醫生，我嘴裡……」

「你之前沒說是嘴唇。」

我檢查了一下，「是它？」

他點點頭。

「我來幫你對付它吧。」

「拜託您啦。」

我在注射器中裝滿麻醉劑，把它注射進傑西的嘴唇，麻醉劑起作用之後，我用手術刀和鑷子把「非洲臭蟲」取了出來。整個過程只用了一秒鐘。我把紗布上的「非洲臭蟲」拿給傑西先生看，它比米粒大一點。

「這就是臭蟲，先生？」他看起來不太相信。

「它只是疤痕組織的一部分，是給你修整唇形拆線時留下的傷疤。」

「那麼，其實沒有非洲臭蟲？」，我笑了。

傑西先生站起來，彷彿瞬間就恢復了體重，臉上綻開了笑容，嗓音恢復了正常。他又向我鞠躬告別。故事有個幸福的結尾，傑西先生給我寫了封信，裡面有張他與新婚妻子的照片。他問候了我，

並自嘲了「非洲臭蟲」的笑話。照片中，他微笑著，高大英俊，剛剛三十歲，旁邊可愛的女孩與他是青梅竹馬，從小就認識。

從這個故事中我們可以看出，消極的情緒真的很可怕，它會給人的精神世界帶來巨大的傷害。因此，我們一定要堅決杜絕那些不良的消極情緒走進我們的工作和生活。

每天喝一點雞湯：

如果你想的是厄運和悲哀，那麼悲哀和厄運就在前面。因為當你在做決定時，如果不肯保持開朗的心胸，那就是愚昧無知。消極的心態會在愚昧無知的基礎上不斷地生長和茁壯，直到侵占了你的思想，腐朽了你的靈魂。

▶ 給心情加份營養

與幸福、快樂為伴是每個人的意願，誰都不願意與痛苦、煩惱為伍。但是，生活中畢竟有苦也有甜，因為生活是錯綜複雜、千變萬化的，說不定什麼時候就會發生禍不單行的事。頻繁而持久地處於掃興、生氣、苦悶和悲哀之中的人必然會給健康帶來災難。那麼，遇到心情不快時，就應採取積極的態度去對待。例如，換一個環境，出去轉轉或聽聽音樂，總之，要找到改善自己心情的好辦法。

我們要學會有了苦悶向他人傾訴。當然，「他人」必須是自己的朋友。那就要求我們要先學會廣交朋友。如果經常防範別人的

「侵害」而不交朋友，也就無愉快可談。有一句話說的好：朋友多了路好走。如果沒有朋友的話，不僅遇到難事無人相助，也無法找到可一吐為快的對象。把心中的苦處訴說給知心人並能得到安慰的人，心胸自然會變得寬廣。即使面對一般的朋友，學會把心中的委屈傾訴給他，心中也常能感到輕鬆許多。

同樣，改變自己身邊的環境也可以改變自己的心情。比如，有意飼養貓、狗、鳥、魚等小動物及栽植花、草、果、菜等，有時就能起到排遣煩惱的作用。遇到不如意的事時，主動與小動物親近，借助小動物與主人感情的基礎，它們會逗主人高興，與小動物玩耍更可使你體會到意想不到的快樂。摘摘變黃的花葉，澆澆菜或坐在葡萄架下品嘗水果都可有效地改善低落的心境。

一個人如果有一兩種愛好，可以活潑自己的生活，讓自己的生活變得更加豐富多彩，富有生機。除少數執著追求自己本職事業者外，許多人都能培養自己的業餘愛好。集郵、打球、釣魚、玩牌、跳舞等都能使業餘生活豐富多彩。每當遇到心情不快時，完全可一頭再栽進自己的愛好之中。

俗話說「知足者常樂」，老是抱怨自己吃虧的人，的確很難有好的心情。多奉獻少索取的人，總是心胸坦蕩，笑口常開。整天與別人計較工資、獎金、提成、收入的人心理怎麼會平衡？只有抱著平常心，知足常樂的心情才比較穩定。至於對別人能廣施仁慈之心，即使遇到與自己素不相識的的路人遇到困難也能慷慨解囊、毫不吝嗇更能體會到別人體會不到的快樂。

每天喝一點雞湯：

> 一個胸懷大志的人，無論做什麼事，都希望實現自己的目標。但是要想實現目標又必須要遭受「事磨」與「心磨」的考驗。也就是在磨的過程中，你才能真正懂得什麼是精彩的人生。

▶ 希望創造奇蹟

希望就像一個燈塔，在人生的道路上潛移默化的指引著我們向前走去，因此，只要我們在心中給自己一份希望，人生的坎坷和曲折就會變得不再可怕。

自從我們降生到世上的那一刻起，不管自己是否願意，在一生中都將要經歷許多的挫折和磨難，這已成了不爭的事實。此時我們可以選擇退縮，也可以選擇勇往直前。只是不論我們退縮或前進，坎坷的道路已經踩在了自己的腳下，如果放棄希望畏縮不前，那坎坷、泥濘將永遠駐足在我們的腳下，如果在希望的指引下勇敢邁出步伐，前面等待我們的就可能是一片陽光。

如果你是一個聰明的人，最好的做法應該是：審視自己目前所受的挫折甚至失敗，使挫折成為成功的階梯，從現在開始，重建自信，重新加入生活的戰鬥中去。

幾年前，美國財政部長阿濟‧泰勒‧摩爾頓，準備對南卡羅萊納州一個學院的學生發表演說。這個學院規模不大，整個禮堂坐滿了學生，他們為有機會聆聽一個大人物的演說而興奮不已。

第1章　心情好一點，煩惱少一點

　　演講開始，阿濟‧泰勒‧摩爾頓走到麥克風前，掃視了一遍聽眾，說：「我的生母是聾啞人，因此沒有辦法說話；我不知道自己的父親是誰，也不知道他是否還在人間。對我來說，生活陷入艱難之中，而我這輩子的第一份工作，是到棉花田去做事。」

　　台下一片寂靜，聽眾顯然都驚訝的呆住了。

　　「如果情況不如人意，我們總可以想辦法加以改變。」他繼續說，「一個人的未來如何，不是因為運氣，不是因為環境，也不是因為生下來的情況。」他重複著方才說過的話，「如果情況不如人意，我們總可以想辦法加以改變。」

　　一個人若想改變眼前充滿不幸或無法盡如人意的情況，那他只要回答這樣一個簡單的問題：「我希望情況變成什麼樣？」確定你的希望，然後就全身心投入，採取行動，朝著你的理想目標前進即可。

　　阿濟‧泰勒‧摩爾頓的故事給我們的啟發是：只要你心中有希望，成功的彼岸就不再遙遠，它能指引著你認清自己的方向並走出一個成功的人生。

　　一位彈奏三弦琴的盲人，渴望能夠在他有生之年看看這個世界，但是尋遍各處名醫，都說沒有辦法。

　　有一日，這位民間藝人碰見一個道士，這位道士對他說：「我給你一個保證治好眼睛的藥方，不過，你得彈斷一千根弦，才可以打開這張紙條。在這之前，是不能生效的。」

　　於是這位琴師帶了一位也是雙目失明的小徒弟遊走四方，盡心盡意地以彈唱為生。

　　一年又一年過去了，在他彈斷了第一千根弦的時候，這位民間

藝人急不可待地將那張永遠藏在懷裡的藥方拿了出來，請明眼的人代他看看上面寫著的是什麼藥材，好治他的眼睛。

明眼人接過紙條來一看，說：「這是一張白紙嘛，並沒有寫任何一個字。」

那位琴師聽了，潸然淚下，突然明白了道士那「一千根弦」背後的意義。就為著這一個「希望」，支持他盡情地彈下去，而匆匆五十三年就如此活了下來。

這位老了的盲眼藝人，沒有把這故事的真相告訴他的徒兒，他將這張白紙慎重地交給了他那也是渴望能夠看見光明的弟子，對他說：「我這裡有一張保證治好你眼睛的藥方，不過，你得彈斷一千根弦才能打開這張紙。現在你可以去收徒弟了，去吧，去遊走四方，盡情地彈唱，直到那一千根琴弦斷光，就有了答案。」

留住希望之弦，盡情彈唱。昨天是痛苦的夢，而明天卻是充滿希望的憧憬。在困境中如果你認為自己真的失敗了，那麼你就會躺下來，如果你對自己說「一定要堅持」，那麼你就會走過險途獲得勝利。

希望還是一劑良藥，它能慰藉孤獨的靈魂，去勇敢地接受已經殘缺不全的人生。希望是永恆的喜悅。它就像人們擁有的土地，年年有收益，是用不盡的、最牢靠的財產。希望，如同埋在土地裡的種子；希望，深藏在趕路者的心中；希望，是人們對人生的渴望，對美好未來的嚮往。

其實，苦難並不可怕，可怕的是面對苦難時失去希望，失去應有的鬥志，站在苦難面前萎靡不振，趴下去後再也不想爬起來。但是，你如果對這些困難無所畏懼，積極地朝著希望前行，逆境反而

可以成為動力，帶你駛向理想的目標。

每天喝一點雞湯：

　　大詩人但丁（Dante Alighieri）曾給「悲劇」下過定義，他說，悲劇就是生活在願望之中而沒有希望。我們帶著過多的願望行走在有限的生命行程裡，時間、精力和機遇限定了我們只能實現極少的願望，最終註定了我們的悲劇使命。

▶ 把煩惱寫在紙上

　　自從潘朵拉的盒子打開以後，人類的煩惱、痛苦、疾病等等全都一股腦兒地降臨到了人間。同時，造物主也賜給人類治癒它們的各種療法，把煩惱寫在紙上，不要擱在心上，就是一副治療消極情緒的靈丹妙。

　　有人說：「怒氣是不可以長期積壓的。」如果你將自己不愉快的情緒或心中的煩悶訴說出來。那麼，你的心理的煩悶能獲得及時解決。

　　人類進入新世紀後，雖然克服自己生理疾病的能力大大提高了，但是克服心裡疾病的能力還很不盡如人意。不少人面對煩惱、憂慮、生氣、抑鬱、緊張等消極情緒束手無策。相關專家認為，影響人類健康的「魔鬼三角」（心腦血管病、癌症、意外死亡三者占死因比例的百分之三十）均與心理疾病有關。把煩惱寫在紙上，就是最好的發洩療法。正像英國詩人威廉・布萊克（William Blake）

詩中所言：

　　我對朋友感到憤怒：

　　我盡情地發洩，它消失了。

　　我對敵人感到憤怒：

　　我埋在心頭，它滋長了。

　　這段詩形象而生動地說明，一個人有了煩惱，或者感到憤怒時，就要盡情地發洩出來。這樣，疾病會遠離你；千萬不要埋在心裡，否則，就是拿自己來懲罰自己。

　　曾有一些心理醫生做過一些試驗，驗證是否能夠讓患者進入深層的放鬆狀態，然後再讓他們去想像那些引發憤怒、痛苦、悔恨、負罪、絕望、或沮喪等情感的環境，再看他們的那些強烈情感是否能夠消失。使心理醫生大為驚奇的是，在允許患者完全表露宣洩他們的情感之前，他們無法達到深度的放鬆。他們在放鬆活動的過程中，沒有表達的情感可能會突然爆發出來。患者往往會變得憤怒異常，開始大喊大叫，或者表現出其他的內部深層痛苦的種種徵兆。

　　為了處理這些基本的情感，心理醫生還是回頭求助於釋放和表達情感的基本方法。一旦某種情感得到了充分的表達和釋放，它也就煙消雲散了。從這一點出發，心理學家給患者提供了充分的機會，讓他們充分地表達和發洩各種積極的情感，並從中吸取某些有益的東西，然後再進行放鬆訓練活動。這樣，心理醫生發現患者便能夠按照系統減壓法的要求，心甘情願地去進行放鬆狀態的學習和應用，並積極地去運用形象思維。簡單地說，在患者進行深度放鬆之前，他們似乎必須從以前的情感中學到或者領悟出什麼後，才能「放」它們走。

因此，許多心理學者鼓勵人們自然宣洩情緒，有氣不要悶在心裡，最好釋放出來。但隨便亂發脾氣畢竟是損人不利己的行為，因此，此時您不妨找個要好的朋友訴苦，說出心中的苦悶，或者將苦悶寫在紙上，狠狠地甩進垃圾桶，讓它自生自滅去吧！

每天喝一點雞湯：

心中的苦悶何不找個要好的朋友說說，或者寫在紙上，再狠狠地甩進垃圾桶讓它自生自滅呢？

▶ 不要讓憂慮絆倒你

每個人都有夢想，但實現夢想需要走很長很長的路，這究竟是為什麼呢？因為實現夢想的路上有很多客觀存在的困難，這是一個必然存在的因素，但是，除此之外，人們心裡的憂慮也是一個不可忽視的問題。

正確看待你的憂慮，把憂慮當作一份上天賜給自己的禮物，從中尋找自我意識，並鼓勵自己去冒險。別忘記向朋友們尋求支持和鼓勵。在自己的成功及其所帶來的好處安撫下，你就能夠更容易信任你的能力並保持這種繼續冒險的勇氣。

幾乎所有的人都在有規律地追求安慰，但只有失意時，尋求才來得最為強烈。不管失意來自何種形式，也不管它的破壞性有多麼嚴重，哪怕只是一句平淡無心的話語，都是一樣。總之，無論我們遇到何種失意，我們脆弱的內心都渴望尋求安慰和支持。而這又有許多來源——朋友、家庭、自我接受、寵物、埋頭讀書，還有精神

信仰。

瑪麗還是個小女孩時，就喜歡《聖經》中關於上帝會永遠用堅實的臂膀支持著我們那一段話。她在心目中把上帝勾畫出一個傳統形象：一個穿著白色長衫，留著鬍鬚的老爺爺。她時常感到自己被他安全地摟在懷中。然而，當現實的壓力強加在她身上時，她對上帝那種天真無邪的信任卻煙消雲散了。最後，她對現實表現得很冷漠，不去理會那些她兒時相信的神祕。

瑪麗成人後的生活變得布滿荊棘。有一天晚上，她倒在地上，由於筋疲力盡，極為傷感，以至欲訴無言。她只說了一句：「幫幫我，請幫幫我吧！」突然，屋裡閃現出一線亮光，從那奪目的光彩中，一雙裹著金紗的巨大手臂憐愛地把她抱起。她的腦海中不斷迴盪著這樣的話語：「永遠會有一雙臂膀庇佑著你，這是一件上帝賜給我們禮物。」

有時，當你面臨失意或失敗時，憂慮就會向你的影子一樣跟著你。此時，你只要靜下來心，靜靜地體驗，靜靜地感受，並把這些失意、創傷經歷當作是上帝送給自己的禮物，你就再也不會被憂慮所困擾，再不會有被驚嚇的厄運，而是滿懷信心地去工作、生活和學習。因此，我們無論任何時候都要記住：當我們失意時，憂慮正潛伏在我們的周圍，想趁虛而入。此時你一定要堅強，絕不能放棄心中的希望。因為，只要每天擁抱著希望，明天就會以微笑的姿態向你走來。

每天喝一點雞湯：

憂慮是成功的絆腳石，而希望卻是指引前方的燈

塔，只要心中有希望，明天就會以微笑的姿態向你走來。

▶ 快樂其實很簡單

在生活中，有著它豐富的內容，它也會以多種方式給予你無盡的快樂。只是有些人一開始就有些誤解，總以為只有從生活中索取才能使一個人快樂。其實不然，站在生活這一繁瑣的課題面前，我們應該明白一個道理，那就是給予比接受更令人快樂！

這一年的耶誕節，保羅的哥哥送給他一輛新車作為聖誕禮物。

耶誕節的前一天，保羅從他辦公室出來時，看到街上一名男孩在他閃亮的新車旁走來走去，觸摸它，滿臉羨慕的神情。

保羅很有興致的看著這個小男孩，從他的衣著來看，他的家庭顯然不屬於自己這個階層。就在這時，小男孩抬起頭，問道：「先生，這是你的車嗎？」

「是啊」，保羅說，「我哥哥給我的耶誕節禮物。」

小男孩睜大了眼睛：「你是說，這是你哥哥給你的，而你不用花一美元？」

保羅點點頭。小男孩說；「哇！我希望……」

保羅認為他知道小男孩希望的是什麼，有一個這樣的哥哥。

但小男孩說出的卻是：「我希望我也能當這樣的哥哥。」

保羅深受感動地看著這個男孩，然後他問：「要不要坐我的新車去兜風？」

小男孩驚喜萬分地答應了。

逛了一會兒之後，小男孩轉身向保羅說：「先生，能不能麻煩你把車開到我家前面？」

保羅微微一笑，他理解小男孩的想法：坐一輛大而漂亮的車子回家，在小朋友的面前是很神氣的事。

但他又想錯了。

「麻煩你停在兩個台階那裡，等我一下好嗎？」

小男孩跳下車，三步兩步跑上台階，進入屋內，不一會兒他出來了，並帶著一個顯然是他弟弟的小孩，因患小兒麻痺症而跛著一隻腳。他把弟弟安置在下邊的台階上，緊靠著坐下，然後指著保羅的車子說：

「看見了嗎？就像我在樓上跟你講的一樣，很漂亮對不對？這是他哥哥送給他的耶誕節禮物，他不用花一美元！將來有一天我也要送你一部和這一樣的車子，這樣你就可以看到我一直跟你講的櫥窗裡那些好看的耶誕節禮物了。」

保羅的眼眶濕潤了，他走下車子，將小弟弟抱到車子前排座位上，他的哥哥眼睛裡閃著喜悅的光芒，也爬了上來。於是三人開始了一次令人難忘的假日之旅。

在這個耶誕節，保羅明白了一個道理；給予比接受更令人快樂。

事情往往是這樣，當你是接受方的時候你只能體會到一個人的快樂，如果你是給予別人，你自己會快樂，同時接受的人也會快樂，這樣你就擁有了雙重快樂。

每天喝一點雞湯：

　　快樂大多數時候都是自己賦予自己的，拋開煩惱，
用另外一種心情審視周圍，也許得到的快樂會更多一些。

▶ 讓幽默給生活加點色彩

　　一位教授到餐廳用餐，發現啤酒杯中有一隻蒼蠅，他對服務生說：「以後請將啤酒和蒼蠅分別置放，由喜歡蒼蠅的客人自己將蒼蠅放在啤酒裡，你覺得怎麼樣？」教授的幽默除去了一般人的不快和惱怒，使生活變得輕鬆。

　　一位年輕的士兵在宴會上斟酒時不慎將酒潑到一位將軍的禿頭上，頓時，士兵悚然，全場寂靜，這位將軍卻悠然自得，他輕輕拍了拍士兵的肩頭，說：「兄弟，你認為這種治療有用嗎？」會場立即爆發出笑聲，人們繃緊了的心弦鬆卸了下來。

　　幽默是一種生活中不可或缺的緩解緊張狀況的輕鬆劑。知道如何運用它的人可以將事情變得簡單一些、快樂一些。

　　多年以前，呂朋特在一所晚期病人收容所報名參加了一項訓練計畫，準備為這類病人服務。

　　他去探望一位七十六歲，結腸癌已擴散全身的老先生。他名叫羅艾，看起來像具骷髏，但棕色的眼睛仍然明亮。第一次見面時他開玩笑說：「好極了，終於有個人頭頂禿得像我一樣了。我們一定能談得來。」

　　不過，探望他幾次之後，他就開始抱怨呂朋特的「態度」，說

呂朋特從不在他講笑話後發笑。那倒是真的。呂朋特自小就覺察到人生有時是冷酷、痛苦、變化無常的，他很難放鬆心情。因此，他大部分時間是躲在一個虛假的笑容後面度過的。

一天下午，羅艾和呂朋特單獨在一起。呂朋特扶羅艾從洗澡間出來時，發現羅艾疼痛的苦著臉。「醫生很快就會來」，他設法分散他的注意力，「你想要我幫你脫掉這些『米老鼠』睡衣褲，換上一套比較莊重的嗎？」

「我喜歡這些睡衣褲」他低聲說，「米老鼠提醒我，讓我知道我還能笑一笑。那要比醫生做的任何事情都更好。也許你應該找一套上面有『高飛』的睡衣來穿。」羅艾哈哈大笑，呂朋特沒有笑。

「年輕人」，他繼續說，「我從來沒見過像你這樣令人生氣的人。我相信你是好人，但如果你到這裡來的目的是想幫助別人，這樣子是行不通的。」

這使呂朋特既生氣又傷心，而且，老實說，是有點害怕。那次交談以後，他不再幫助羅艾，並且敷衍了事地完成了那個訓練計畫。在結業那天，他得知羅艾去世了。他去世前託人帶給他一個紙袋。紙袋裡是一件印了迪士尼『高飛』笑臉的圓領運動衫。附在運動衫上的便條是：當你覺得心情沉重，請立刻穿上這件運動衫。換句話說，隨時隨地穿上它。落款是羅艾。

呂朋特終於哈哈大笑了。在那一刻，他終於體會到羅艾一直在設法告訴他一件事：幽默不只是偶爾開個玩笑而已，它是基本的求生工具，也是他生活中急切需要的工具。大家都需要多點笑，少點擔憂，不要把自己的不如意事，甚至是痛苦事，看得那麼嚴重。幽默可以消除家庭裡的緊張或業務上的危機，可以令人躺在醫院病床

上時好過些，可以使人站在擁擠的電梯裡或付款櫃檯前的大排長龍裡時不覺得難受。

過去這些年裡，呂朋特見過許多人利用幽默來幫助自己面對艱難困苦的境況，這些人一部分是他的朋友，一部分是和他在業務上有來往的人或收容所裡的晚期病人。他們使用的技巧是任何人都能學會的。

如今，人們的生活、工作節奏加快，每天神經繃得很緊，如果下班回家，朋友之間交往，來上一兩句幽默，或說件愉快的見聞，疲勞和煩惱就會煙消雲散，人便感到一身輕鬆。幽默屬於熱愛生活、奮發向上、充滿自信的人。生活需要幽默，如同需要春風、需要時雨、需要甜蜜、需要笑臉一樣。人與人之間有了幽默就不至於生澀，而且常常可以使感情昇華。試著讓你的生活中少一點炎陽炙人的訓誡，多一點春風宜人的幽默吧！

每天喝一點雞湯：

　　幽默是樂觀地面對人生的態度，它是對自己的尊重，也是對生命的尊重，雖然有時它只是那麼幾句簡單的話而已。但是請你記住，在生活的每一天都要用快樂來充實自己。

樂觀多一點，煩惱少一點

人生不如意的事十之八九。但無論生活帶給我們怎樣的挫折與煩惱，都應該用一顆樂觀的心去面對。因為，樂觀的心是保持生命充滿活力的最佳良藥，樂觀的心是戰勝一切挫折與煩惱最有力的武器。

▶ 樂觀者往往是最後的贏家

在人生路上，遇到了失敗，我們不應該悲觀洩氣，應該把它作為人生的轉捩點，選擇新的目標或探求新的方法，把失敗作為成功的新起點。

生命中最大的危機常常就是最大的轉機。

有一個年輕的電台播音員在嶄露頭角的時候，突然被電台解雇了。他當然十分懊惱，可是當他回到家時，卻興高采烈地對他的妻子宣布：「親愛的，這下子我有機會開創自己的事業了。」年輕的電台播音員一開始就有正確的心態，而他也的確開始了他個人的事業。他自己做了一個節目，後來證明是一個成功的舉動，他就是一九五〇、一九六〇年代美國家喻戶曉的電視明星——亞特・林克勒特。

其實，做人就應該這樣，當無事時，應像有事時那樣謹慎；當有事時，應像無事時那樣鎮靜。因為在漫長的旅途中，實在是難以完全避免崎嶇和坎坷。面對一個不幸的結局，只要保持精神的沉靜和堅定，不因一時的挫折而喪失鬥志，保持樂觀的心境，那麼一切都可以重新再來。

現實生活中，有很多事情不盡如人意，或遇到困難，或遭受失敗，大多數人常自怨自艾，一蹶不振，而只有少部分人能展望未來，保持樂觀的態度，把失敗作為自己新的起點，他們往往能在自己所處的行業中脫穎而出，成為佼佼者。

美國心理學家麥可・沙爾說：「你的才能當然重要，但相信自己一定能成功的想法常常成為決定你成敗的一個關鍵性因素。原因

是，樂觀的人與悲觀的人在遇到同樣的挑戰和失意時，各自採取的處理方式是截然不同的。」

著名的潛能訓導師趙菊春先生曾讓一批學員打電話給陌生人，讓他們到附近的捐血站無償捐血。要達成目的是一件不容易的事，當他們打了兩三個電話而毫無結果時，樂觀的學員說：「我要換個方法再試試。」悲觀的學員則說：「這事我做不到。」後來，趙菊春先生為此做了一個精闢的總結：自我感覺的控制，是成功的試金石。悲觀者，遇事放棄，他不可能掌握成功所必須的技能。只有那些樂觀者，感覺自己是命運的主宰者，如果事情不妙，他便迅速採取行動，尋找新的措施，總結過去的經驗，博采眾長，擬定一個新的行動計畫，然後堅決執行，因此，樂觀者往往就是這樣成為最後的贏家。我們每一個人都應該具備這樣的精神，才會在以後的人生路上無論做什麼事情都會攻無不克，戰無不勝。

遇上不幸，他人放棄了，你還是勇敢地面對；他人後退了，你還是積極地向前，眼前沒有光明、希望，你還是不懈努力，尋找新的起點，這就你人生最大的成功。

每天喝一點雞湯：

在面臨巨大打擊和心理落差時，精神的力量是重要的，要把眼前的不幸當作一個新的起點，在厄運面前昂首向前，厄運終會在你面前跌倒，而成功將會出現。

▶ 直面挫折，堅強地走下去

挫折是一筆可貴的財富，沒有人能不勞而獲，在走向成功的道路上，每個人都要付出辛勤的汗水，還要勇敢面對挫折與失敗。當我們觀察成功人士時，會發現他們的背景各不相同。那些事業有成以及每一行業的知名人士都可能來自貧寒家庭、偏僻的鄉村甚至於貧民窟。這些人現在都是社會上的成功人士，他們都經歷過艱難困苦的階段。

當失敗來臨時，有的人只會躺在床上不斷悲傷，哀歎命運的不公，或者跪在地上，準備伺機逃跑，以免再次受到打擊。但是，有的人的反應卻大不相同。他被打倒時，會立即反彈起來，同時會汲取這個寶貴的經驗，繼續往前衝刺。

幾年前，教授把畢業班一個學生的成績打了個不及格，這件事對那個學生打擊很大。因為他早已做好畢業後的各種計畫，現在不得不取消，真的很難堪。他只有兩條路可走：第一是重修，下年度畢業時才拿到學位。第二是放棄學位，一走了之。

在知道自己不及格時，他非常失望，並找這位教授要求通融一下。在知道不能更改後，他大發脾氣，向教授發洩了一氣。這位教授等待他平靜下來後，對他說：「你說的大部分都很對，確實有許多知名人物幾乎不知道這一科的內容。你將來很可能不用這門知識就獲得成功，你也可能一輩子都用不到這門課程裡的知識，但是你對這門課的態度卻對你大有影響。」

「你是什麼意思？」這個學生問道。教授回答說：「我能不能給你一個建議呢？我知道你相當失望，我瞭解你的感覺，我也不會怪

你。但是請你用積極的態度來面對這件事吧！這一課非常非常重要，如果不能由衷地培養積極的心態，你根本做不成任何事情。請你記住這個教訓，五年以後就會知道，它是使你收穫最大的一個教訓。」

後來這個學生又重修了這門功課，而且成績非常優異。不久，他特地向這位教授致謝，並非常感激那場爭論。

「這次不及格真的使我受益無窮。」他說，「聽起來可能有點奇怪，我甚至慶幸那次沒有通過。因為我經歷了挫折，並嘗到了成功的滋味。」

從挫折中吸取教訓，好好利用和把握，就可以對失敗處之泰然。千萬不要把失敗的責任推給自己的命運，要仔細研究失敗的原因。世界上有很多人，一輩子渾渾噩噩，庸庸碌碌，他們對自己的平庸總會有這樣或那樣的解釋，這些人仍然像小孩那樣幼稚與不成熟；他們只想得到別人的同情，簡直沒有一點主見。由於他們一直想不通這一點，才一直找不到使他們變得更偉大，更堅強的機會。

不管是暫時的挫折還是逆境，只要自己把它當作是一種教訓，那麼它就不會在自己的意識中成為失敗。事實上，在每一種逆境、每一個挫折中都存在著一個持久性的大教訓。而且，通常說來，這種教訓是無法以挫折以外的其他方式獲得的。挫折通常以一種無言的聲音向我們說話，而這種語言卻是我們所不瞭解的。如果這種說法不對的話，我們也就不會把同樣的錯誤犯了一遍又一遍，而且又不知從這些錯誤中吸取教訓。

一九二四年，美國家具商尼科爾斯的家突然起火，大火把家裡的一切燒得精光，也把他準備出售的家具燒光。看著一片狼藉，他

把雙手死死地插在頭髮裡，心情壞極了。突然，這燒焦松木獨特的形狀和漂亮的木紋把他的目光吸引住了，他竟然從這些焦松木上找到了轉機。

正是這場意外的大火，燒出了尼科爾斯的靈感與希望。他小心翼翼地用碎玻璃片削去沉灰，再用沙紙打磨光滑，然後再塗上一層油漆，一種溫暖的光澤和紅松般清晰的紋路呈現眼前。尼科爾斯驚喜的叫出來，馬上製作出仿紋家具，就這樣，仿紋家具從此誕生了。大家都來爭著購買他製作的家具，生意興隆。有人評論說：「尼科爾斯獨具一格的家具像一隻在火灰裡死而復生的不死鳥一樣蓬勃興起。」一場大火給他帶來災難，同時也帶來了新產品和金錢。現在尼科爾斯創造的第一套仿紋家具收藏在紐約州博物館。

暫時的挫折並不可怕，只要不絕望，堅定信心，就完全可以把挫折當作走向成功的轉機。不論在什麼時候發生了什麼事情，你都要記住：厄運與幸運往往是交替出現的。當幸運來臨時，固然要把握它，利用它；而當事情開始向壞的方面轉化時，或者當所謂厄運當頭的時候，就要當機立斷的採取行動，將厄運的影響降低到最小，並努力擺脫它所帶來的陰影，讓生命開始新的旅程。

每天喝一點雞湯：

每個人的一生中都會遇到很多或大或小的挫折，這一點誰都無法避免。在挫折面前，我們不要被嚇倒，應該正視挫折，把它當作是成功對我們的考驗，堅強地繼續走下去，挫折就會成為一筆可貴的財富，成為你邁向成功的墊腳石。

▶ 在失敗中鍛鍊自己

　　一個人要有所成就，就必須忍受失敗的磨練，在失敗中鍛鍊自己，豐富自己，完善自己，使自己更強大，更穩健。這樣，才可以水到渠成地走向成功。

　　世界上的事不可能盡如己意。失敗和挫折是難免的，如果遇到意外事件就悲觀，這是懦夫的表現。真正的成功者、真正的強者不會整天憂心忡忡，他們會頑強的衝破前進道路上的障礙險阻，也能心平氣和地做自己應該做的事情。

　　一位砍柴為生的樵夫常年住在山裡，他每天都不辭辛苦地勞作，為的就是建一座能為他擋風遮雨的房子。在他不懈的努力下，房子終於建好了。

　　可天有不測風雲，一日他挑著砍好的木柴到城裡去賣，當黃昏趕回家時，卻發現房子起了大火。左鄰右舍都來幫忙救火，但是因為傍晚的風勢過於強大，人們盡了最大的努力還是沒有辦法將火撲滅，所有的人只能唉聲嘆氣，眼睜睜地看著熾烈的火焰吞噬了整棟木屋。大火終於滅了，人們的目光都集中在樵夫身上，目光裡滿是同情，所有人都以為樵夫會傷心地哭泣，可是他們卻發現樵夫手裡拿了一根棍子，跑進倒塌的屋裡不停地翻找著。圍觀的人以為他正在翻找藏在屋裡的珍貴寶物，所以也都好奇地在一旁注視著他的舉動。

　　過了半晌，樵夫終於興奮地叫著：「我找到了！我找到了！」鄰人紛紛向前探個究竟，才發現樵夫手裡捧著的是一柄斧頭，根本不是什麼值錢的寶物。只見樵夫興奮地將木棍嵌進斧頭裡，充滿

自信地說：「只要有這柄斧頭，我就可以再建造一個更堅固耐用的家。」

是呀，只要決心和毅力不倒，跌倒了又怎樣呢？爬起來，一切都可以重來。拿破崙（Napoléon Bonaparte）說過：「人生的光榮不在永不失敗，而在於能夠屢敗屢戰。」成功的人不是從未被擊倒過，而是在被擊倒後，還能夠積極地向成功之路不斷邁進。跌倒了再爬起來，這才是能夠實現自我的人生態度！

英國史學家卡萊爾（Thomas Carlyle）經過多年的艱辛耕耘，終於完成了《法國大革命史》的全部文稿。他將這本巨著的底稿全部託付給自己最信賴的朋友米爾，請米爾提出寶貴的意見，以求文稿的進一步完善。但是隔了幾天，米爾臉色蒼白、上氣不接下氣地跑來，萬般無奈地向卡萊爾說出了一個悲慘的消息：《法國大革命史》的底稿，除了少數的幾張散頁外，已經全部被他家的女傭當作廢紙，丟進火爐裡燒為灰燼了。卡萊爾在突如其來的打擊面前異常的沮喪。當初他每寫完一章，便順手把原來的筆記、草稿撕得粉碎。他嘔心瀝血撰寫的這部《法國大革命史》，竟沒有留下任何可以挽回的記錄。但是，卡萊爾還是重新振作起來。他平靜地說：「這一切就像我把筆記本交給小學老師批改時，老師對我說：『不行，孩子，你一定要寫得更好些』」於是，他又買了一大批稿紙，從新開始了又一次嘔心瀝血的寫作。我們現在讀到的《法國大革命史》，便是卡萊爾第二次寫作的結果。

卡萊爾的精神讓人感動。許多傑出的人物，許多名垂青史的成功者，他們人生的成敗，並不是因旗開得勝的順暢，馬到成功的得意，反而是失敗造就了他們。這就正如孟老夫子所說的「天將降大

任於斯人也，必先苦其心志，勞其筋骨，餓其體膚，空乏其身，行拂亂其所為，所以動心忍性，曾益其所不能。」在失敗面前，不要氣餒，把它轉變成對自己有利的經驗及能力，這樣就會協助自己創造更大的成績。

每天喝一點雞湯：

世界上沒有所謂的失敗，除非你自己如此認定。那種經常被視為是失敗的事，實際上也只不過是暫時性的挫折而已。暫時性的失敗實際上並不可怕，相反，如果你心態積極，完全可以把它看作是一種經驗——目前的做法不可行，然後轉變方向，向著不同的但更美好的方向前進。有了這種想法，無論你做任何事情都會成功。

▶ 樂觀是一種選擇

在現實生活中，我們總會發現抱怨的人遠比樂觀快樂的多。喜歡抱怨的人在給自己找罪受的同時，也傷害著身邊的人，為他人招惹麻煩，我們發現世界上幾乎沒有人因為抱怨這個世界而得到快樂。雖然有時抱怨可以減輕當時的痛苦，幫助他從痛苦中暫時抽身，但那並不是幫助他徹底解決問題，而是在教他如何逃避現實。

事事都選擇沮喪失望，不如轉變思維往好的方面想；選擇痛苦呻吟，不如選擇開心快樂。如果你決定做快樂的人，生活就不會那麼平淡。在面對艱難困苦的挑戰時，如果你足夠機智，改變思維方式，世界也不會吝惜將生命中最豐盈的快樂送給你。受到傷害，

療傷止痛才是明智之舉，沉溺於痛苦中不過只是更增加了自己的痛苦。

潮起潮落、冬去春來、日出日落、月圓月缺、花開花謝、野草榮枯，自然界萬物都在循環往復的變化中，你也不例外，自己的情緒也會時好時壞。

學會控制情緒，選擇好的心情，這是自然界的遊戲，很少有人窺破天機。每天醒來時，不再有舊日的心情。昨日的快樂已變成今日的哀愁，今日的悲傷又轉化為明日的喜悅。這就好比花兒的變化，今天綻放的喜悅也會變成凋謝時的絕望。但是你要記住，正如今天枯萎的花兒蘊藏著明天新的種子一樣，今天的悲傷常常預示著明天的快樂。樂觀是一種天真做人的態度。

每天利用幾分鐘的時間，想像明天、下一個星期或是明年，都可能發生許多愉快的事情，不要對未來煩惱或憂慮。多想想美好的事情，就會在不知不覺中計畫並實現它們。如此一來，你就養成了樂觀的習慣。

樂觀的人對一些繁雜的事情總是很看得開，他們認為：人生在世，不如意的事情十有八九，無論付出多大代價也是徒勞，什麼也帶不走。所以他們對事物的心態就是：人生在世不快樂白不快樂，不管從事什麼職業，也不管曾經取得過多麼輝煌的成就，都能不驕不躁，處之泰然，從不會使自己成為一個故步自封、自以為是的人。

唐太宗李世民得天下後不久，有一次他對滿朝的文武大臣們說：「朕自年少之時就喜歡弓箭，許多年來曾得到十幾張好弓，自以為是天下最好的，沒有能超過它們的。可最近我將弓拿給一個弓

匠看，他卻說：『做弓用的材料都不是最好的。』朕問其原因，弓
匠說：『弓的材料的中心部分不直，所以，其脈紋也是斜的，弓力
雖強，但箭射出去不走直線。』朕以弓箭平定天下，而對弓箭的性
能尚沒有完全認識清楚，何況天下事務呢，怎能遍知其理？望你們
多多發表自己的意見，糾正朕的錯誤。」

正因為唐太宗李世民有這樣一種開放的心態，所以，他才能明
白「兼聽則明，偏信則暗」、「水能載舟亦能覆舟」的道理；正是因
為他有一種開放的心態，他才能知道：「以銅為鏡，可以正衣冠；
以史為鏡，可以知興替；以人為鏡，可以知得失。；以史為鏡，可
以知興替。」也正是由於他有一種開放的心態，所以大唐才成為了
中國歷史上最強盛的帝國之一。

治國如此，為人與做事也是如此，在這個世界上，做任何事都
要有一個這樣開放的胸懷，也只有如此才能成就輝煌的人生。

大發明家愛迪生（Thomas Alva Edison）靠他的智慧和勤奮，
終於為自己建造了一個有著相當規模的工廠，工廠裡有著設備完善
的實驗室，這些都是他幾十年心血的結晶。然而不幸的是，一天夜
裡，他的實驗室突然著火，緊接著引燃了儲存化學藥品的倉庫，不
到片刻，整個工廠便陷入了一片火海之中。儘管當時消防隊調來了
所有的消防車，依然無法阻止熊熊大火的蔓延。正當眾人為愛迪生
一輩子的成果將毀於一旦而感傷的時候，愛迪生卻吩咐兒子：「快，
快把你的母親叫來！」兒子不解地問：「火勢已不可收拾，就是把
全市的人都叫來亦無濟於事了，何必還要多此一舉呢？」沒想到愛
迪生卻輕鬆地說：「快讓你的母親來欣賞這百年難得一遇的超級大
火！」

妻子趕來了，當她看到愛迪生正以微笑來迎接她時，她有些不解地說：「你的一切都將化成灰燼了，怎麼還能笑得出來？」

愛迪生回答說：「不，親愛的，大火燒掉的是我過去所有的錯誤！我將在這片土地上建一座更完善、更先進的實驗室和工廠。」

這是何其豁達的心境！在災難面前，愛迪生的心態令我們讚賞！

其實，為失去的東西悲傷是非常愚蠢的行為。你就算為失去的一切毀滅了自己，又有什麼用呢？只有那些懷著一份豁達心境的人，才不會沉溺於自己曾經的擁有，而是懷著對未來無限的希望，並重新開始更加美好的創造。也許我們許多人都曾經為了失去的金錢、工作、地位、愛情等傷心啜泣過，但你要相信，在未來的歲月裡，一定還會有一份更加美好的禮物在等待著你。失去的東西只能成為你人生經歷的一部分，只有現在和未來才是你真實的生活。

沒有人能夠控制或改變你的態度，只有你自己能夠。你雖然改變不了環境，但卻可以改變自己的心態。你不能預知明天，但你可以把握今天，你不能左右天氣，但你可以改變心情。

每天喝一點雞湯：

幸福是一種感覺，快樂是一種選擇。向左走選擇快樂，向右走選擇悲觀。凡事不可能皆如意，就看你怎樣去選擇。而樂觀是一種做人的態度，我們應學會以一種樂觀的態度對待事物。

▶ 用積極的心態對待自己的事業和生活

如果我們要開創成功的事業，就要抱著必勝的心態去為之奮鬥。當我們對於事物產生懷疑時，只有一個信念可以幫助我們，那就是期待最好的結果。

眾所周知，在這個世界上，成功而卓越的人畢竟是少數，而失敗平庸的人肯定是多數。成功而卓越的人活得充實、自在、灑脫；失敗而平庸的人則過得空虛、艱難、拘泥。為什麼會出現這種情況呢？我們不妨仔細地比較一下成功者和失敗者的心態，特別是他們在關鍵時刻的心態，我們將會十分驚訝地發現：在這種時候，由於每個人的心態不同，其各自的命運與事情的結果也就不同。

在推銷員中一直廣泛流傳著這樣一個故事。

歐洲的兩個推銷員到非洲去推銷皮鞋。由於天氣炎熱，非洲人一直都是赤著腳。第一個推銷員看到非洲人這個樣子，立刻失望起來，他想：這些人都赤著腳，怎麼會買我的鞋呢？於是他放棄了努力。而另一位推銷員看到非洲人都赤著腳，則驚喜萬分，在他看來：這些人都沒有皮鞋穿，這皮鞋市場就大了。於是想盡一切辦法，說服非洲人購買皮鞋，最後他自然是滿載而歸。

我們不難看出，這就是不同的心態所導致的不同的結果。同樣是非洲市場，同樣面對赤著腳的非洲人，由於不同的心態，一個人灰心失望，不戰而敗；而另一個人則滿懷信心，大獲全勝。

面對同樣的機會，積極的心態有助於人們克服困難，發掘自身的力量，幫助人們踏上成功的彼岸。養成消極思維的人則會看著機會漸漸遠去，卻不會採取行動。消極心態會在關鍵時刻散布疑雲，

使人錯失良機。

消極心態與積極心態一樣，也能產生巨大的力量。有時候，消極心態的力量還有可能大於積極心態的力量。我們不僅要最大限度地發揮和利用積極心態的力量，也應該極力排斥消極心態的力量。

一個身無分文的年輕人，有一天對他的所有朋友大膽地說：「總有一天，我要到歐洲去。」坐在他旁邊的朋友一聽此話便笑了起來：「聽聽，這是誰在說話呀？」

但是，到了二十年之後，這個年輕人果然帶著自己的妻子去了歐洲。

年輕人當時並沒有像其他人那樣說：「我非常想去歐洲，但我恐怕永遠都花不起這筆錢。」他的心裡抱著積極的、堅定的希望，這希望和積極的心理暗示給了他極大的動力，促使他為了要去歐洲而有所行動。

如果你首先放棄了，你一開始就說「不行，我花不起，那筆費用對我來說太昂貴了，我恐怕永遠都做不到。」那麼，事情一定會像你所想的那樣，一切都會停頓下來。你的希望沒有了，你的心智遲鈍了，你的精神也消失了，久而久之，真的會讓自己相信這件事情是不可能辦到的。

障礙與機會之間有什麼區別呢？關鍵在於人們對待事物的態度有所差別。被譽為美國歷史上最偉大的總統之一的亞伯拉罕‧林肯（Abraham Lincoln）說過：「成功是屢遭挫折而熱情不減。」積極的人視挫折為成功的墊腳石，並將挫折轉化為機會。消極的人視挫折為成功的絆腳石，讓機會悄悄溜走。

看見將來的希望，就會激發起現在的動力。消極心態會摧毀人

們的信心，使希望泯滅。消極心態像一劑慢性毒藥，吃這服藥的人會慢慢地變得意志消沉，失去動力，離成功越來越遠。

消極心態不僅想到外部世界最壞的一面，而且還會想到自己最壞的一面。他們不敢企求什麼，因而往往收穫也很少。遇到一個新的想法或觀念，他們的反應往往是：「這是行不通的，從來沒有這麼做過。沒有這主意不也過得很好嘛？我們承擔不起風險，現在條件不成熟，這不是我們的責任。」

也許下面這個故事可以從反面教會你一些。

故事來自美國的一個州，那裡是用燒木柴的壁爐來取暖的。有一個樵夫，他給一人家供應木柴已有兩年多了。樵夫知道木柴的直徑不能大於十八釐米，否則就不適合這家人特殊的壁爐。

但有一次，他賣給這個老雇主的木柴，大部分都不符合規定的尺寸。

雇主發現這個問題後，就打電話給他，要他調換或者劈開這些不合尺寸的薪柴。

「我不能這樣做！」樵夫說道，「這樣花費的工價就會比全部柴價還要高。」說完，他就把電話掛了。

這個雇主只好親自來做劈柴的工作。他卷起袖子，開始勞動。大概在這項工作進行了一半時，他注意到有一根特別的木頭，這根木頭有一個很大的節疤，節疤明顯是被人鑿開又堵住了。這是什麼人做的呢？他掂量了一下這根木頭，覺得它很輕，彷彿是空的。他就用斧頭把它劈開，一個發黑的白鐵卷掉了出來。他蹲下去，拾起這個白鐵卷，把它打開，吃驚地發現裡面包有一些很舊的五十美元和一百美元兩種面額的鈔票。他數了數，恰好有兩千兩百五十美

元。很顯然，這些鈔票藏在這個樹裡已經有很多年了。這個人唯一的想法，便是將這些錢還回到它真正的主人那裡。

他抓起電話筒，又打電話給那個樵夫，問他從哪裡砍了這些木頭。這位樵夫的消極心態維護著他的排斥力量。

「那是我自己的事。」這個樵夫說，「如果你洩漏了你的祕密，別人會欺騙你的。」對方雖然做了多次努力，還是無法獲悉這些木頭從哪裡砍來的，也不知道是誰把錢藏在樹內。

這個故事說明，具有積極心態的人能發現錢，具有消極心態的人卻不能。可見，好運在每個人的生活中都是存在的。然而，以消極心態對待生活的人會讓好運失之交臂，具有積極心態的人才能抓住機會，獲得利益。

事實上，在我們的日常生活中，之所以失敗而平庸的人占多數，其主要原因就是心態有問題。一旦遇到困難，他們總是挑選最容易的辦法，甚至從原來的地方倒退，總是說：「我不行了，我還是退卻吧。」結果使自己陷入失敗的深淵。成功者卻正好相反，他們一遇到困難，總是始終如一地保持積極的心態。他們總是以「我要！」、「我能！」、「我一定行！」等積極的念頭來不斷鼓勵自己。於是他們便去盡一切可能，不斷前進，直至走向成功。偉大的發明家愛迪生就是這樣一個人，他是在通過幾千次的失敗後，才最終成功地發明了電燈的。

成功的人大多數能夠始終以積極的思考、樂觀的精神和輝煌的經驗，來支配和控制自己的人生；失敗的人則總是被過去的種種失敗和疑慮引導支配，他們空虛委瑣、悲觀失望、消極頹廢，因而最終走向了失敗。以積極心態支配自己人生的人，總是能積極樂觀

地處理人生遇到的各種困難、衝突和問題；以消極心態支配自己人生的人，總不願也不敢積極地解決人生所面對的各種問題、衝突和困難。

我們經常聽人說，他們現在的處境是別人造成的，環境決定了他們的人生位置。這些人常說他們的想法無法改變。但事實上卻不是這樣的，他們的境況根本不是周圍環境造成的。說到底，如何看待人生，完全由我們自己決定。

維克多‧弗蘭克（Viktor Emil Frankl）是二戰時納粹德國某集中營的一位倖存者。他說：「在任何特定的環境中，人們還有一種最後的自由，那就是選擇自己的態度。」

馬爾比‧D‧馬布科克也曾說：「最常見，同時也是代價最大的一個錯誤，是我們認為成功有賴於某種天才、某種魅力、某些我們不具備的東西。」

總而言之，成功的要素其實就掌握在我們的手中。成功是積極心態的結果。我們究竟能飛多高，並非完全由我們的某些其他的因素決定，而是由我們自己的心態所制約的。我們的心態在很大程度上決定了我們人生的成敗。比如：

（一）我們怎樣對待生活，生活就怎樣對待我們。

（二）我們怎樣對待別人，別人就怎樣對待我們。

（三）我們在一項任務剛開始時的心態，就決定了我們最後將有多大的成功，這是最重要的因素。

（四）在任何重要組織中，我們的地位越高，我們就越能找到最佳的心態。

當然，有了積極心態並不能保證事事成功，但一直持消極心態

59

的人則一定不會成功。

每天喝一點雞湯：

不斷地用積極的心態來對待自己的生活和事業吧！

播出積極的種子，必定會收穫成功的果實。

▶ 笑對人生，對厄運說「無所謂」

生活不是一種罪過，當厄運降臨時，嘗試著凝視天空，或許堆積在心中的愁緒會慢慢的消失。即使今天的你還殘留著昨天的傷痕，你也一樣可以靜靜的等待，等到冰雪融化的那一天，你就能吸取溫暖。

保樂在遭到失業痛苦的同時，父母又在一件意外事故中身亡了。經過這些致命的打擊後，他已經對生活失去了熱情，終日借酒澆愁。

一天，保樂又到一家酒店去買醉時，偶遇了一位心理學家。當心理學家瞭解了保樂的情況後，便對他說：「我有句三字箴言要送給你，它會對你的生活有一定的幫助，而且是使人心態平靜的良方。這三個字就是『不要緊』。」

清醒後的保樂用了三天時間，來領悟這三字箴言所蘊含的智慧。於是，他把這三個字寫下來，貼在家裡的牆壁上，他決定今後再也不會讓挫折和失望來破壞自己平和的心情。

後來，保樂果真遇到了生活的考驗，他無可救藥地愛上了房東的女兒。她對他來說就像生命一樣重要，保樂從看到她的第一眼

起，就確信她是自己今生唯一的伴侶，如果沒有她，自己肯定活不下去。但是，房東的女兒拒絕了保樂，並委婉地告訴他，自己已經有了未婚夫。這時，保樂以她為中心構建的世界在瞬間就土崩瓦解了。那幾天，保樂覺得牆上貼著的「不要緊」三個字根本沒有用，甚至覺得好笑。

一個星期後，保樂通過冷靜的分析後，覺得這三個字對自己來說，又有了不同的意義。他在想：到底有多要緊？那女孩很重要，自己也很要緊，快樂也很要緊。但自己希望和一個不愛自己的人結婚嗎？答案當然是否定的。

一個月後，保樂發現沒有房東的女兒，自己也照樣可以生活得很好，甚至感覺到一個人生活心情也能放鬆。他堅信將來肯定會有另一個愛他的女孩進入自己的生活，即使沒有，自己也會過得很開心的。

三年後，一個漂亮溫柔的女孩走進了保樂的生活。在高興地籌備婚禮的時候，保樂把那三個字從牆上撕下，扔進了垃圾桶中。他認為自己將永遠快樂，人生旅途中不會再有失敗和挫折。

的確，結婚的前幾年，他們過得很快樂。保樂有了一份理想的工作，妻子為他生了一對雙胞胎女兒，他們還有一定數額的存款。保樂覺得日子過得愜意極了。

在徵得妻子的同意後，保樂把所有的存款都投進了股市。但是，就在他買了股票後不久，股市連連下跌。由於沒有投資經驗，他被股市牢牢套住了，家裡所有的開支僅靠他的薪水了，他們的生活又降到了僅能維持溫飽的狀態。

保樂的心裡非常難受，他又想起那句三字箴言：「不要緊！」

保樂心想：上帝啊！這一次可真的是不要緊，而是要命，我的生活怎樣才能維持下去呢？

一天，就在保樂又沉浸在悲傷之中時，那對雙胞胎女兒咿呀咿呀學語的聲音吸引了他的注意力。兩個女兒坐在地毯上，朝他張開雙臂，兩個女兒臉上的笑容是那麼令人動容。這一刻，保樂覺得自己的心情受到了強烈的衝擊。他想：如此可愛的女兒，善良的妻子，這已是上蒼賜給我的無價之寶。而我在股市上損失的只是金錢，一切都會好起來的，實在「不要緊」。

不久，保樂又變得像以前一樣樂觀，他再也不為金錢的損失而煩惱了。而生活也像他所期待的一樣，過得甜甜蜜蜜。

當我們遭到命運的撞擊時，都會本能的將它放大，很多時候我們就是被這種放大的困難嚇倒，失去了前進的勇氣。

每天喝一點雞湯：

「無所謂」的態度會為我們帶來戰勝厄運的勇氣與魄力，它號召著我們向命運前行，在困難面前幫我們擊落放大鏡，給了我們一份淡然、豁達和一份笑對人生的樂觀。

▶ 以樂觀的心態看待周邊的世界

英國思想家伯特蘭‧羅素（Bertrand Arthur William Russell）認為，人類各種的不快樂，一部分是源於外在的社會環境，一部分源於內在的個人心理。

　　樂觀的人總是能從平凡的事物中發現美，天是藍的，雲是白的，花那麼香，陽光那麼燦爛……生活中還有許許多多歡樂的事物，需要你用心去體會，去觀察。當一個人感興趣的事情越來越多，那麼他快樂的機會也越多，而受命運擺布的可能性則越少。

　　為了充實生活，協調身心，即使做些極為平常的小事，那也是一種寄託和滿足。

　　但是，有一點你的確需要注意，那就是：當你進行新的嘗試時，你很可能會犯錯誤，不論你的職業是什麼，只要不斷對自己提出更高的要求，都難免失敗。但要記住，失敗並非罪過，重要的是從中吸取教訓。

　　保羅‧高爾文（Paul Vincent Galvin）是個身強力壯的愛爾蘭農家子弟，在他心裡充滿了進取精神。

　　十三歲時，見別的孩子在火車站月台上賣爆米花，他不由得被這個行業吸引了，也一頭闖了進去。但他不了解早已占住地盤的孩子們，並不歡迎有人來競爭。為了讓他了解這個道理，他們搶走了他的爆米花，並將其全部倒在街上。

　　第一次世界大戰結束後，高爾文從部隊復員回家，他在威斯康辛州開了一家電池公司。可是無論他怎麼折騰，產品依然賣得不好。有一天，高爾文離開廠房去吃午餐。回來時卻只見大門上了鎖，公司被查封，高爾文甚至不能進去取出他掛在衣架上的大衣。

　　到了一九二六年，他又跟人合夥做起收音機生意來。當時，全美國估計剛有三千台收音機，預計兩年後將會擴大一百倍，但這些收音機的能源都是電池。於是，他們想發明燈絲電源整流器來代替電池。這個想法本來不錯，但產品卻還是銷售不出去。眼看著生

意一天天走下坡路，他們似乎又要停業了。此時，高爾文通過郵購銷售辦法招攬了大批客戶。他手裡一有了錢，就開了專門製造整流器和交流電真空管收音機的公司。可是不到三年，高爾文又一次破產。

這時，他已陷入絕境，只剩下最後一個掙扎的機會了——當時他一心想把收音機裝到汽車上，但許多技術上的困難還有待克服。

到一九三○年底，他的製造廠帳面上已經欠了三百七十四萬美元。在一個週末的晚上，他回到家中，妻子正等著他拿錢來買食物、交房租，可他摸遍全身只有二十四美元，而且全是借來的。

然而，高爾文是一個樂觀和堅持的人，經過多年不懈的奮鬥，如今的高爾文早已腰纏萬貫，他蓋起的豪華家園就是用他的第一部汽車收音機的牌子命名的。

在很多的時候，我們的心情都和所處的環境有很大關係，當我們所處的環境很好的時候，我們可能表現的很快樂，或者很幸福，並且願意在這樣的環境中生活。當我們處在困難，或者不好的環境中的時候，大多數人都是選擇悲觀的心態。在這裡，與其說是環境讓我們改變了心情，不如說是環境促使我們選擇那種悲觀的心情。

諾曼·卡茲斯是一個患有膠原病的病人，這是一種很難治癒的病症，康復的可能性僅為五百分之一，而他卻成為了這個「一」。後來，他把當時的情況寫在了《五百分之一的奇蹟》這本書裡：「如果，消極情緒引起肉體消極的化學反應的話，那麼，可以推測，積極向上的情緒可以引起積極的化學反應。可以推測，愛、希望、信仰、笑、信心、對生的渴望等，這一切也具有醫療價值。」

卡茲斯認為，笑具有驚人的醫療效果：「我的體會是，如果能

夠從心底發出笑聲，並持續十分鐘，便會產生如鎮痛劑一樣的作用，至少可以解除疼痛兩個小時，安安穩穩地睡覺。」

由此可見，無論什麼時候，無論在多麼困難的狀態和環境下，你都應該保持一種積極樂觀的心態，這才是明智的選擇。有很多的東西是我們所無法改變的，我們的出生，我們所在的環境，還有我們所處的時代，這些都是我們無法改變的。但有些東西卻是可以改變的，那就是我們的心情，我們的心態。

每天喝一點雞湯：

　　把握你的心態，無論是挫敗，還是處於逆境，只要讓我們的心中存有一絲歡樂的亮光，我們很快就會發現自己所經歷的一切都微不足道。

▶ 抬起你萎靡不振的頭

一個萎靡不振、沒有主見的人，一遇到事情就習慣性的「先放在一邊」，說起話來又是吞吞吐吐、毫無力量；更為可悲的是，他不大相信自己會做成偉大的事業。反之，那些意志堅強的人習慣「說做就做」，凡事都有他的主見，並且有很強的自信心，能堅持自己的意見和信仰。

對於欲成大事，治療自己人性弱點的人而言，有一種最難治也是最普遍的毛病就是「萎靡不振」，「萎靡不振」往往使人完全陷入絕望的境地。

第2章　樂觀多一點，煩惱少一點

　　一個年輕人如果萎靡不振，那麼他的行動必然緩慢，臉上必定毫無生氣，做起事來也會弄得一塌糊塗、不可收拾。他的身體看上去就像沒有骨頭一樣，渾身軟弱無力，彷彿一碰就倒，整個人看起來總是糊裡糊塗、呆頭呆腦、無精打采。

　　年輕人一定要注意，千萬不要與那些頹廢不堪、沒有志氣的人來往。一個人一旦有了這種壞習性，即使後來幡然悔悟，他的生活和事業也必然要受到很大的打擊。

　　遲疑不決、優柔寡斷無論對成功還是對人格修養都有很大的傷害。優柔寡斷的人一遇到問題往往東猜西揣，左思右想，不到逼上梁山之日，絕不做出決定。久而久之，他就養成了遇事無法當機立斷的習慣，他也不再相信自己。由於這一習慣，他原本所具有的各種能力也會跟著退化。

　　一個萎靡不振、沒有主見的人，一遇到事情就習慣性的「先放在一邊」，說起話來又是吞吞吐吐、毫無力量；更為可悲的是，他不大相信自己會做成偉大的事業。反之，那些意志堅強的人習慣「說做就做」，凡事都有他的主見，並且有很強的自信心，能堅持自己的意見和信仰。如果你遇見這種人，一定會感受到他精力的充沛、處事的果斷、為人的勇敢。這種人認為自己是對的，就大聲地說出來；遇到確信應該做的事，就盡力去做。

　　對於世界上的任何事業來說，不肯專心、沒有決心、不願吃苦，就絕不會有成功的希望。獲得成功的唯一道路就是下定決心、全力以赴地去做。

　　遇到事情猶豫不決、優柔寡斷，見人無精打采的人，從來無法給別人留下好的印象，也就無法獲得別人的信任和幫助。只有那些

精神振奮、做事踏實、意志堅決、富有魅力的人，才能在他人心目中樹立信用。不能獲得他人信任的人是無法成功的。

對於手頭的任何工作，我們都應該集中精神和所有力量。即使是寫信、打雜等微不足道的小事，也應集中精力去做。與此同時，一旦作出決策，就要立刻行動；否則，一旦養成拖延的不良習慣，人的一生大概也不會有太大希望了。

世界上有很多人都埋怨自己的命不好，別人為什麼容易成功，而自己卻一點成就都沒有呢？其實，他們不知道，失敗的原因就是他們自己，比如他們不肯在工作上集中全部心思和智力；比如做起事來，他們無精打采、萎靡不振；比如他們沒有遠大的抱負，在事業發展過程中也沒有去排除障礙的決心；比如他們沒有使出全身的力量，並集中起來，匯成滔滔洪流。

以無精打采的精神、拖泥帶水的做事方法、隨隨便便的態度去做事，不可能有成功的希望。只有那些意志堅定、勤勉努力、決策果斷、做事敏捷、反應迅速的人，只有為人誠懇、充滿熱忱、富有思想的人，才能把自己的事業帶入成功的軌道。

青年人最易感染又是最可怕的疾病，就是沒有明確的目標和沒有自己的主見，就是因為這一點，他們的境況常常越來越差，甚至到了不可收拾的地步。他們苟且自度，過著平庸、無聊、枯燥、乏味的生活，得過且過的想法支配著他們的頭腦。他們從來沒想過要振奮精神，拿出勇氣，奮力向前，結果淪落到自暴自棄的境地。之所以如此，都是因為他們缺乏遠大的目標和正確的思想。隨後，自暴自棄的態度竟然成為了他們的習慣。他們從此不再有計劃、不再有目標、不再有希望，如果你想勸服他們，要他們重新做人，實

在是一件極難的事。要對一個剛從學校跨入社會、滿腔熱血、雄心勃勃的青年人指出一條正確的道路，是一件比較容易的事，但要想改變一個屢次失敗、意志消沉、精神頹廢者的命運，似乎是難上加難。對這些人來說，彷彿所有的力量都已蕩然無存，所有的希望都已全部死去，他們的身體看上去也如同行屍走肉一般，再也沒有重新振作的精神和力量了。

每天喝一點雞湯：
....

世界上不少失敗者的一生都沒有大的過錯，但由於本身弱點太多，懦弱而無能，結果做事情容易半途而廢，一遇挫折便不求上進。沒有堅強的意志，沒有持久的忍耐力，更沒有敢做敢為的決斷力，使他們陷於失敗的境地。

▶ 步入激發潛能的氣氛中

卡內基（Dale Carnegie）指出：「在人的一生中，無論何種情形，你都要不惜一切代價，步入一種可能激發你潛能的氣氛中，可能促使你邁上自我發達之路的環境裡。」

羅賓斯（Tony Robbins）沒上過大學，卻成為舉世聞名的激勵大師。在他數十年的職業生涯中，曾為克林頓（William Jefferson Clinton）和曼德拉（Nelson Rolihlahla Mandela）釋疑解惑，也曾給世界頂尖級的運動員指點迷津。

羅賓斯認為，貪婪畏縮和缺乏動力是阻礙進取的絆腳石，保持

一種積極的心態是成功不可或缺的要素。人生的動力如雪球，會越滾越大。富者愈富，貧者愈貧，差別就在這裡。當一個人感召別人時，也在改變著自己。如果說成功有不變的法則，那就是別心存僥倖。過去已無法挽回，未來不可操作，只有現在採取行動。

全力去做自己擅長的事，才是最明智的選擇。成功的第一步就是趕緊行動，就要有進取心去促成行動。一個人心中有美好的前景，才會想到要改變現實，進而付諸行動。在一次次巡迴演講中，他致力於喚醒聽眾的信心，試圖提高他們的生活素質，扭轉他們的人生航線。

要把夢想變為現實，就得為自己營造志在必得的心態。先瞭解自己最想要什麼，才能每天努力去追求，並維持追求的動力。出生在什麼都不可能發生的家庭，羅賓斯之所以從不可能中脫穎而出，上進心就是他最大的資產。

一位老太太見到羅賓斯，迷惑不解地詢問：「我從早到晚都能看到你的身影，有時是在海報上，有時是在電視裡。我發現你總是那麼樂觀，總是情緒高昂，你是怎麼保持這種精神狀態的？」

羅賓斯回答說：「因為我有動力，一種強勁的動力。人生每天都要面對各種的挑戰。我創辦公司的目的不是賺錢，而是要幫助那些有需要的老人孩子、流浪者或坐牢的人。我有妻子和四個孩子，希望自己能做得更好一點。跟普通人一樣，我也會傷心難過，也有洩氣、憤怒和失望的時候。然而隨著內在力量的不斷增強，被這些情緒所困擾的時間也就越來越短。由一個月至一週，再到一天，現在最多不超過十五分鐘。從另一個角度看人生，我有一種全新的認識，知道自己最想要的是什麼，所以對未來一直心存美好的嚮

往。」

　　生在什麼都不可能發生的家庭，羅賓斯之所以從不可能中脫穎而出，上進心就是他最大的資產。

　　在日本有一所特殊的大學，坐落在富士山下，有人稱之為人間地獄，也有人把它叫做鼓氣學校。每期學員僅受訓十三天，收取學費高達二十萬日元，這所學校培養的對象來自公司領導階層，其辦校方針是讓處境不佳的管理者重振雄風，其恪守的信條是一百升汗水與眼淚。

　　學員一跨入校門，就會受到這樣的訓導：「為了今後大幹一番事業，你們必須付出汗水和眼淚，而完成科目的辦法只有一條：就是共同奮鬥，讓地獄變成天堂！」

　　學校從不向學員傳授生意經和管理法，而是讓他們接受嚴酷的體能訓練，諸如在夏天讓烈日暴晒，冬天任嚴寒侵襲等，旨在把他們塑造成最堅強的企業精英。一位學員受訓後自信地說：「經過這種特殊的品格修練，在員工面前我不再恐懼，在老闆面前我不再膽怯！」

　　儘管在該校吃盡苦頭，學員們並不認為這是一種懲罰，也不認為是變相受難，反而覺得這裡的一切從未體驗過，讓他們感到耳目一新。

　　學校創始人本橋年代坦言道：「今天對學員們來說，需要的不是知識，而是別的東西。在現實生活中，那些瀕臨破產的人對各種情況瞭若指掌，他們欠缺的是抵抗力和自信心。我們把每個學員推到極限，就是要讓他們學會如何去擺脫困境。雖然學校傳授的東西很簡單，可是每個學員都說從中吸取了力量，因為他們經歷了極為

難得的磨練。」

每天喝一點雞湯：

要把夢想變為現實，就得為自己營造志在必得的心態。先瞭解自己最想要什麼，才能每天努力去追求，並維持追求的動力。

▶ 別放棄，再堅持一下

許多成功者，他們與失敗者的唯一區別，往往不是更多的努力，或是更聰明的大腦，只在於他們多堅持了一刻——有時是一年，有時是一天。

由於胡利奧（Julio Iglesias）用世界上六國語言演唱的唱片已經銷售了十億多張，這讓他獲得金氏世界紀錄創辦者頒發的「鑽石唱片獎」。在歐洲，胡利奧已經五年都是流行歌曲的榜首明星，《法國晚報》曾讚揚他為一九八〇年代的頂尖歌手。歌劇名星普拉西多·多明哥（José Plácido Domingo Embil）這樣評價這位四十多歲，富有熱情的西班牙民謠的歌手：「胡利奧達到了每個歌唱家夢寐以求的造詣，既會唱古曲的，又會唱通俗的，他打動了所有觀眾的心。」

胡利奧假如沒有信心、勇氣和鐵一般的毅力，那麼今天他可能只是一個默默無聞的殘疾人。說來也奇怪，他的成功還是由一起車禍事故引起的。

一九六三年九月，胡利奧二十歲生日前，他和三個朋友沿著郊

區的大路，驅車前往馬德里家中，當時已過午夜，純粹出於年輕人的胡鬧，他把車速開到每小時一百公里，駛到一個急轉彎處，汽車陡然滑向一側，一個跟頭翻到了田裡。不可置信的是，當時沒有人受重傷。過了一段時間，胡利奧感到胸部和腰部急劇的刺痛，伴隨著呼吸困難和渾身發抖。神經外科專家診斷是脊椎出了問題，胡利奧癱瘓了，他被送到一個治療截癱病人的醫院，脊椎檢查發現：他背上在第七根脊椎骨上長有一個良性瘤，隨後做了外科手術把瘤摘除。但是胡利奧回家後腰部以下仍無法動彈，這種情況實在讓人沮喪：胡利奧在幾年後，也許會恢復一點活動能力，但是進展緩慢，復健使他筋疲力盡。胡利奧有時也很絕望，有位護士得知這情形，給了他一把價錢不貴的吉他，他開始無目的地撥弄起來，他發現這種亂彈亂奏，讓他消除了憂慮和無聊。這種亂奏使他跟著哼起來，後來試著唱出幾句，使他高興的是，自己的嗓音還不錯。

　　手術後的四個月，胡利奧站在地板上，手抓著他家裡樓梯的扶手，費力地試著舉步上樓，這樣的練習使他氣喘吁吁。但他總算抬起了邁向康復的第一步。

　　他每天的目標就是比前一天多邁出一步，為了加強身體其他部位的鍛鍊，他沿著門廳不停地爬行四五個小時。在他家的消暑住處，他能拄著拐杖沿著海灘緩慢費力的行走，而且每天早上，他在地中海裡疲倦不堪的游上三四個小時，到那一年的秋天，他換成拄一根手杖行走。幾個月後，他把手杖也扔到了一邊，每天慢行十公里。

　　一九六八年，他從法學院畢業，他曾打算進外交使團。在那時，音樂僅是一種消遣，長期而孤獨的恢復期使胡利奧產生了靈

感，他總算寫出了自己的第一首歌《生活像往常一樣繼續》。

儘管他遲疑過，最後還是同意在一年一度西班牙為流行音樂舉行的最重要的比賽——《貝尼多姆音樂節》上演唱那首歌。在那次比賽中，胡利奧獲得了第一名。這首歌一時在全國流行起來，並成了一部西班牙電影的片名，這部影片是根據他和癱瘓做對抗的經歷而寫的，他主演了這部電影，這樣又成了一位電影明星。

作為一個世界性的音樂家，公眾對他的接受有一個漫長的過程。在他用歌聲征服拉丁美洲聽眾的過程中，他首先得征服村民們，使他們知道胡利奧是誰。一九七一年他在巴拿馬時，身無分文，露宿在公園的長凳上。就在這種情況下，他也沒有懷疑過美好的明天在向他招手。他身體上的復原讓他決心不放棄任何夢想。

一九七二年，《獻給佳麗西婭的歌》結束了黑暗的日子，這首歌那跳動的民間節奏，使得它流行於整個歐洲和南美。

很快，他又推出了其他流行曲目。一九七四年，他的唱片《Manuela》使他在法國成為第一個獲得金唱片獎的西班牙歌手。

有一次，在阿根廷的馬德普拉特舉行了一場音樂會後，一對夫婦送給胡利奧一顆鑽石戒指，表達他們感激的心意，因為在他們即將分手之際，是他音樂裡的溫柔和渴望使得他們夫婦和好如初。

一九八一年，胡利奧寫的自傳《在天堂和地獄之間》一書中，他描述了自己婚姻的破裂，其痛苦的程度不亞於那次癱瘓。他體會到了失敗，陷進了深深的絕望之谷。他得做出超人的努力來面對觀眾。那時他覺得他的雙腿又癱了，可是一位精神病醫生對他說，這是他的思想出了問題：「你應該像從前那樣，把自己投入到事業中去。」有位醫生建議：「繼續你已發展的事業——不達頂峰誓不甘

休。」

　　有了這些鼓勵，胡利奧感覺好多了。從那以後，他嚴格遵守醫生的指導，時刻不忘二十年前的自我療法：每天要比昨天多邁出一步。

　　一九八七年，胡利奧和哥倫比亞唱片公司簽了一項長期合同，他細心而不知疲倦地工作，花了六個月的時間錄一張唱片，他先用西班牙語演唱，後來用了法語、義大利語、葡萄牙語和德語演唱。他甚至花時間錄製用英語首次演唱的唱片。

　　雖然他是個語言天才，但是用多種語言進行七小時的錄音過程也夠折磨人的。他對「我愛你」這幾個字的發音特別小題大做。即使用西班牙語演唱，在錄音時他也能花上一個多小時反覆練習，直到達到了他認為能讓人獲得美的享受才停止。

　　胡利奧回顧癱瘓時的黑暗之日，發現有很多東西值得感激。他說：「我在音樂方面獲得的一切成就，都來源於那次痛苦。」現在健康、愉快和出名的胡利奧・依格萊西斯，他的生活本身證明了他寫進第一首歌《生活像往常一樣繼續》中的箴言：人總有理由生存，總有理由奮鬥！

　　一些人認為所謂成功，無非就是那套 ABC 理論——才智、闖勁和勇氣。但我們要想成功光有這三條是遠遠不夠的。你還必須以頑強的耐力對付生活中遇到的各種坎坷、障礙。布克・華盛頓（Booker Taliaferro Washington）曾說過：「我以為，衡量一個人成功與否，不完全是以他在生活中所得到的地位為標準的，而是由他在努力通往成功的路上越過的障礙多少作為尺度的。」

　　一位有名的拳擊家在他的《再戰一回合！》中充分表現了這種

頑強耐力，他寫道：「再戰一回合！當你雙腳站立不穩，馬上就要跌倒的時候，再戰一回合！當你筋疲力盡，無法抬起雙臂防禦對手的進攻時，再戰一回合！有時，你被打得鼻青臉腫，無力招架，甚至你希望對手乾脆猛擊一拳將你打昏過去時，此時此刻——再戰一回合：記住，一個常常『再戰一回合』的人是不會被打垮的。」

每天喝一點雞湯：

> 我們每個人都得對付那些令人頭痛的、失意的事情。我們暫且把地位問題放在一邊，為了成功，你必須具有耐力。

▶ 在心中造個不倒翁

自我意象的確立是十分重要的，其正或負的傾向，是我們的生命走向成功或失敗的方向盤、指南針。

成功的過程是一個不斷挖掘自身潛能的過程，而挖掘潛能必須不斷發現真正的自我。一個人一旦如此，便可重振一蹶不振的事業，甚至改變其整個生活狀況。

「自我意象」是重要的心理學發現之一。這種自我意象就是「我屬於哪種人」的自我觀念，它建立在我們對自身的認知和評價基礎上。一般而言，個體的自我信念都是根據自己過去的成功或失敗，他人對自己的反應，自己根據環境的比較意識，特別是童年經驗而不自覺地形成的。根據這些，人們心裡便形成了「自我意象」。就我們自身而言，一旦某種與自身有關的思想或信念進入這幅「肖

像」，它就會變成「真實的」。我們很少去懷疑其可靠性，只會根據它去行動，就像它的確是真實的一樣。心理學家馬爾慈說，人的潛意識就像一部「服務機制」，即一個有目標的電腦系統。而人的自我意象，就有如電腦程式，直接影響這一機制運作的結果。如果你的自我意象是一個失敗的人，你就會不斷地在自己內心那「螢光幕」上看到一個垂頭喪氣、難當大任的自我，聽到「我是沒出息、沒有長進」之類負面的訊息；然後感到沮喪、自卑、無奈與無能，那麼你在現實生活中便會「注定」失敗。

另一方面，如果你的自我意象是一個成功人士，你會不斷地在你內心的「螢光幕」上見到一個不斷進取、勇於經歷挫折和承受強大壓力的自我；聽到「我做得很好，而我以後還會做得更好」之類的鼓舞訊息，然後感受到喜悅、自尊、快慰與卓越，那麼你在現實生活中便會「注定」成功。

自我意象的形成有以下特點：

人的所有行為、感情、舉止，甚至才能，始終與自我意象一致。每個人把自己想像成什麼人，就會按那種人的方式行事；而且，即使他做了一切有意識的努力，即使他有意志力，也很難扭轉這種行為。

人的全部個性、行為，甚至環境都是建立在自我形象這個基礎之上的。如果一個人從心理上逃避成功，害怕成功，面對機會或挑戰，他就可能畏畏縮縮，這樣，即使不是一個失敗者，也是一個平庸之輩。因為，在其自我意象裡已經有了失敗的自我意象。其實，只要改變一個人的自我意象，他們都會發生奇蹟性的變化。

自我意象是可以改變的。一個人難於改變某種習慣、個性或

者生活方式，似乎有這樣一個原因：幾乎所有試圖改變的努力，都集中在所謂自我的行為模式上，而不是意識結構上。很多人對心理諮商感到意義不大，是因為他們想要改變的是特定的外在環境或者特定的習慣和性格缺陷，而從來沒有想到改變造成這些狀況的自我認識。

要想從事致富行動，並全面地完善自己的意識，就必須有一個適當的現實的自我意象伴隨著自己；就必須能接受自己，並有健全的自尊心。創富者必須信任自己，必須不斷地強化和肯定自我價值，必須隨心所欲地有創造性的表現自我，而不是把自我隱藏或遮掩起來。創富者必須有與現實相符合的自我，以便在一個現實的世界中有效地發揮作用。此外，創富者還必須認識自己的優點和弱點，並且誠實地對待這些優點和弱點。

當這個自我意象完整而穩固的時候，創富者會有「良好」的感覺，並且會感到自信，會自由地作為「我自己」而存在，自發的表現自己並會適當的發揮作用。如果它成為逃避、否定的對象，個體就會把它隱藏起來，不讓它有所表現，創造性的表現也就因此受到阻礙，內心會產生強烈的壓抑機制且無法與人相處。

我們每一個人內心所真正需要的正是我們心目中的崇高目標，在本質上都可以從豐富的生活或積極的創富過程中體驗到。當我們體驗到幸福、自信、成功的飽滿的感情時，我們就是在享受豐富的生活。當我們落魄到壓制自己的能力，浪費自己的天賦本能，使自己蒙受憂慮、恐懼、自我譴責和自我厭惡的程度時，就是在扼殺我們可以利用的生命力，就是在背棄自我發展和完善的道路。

所以，我們應改變這一點，努力發展新的自我意象。當然，發

展新的自我意象，改變鬱鬱寡歡的失敗型個性，不能依靠純粹或勉強的意志力。必須要有充足理由、足夠證據確認舊的自我意象是錯誤的，因而要發展相應的新的自我意象，不能僅僅憑空想像出一個新的自我意象，除非你覺得它是有事實為依據的。經驗顯示：一個人改變自我意象時，總覺得由於某種原因「看到」或者認識到了自己的本來面貌。

正如愛默生（Ralph Waldo Emerson）所說過的：「人無所謂偉大或者渺小。」

科學已經證實了哲學家、神祕主義者和其他直覺主義者的一貫主張：任何人都會由自己主宰「指引著走向成功」，任何人都有大於自身的力量，這就是「你自己」。

難怪人們過去總是把「心理意象」與「魔術」聯繫起來，「心理意象」在創富學中，確實具有難以抗拒的魔力。

「在你心靈的眼睛前面，長期而穩定地放置一幅自我肖象，你就會與它越來越相近」，佛斯迪克博士說，「生動地把自己想像成失敗者，這就使你不能取勝；生動地把自己想像成勝利者，將帶來無法估量的成功。」由此可見，想像對於我們事業的成功具有什麼樣的影響。

如果你充分相信自己有能力進行任何活動，那麼，你實際上就能獲得成功。一旦你敢於探索那些陌生的領域，便有可能體驗到人世間的種種樂趣。想想那些被稱為「天才」的人，那些在生活中頗有作為的成功者，他們並不僅僅是某方面的專家，也是不試圖迴避困難的人。富蘭克林（Benjamin Franklin）、貝多芬（Ludwig van Beethoven）、達文西（Leonardo da Vinc）、愛因斯坦

（Albert Einstein）、伽利略（Galileo Galilei）、羅素（Bertrand Arthur William Russell）、蕭伯納（George Bernard Shaw）、邱吉爾（Winston Leonard Spencer-Churchill）以及許多其他偉人，他們大多是敢於探索未知的先驅者，在許多方面與普通的人一樣平常，唯一區別只不過是他們勇於走他人不敢走的路罷了。另一位文藝復興式人物施魏策爾（Johan Frederik Schweitzer）曾經說過：「人類的一切都不會使我感到陌生。」人們可以用新的眼光重新看待自己，打開心靈的窗口，進行那些自己一向認為力所不能及的活動；否則，就只會以同樣的方式重複進行同樣的活動，直到生命終結。而偉人之所以偉大，往往體現在其探索的特質以及探索未知的勇氣。

每天喝一點雞湯：

在一定程度上，我們可以想做什麼就做什麼，其原因只不過是我們是否願意這樣做。這種思考方式將為我們拓展生活的新天地，並將有助於消除我們至今為止養成的消極生活方式──懼怕未知。

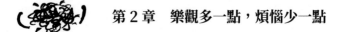

第 2 章　樂觀多一點，煩惱少一點

第 3 章

心胸寬一點，煩惱少一點

　　寬容是一把成功的金鑰，是一劑化解煩惱的良方，是給自己的一點甜蜜。人與人之間需要寬容、需要理解。寬容是催化劑，可以消除隔閡，減少誤會，化解衝突；寬容是潤滑劑，能調節關係，減少摩擦，避免碰撞；寬容是清新劑，會令人感到舒適，感到溫馨，感到自信，感到世界的美。

▶ 寬容是一種涵養

　　寬容是一種大度、一種涵養。心胸狹窄的人不可能寬容別人，而慣於斤斤計較；見利忘義的人也不可能寬容別人，只索取而喋喋不休。真正寬容，是一種積極的生活態度和高品位的道德觀念。

　　一天，有一個身材高大魁梧的人走在庫法市場上。他的臉晒得非常黑，而且還留著戰場上的痕跡。有一個商人坐在自己的商店中，看到那個高大的人走來，便想逗他的夥伴們發笑，以展現一下自己搞笑的本領。於是，他把垃圾扔向那個路人。但那個路人並沒有因此而發怒，繼續邁著穩健的步伐朝前走去。當他走遠以後，旁邊的人對那商人說：「你知道剛才你侮辱的人是誰嗎？」

　　「每天有成千上萬的人從這裡經過，我哪有心思去認識他呀？難道你認識這人？」

　　「你連這人都不認識！剛才走過去的就是著名的軍隊首領——馬力克‧艾施圖爾‧納哈爾。」

　　「是真的嗎？他是馬力克‧艾施圖爾‧納哈爾！就是那個讓敵人聽到他的聲音就四肢發抖，連獅子見到他都會心驚膽戰的馬力克嗎？」

　　「對，正是他。」

　　商人驚恐地說：「哎呀！我真該死，我竟做了這樣的傻事，他肯定會下令嚴厲的懲罰我，我趕緊去追他，向他求饒，求他饒了我這一回。」

　　說完商人就朝著馬力克所去的方向追去。當馬力克走進了清真寺時，這個商人便跟著進了清真寺。等馬力克做完禮拜後，商人

走到他跟前，低著頭說道：「對不起，我是剛才對你不禮貌的那個人。」

馬力克對那名商人說：「我原本不是要來清真寺的，但我看到你太無知，無緣無故的傷害路人，為了你，我才來這裡的，我為你感到痛心。所以，我想祈求真主，讓他引導你走正道，並沒有想要嚴懲你。」

生命是短暫的，寬容卻是無盡的，富有寬容之心的人，必將得到應有的回報，受到別人的寬容。

春秋時，楚莊王有一次和群臣宴飲，當時是晚上，大殿裡點著燈，正當大家酒喝得酣暢之際，突然燈燭滅了。這時，楚莊王身邊的寵妃「啊」地叫了一聲，楚莊王問：「怎麼回事啊？」寵妃對楚莊王說：「大王，剛才有人非禮我。那人趁著燭滅，拉我的衣襟。我扯斷了他的帽纓，現在還拿著，你趕快點燈，抓住這個斷纓的人。」楚莊王聽了，便說道：「是我賞賜大家喝酒，酒喝多了，有人難免會做些出格的事，沒什麼大不了的。」於是，他命令左右的人說：「今天大家和我一起喝酒，如果不扯斷帽纓，說明他沒有盡興。」群臣一百多人馬上扯斷了帽纓而熱情高昂的飲酒，盡興而散。

過了三年，楚國與晉國打仗，有一位將軍常常衝在前面，英勇無敵。戰勝後，莊王感到好奇，忍不住問他：「我平時對你並沒有特別的恩惠，你打仗時為何這樣賣力呢？」他回答說：「我就是那天夜裡被扯斷帽纓的人，是您寬容了我的魯莽，我非常感激您。」

寬容是我們自愛、自信的表現。拿得起，放得下，是一份從容，是力量的象徵。當然，能真正做到寬容的，是那些心地善良、

富有愛心、胸懷豁達、志趣高遠的人，是那些有良好修養的人

每天喝一點雞湯：

寬容可以使人達到健康、樂觀的狀態。寬容的人，心胸寬廣，能以一種積極樂觀的態度和豁達的胸襟來看待周圍的一切。寬容的人從不會因為別人的過錯而大發雷霆，所以與這種人溝通、交流起來很容易。

▶ 不求事事如意，但求問心無愧

我們都在尋求完美，可是完美到底是什麼呢？

有一個小故事，講的是有個圓被切去了很大一塊三角，它想讓自己恢復完整，沒有任何殘缺，於是四處尋覓失落的部分。因為它殘缺不全，只能慢慢滾動，所以能在路上欣賞野花，能和毛毛蟲聊天，享受陽光。它找到各種不同的碎片，但都不合適，所以只能把它們留在路邊，繼續往前尋找。

有一天，這殘缺的圓找到了一塊非常合適的碎片，非常的開心。把它胡亂的拼湊上，便開始滾動。現在它是完整的圓了，能滾得很快。但它卻發覺因為滾動太快，看到的世界好像完全不同，於是它停止了滾動，把補上的碎片丟在路旁，又慢慢地滾走了。

人往往在有所失去的時候，特別盼望能夠回復完整。其實，心中滿懷希望和期待並不糟，它會讓你懂得珍惜和感恩，使你受益一生。

能認識到自己有所缺憾，勇於放棄不切實際的夢想，而坦然面

對的人，可以說是完整的。

我們每一個人的人生都會有這樣或那樣的不足，能如殘缺之圓般，繼續在人生之途滾動並細嘗沿途滋味，就能達到完整。這就是生命所能賦予我們的：不求事事如願，但求問心無愧。

古語云：甘瓜苦蒂，天下物無全美也。從理念上講，人們都承認「金無足赤，人無完人」。

正如世界上沒有十全十美的東西一樣，也不存在無所不能的完人。在認識自我、看待別人的具體問題上，許多人仍習慣於追求完美，求全責備，對自己要求樣樣都是，對別人也全面衡量。

難道那些偉人、名人真的那麼十全十美、無可挑剔嗎？絕非如此。任何人總有其優點和缺點兩個方面。

美國大發明家愛迪生（Thomas Alva Edison）有過一千多項發明，被譽為「發明大王」，但他在晚年卻固執的反對交流輸電，一味主張直流輸電。

電影藝術大師卓別林（Charles Chaplin）創造了生動而深刻的喜劇形象，但他卻極力反對有聲電影。

人是可以認識自己、掌握自我的，人的自信不僅是相信自己有能力和價值，同時也認識到自己有缺點和毛病。我們不苛求完美，因為我們每個人的雙重性是不易改變的。所以，我們應當保持這樣一種心態和感覺，我知道自己的長處、優點，也知道自己的短處、缺點，我深知自己的潛能和心願，也看到自己的困難和局限。人類永遠具有靈與肉、好與壞、真與偽、絢爛與孤獨、堅定與猶疑等等雙重性。

我們以這種自我認識、相互包容的觀念意識付諸行動，就能從

自身條件不足和不利環境的局限中解脫出來，不必藏拙，不怕露出膽怯。即使明知在某方面不如別人，只要是自己想做的事，也會果敢行動。因為人只有經過跌跌撞撞，爬起來再來，才能學會諸多本領和技能。

任何人都有缺點和弱點，任何人也都有無知、無能的方面，只不過表現在不同的事情上而已。因此，人人在自我表現和與人交際中都會有「出醜」的表現。有些人由於不能確實的面對自己的缺點，拿出勇氣，去革新和突破自己，所以，他們情願不做事、不講話、不交際，也不願意在別人面前暴露自己的弱點。在燈光燦爛、樂曲悠揚的宴會廳裡，他們很想站起來跳舞，可是怕別人笑話自己舞技拙劣，寧願當一整晚的看客。跳得好的人越多，觀眾越多，他們就越鼓不起勇氣。

美國著名的管理學家彼得‧德魯克（Peter Ferdinand Drucker）在《有效的管理者》一書中寫道：若要所有的人沒有短處，其結果最多是形成一個平庸的組織。所謂「樣樣都是」，必然「一無是處」。才幹越高的人，其缺點往往也越明顯，有高峰必有深谷。

誰也不可能十全十美，與人類現有的知識、經驗、能力的彙集相比，任何偉大的天才都不及格。一位經營者如果只能見人之所短，而不能見人之所長，從而刻意於挑其短，而不是著眼於其長，這樣的經營者本身就是弱者。有些人，搞不清楚為什麼要放棄完美。因為不追求完美將達不到理想的目標，這只是一種慣性思維，事實是，大多數時候，我們只有放棄完美，才能樹立起自信自愛的意識，才能真正的認識和確立自己的價值、選擇和追求。

每天喝一點雞湯：

　　自我容納的人，能夠實事求是地看自己，也能正確理解和看待別人的雙重性，這樣就會拋棄驕傲自大、清高孤僻、魯莽草率之類導致失敗的弱點。

▶ 分享是一種美德，也是一種快樂

　　一位考古學家說：「人類之所以成為進化程度最高的生物，分享的行為是功不可沒的。」人類社會中，金錢、財富、物質……都是可以與人分享的，包括快樂也是可以分享的。

　　給予是快樂的源泉，為別人帶來快樂的同時，我們自己也會處於快樂的包圍之中。快樂是可以分享的，你給別人帶來了快樂，你分享給別人的東西越多，你獲得的東西就會越多。你把幸福分給別人，你的幸福就會更多。

　　大家都生活在同一個社會裡，人類生存的需要決定了我們人與人之間的關係，必須是相互依存的，你關心了別人，別人也會關心你，當你為別人做了好事時，你會有一種由衷的快感和心靈的慰藉，而同時也贏得了別人的尊敬仰慕。

　　從前有個國王，非常疼愛他的兒子，總是想方設法滿足兒子的一切要求。即使這樣，他的兒子卻總是整天眉頭緊鎖，面帶愁容。於是國王便懸賞尋找能給兒子帶來快樂的能人。

　　有一天，一個大魔術師來到王宮，對國王說有辦法讓王子快樂。國王很高興地對他說：「如果你能讓王子快樂，我可以答應你

的一切要求。」

　　魔術師把王子帶入一間密室中，用一種白色的東西在一張紙上寫了些什麼交給王子，讓王子走入一間暗室，然後燃起蠟燭，注視著紙上的一切變化，快樂的處方會在紙上顯現出來。

　　王子遵照魔術師的吩咐而行，當他燃起蠟燭後，在燭光的映照下，他看見紙上那白色的字跡化作美麗的綠色字體：「每天為別人做一件善事！」王子按照這一處方，每天做一件好事，當他看見別人微笑著向他道謝時，他開心極了。很快的，他就成了全國最快樂的人。

　　俄國詩人涅克拉索夫的長詩《誰在俄羅斯能過上好日子》中寫道：詩人找遍俄國，最終找到的快樂人物竟然是枕鋤瞌睡的農夫。是的，這位農夫有強壯的身體，能吃能喝能睡，從他打瞌睡的眉目裡和他打呼嚕的聲音中，便流露出由衷的開心。這位農夫為什麼能開心？不外乎兩個原因，一是知足常樂，二是勞動能給人帶來快樂和開心。正是因為農夫付出了能讓別人快樂的勞動，所以他才能成為最快樂的人。付出最多的人，往往獲得也最多。

　　有一個關於動物的故事：

　　樹上落下一隻嘴裡銜著一大塊食物的烏鴉。許多追蹤這個富有者的烏鴉立刻成群飛來。它們全都落下來，一聲不響，一動不動。那只嘴裡叼著東西的烏鴉已經很累了，很吃力的喘息著，它不可能一下子就把這一大塊東西吞下去呀。它也不能飛下去，在地上從容不迫地把這塊東西啄碎。那樣烏鴉們會猛撲過去，於是就要開始一場常說的混戰了。它只好停在那，保衛嘴巴裡的那塊東西。

　　也許是因為嘴裡叼著東西呼吸困難，也許是因為它被大家追

趕，已經弄得精疲力竭——只見它搖晃了一下，叼著的那塊東西突然掉落了。

所有的烏鴉都猛撲上去，在這場混戰中，一隻非常機靈的烏鴉搶到了那塊東西，立刻展翅飛去。這當然是另一隻烏鴉——一隻被追趕得精疲力竭的烏鴉也在跟著飛，但已明顯地落在大家的後面了。

結果是第二隻烏鴉也像第一隻一樣，弄得精疲力竭，也落到一棵樹上，也是終於失去了那塊東西，於是又是一場混戰，所有的烏鴉又去追趕那個幸運兒……

請看，富有的烏鴉的處境多麼可怕，而這只是因為它只為了自己。

不會與別人分享，最終的結果是自己也享受不到。快樂分給大家就會成倍的增加。相反的，如果緊握住不放，就會有別人嫉妒你的快樂。

從前，有一位猶太教長老，他十分熱愛打高爾夫球。在一個安息日，這位長老突然覺得很想打高爾夫球。按照猶太教的規定，信徒在安息日必須休息，不能做任何事情。但是，這位長老實在忍不住，決定偷偷的去高爾夫球場。

來到高爾夫球場，空曠的球場上一個人也沒有。長老高興的想：反正也沒人看見我在打高爾夫球，我只要打九個洞就回去，應該沒什麼問題吧！

於是，長老高興地開始打球了。他剛打第二洞，就被天使發現了。天使非常生氣，就到上帝面前去告狀，要求上帝懲罰這位長老。

上帝答應天使要懲罰長老。

這時，長老正在打第三洞。只見他輕輕地一揮球杆，球就進洞了。這一球是多麼完美，長老高興極了！

天使默默地注視著這一切。令她意外的是，接下來的幾個球，長老都是一杆就打進去了。天使非常不解，而且非常生氣。她又跑到上帝面前說：「上帝呀，你不是要懲罰這位長老嗎？怎麼不懲罰他呢？」

上帝說：「我已經在懲罰他了！」

天使看了看長老，只見極度興奮的長老，早已忘記自己只打九洞的計畫，決定再打九洞。天使不解地問上帝：「我怎麼沒見您在懲罰他？」上帝笑而不語。

這位長老又打完了九洞，每次都是一杆就進洞，長老心裡很高興，但是，不一會兒，他就露出了不悅的表情。

上帝語重心長的對天使說：「你看見了嗎？他取得了這麼優秀的成績，心裡十分高興，但是，他卻不能跟任何人講這件事情，不能跟任何人分享心中的愉悅，這不是對他最好的懲罰嗎？」

天使這才恍然大悟。

分享是一種美德，更是一種快樂。蕭伯納（George Bernard Shaw）曾經說過：「你有一個蘋果，我有一個蘋果，彼此交換，每個人只有一個蘋果。你有一種思想，我有一種思想，彼此交換，每個人就有了兩種思想。」

每天喝一點雞湯：

分享能夠讓人減少痛苦，獲得快樂。一個人在生活

中，需要與人分享自己的痛苦和快樂，沒有分享，他的人生就是一種懲罰。

▶ 灑脫一點，遠離煩惱

「鮮花開了還會敗，大樹老了也會衰；沒有一世的晴空，沒有終生的暢快。總是豔陽過後有烏雲，總是平坦之末有歧路；總是有笑又有哭，總是無邪過去是無奈。」我們又何必整天憂心忡忡的惶惶度日呢？

「揮一揮衣袖，不帶走一片雲彩」是一種灑脫，藉此詩意的揮灑，你便拋卻了無盡的離愁。

「醉臥沙場君莫矣」是一種灑脫，藉此浪漫主義的注入，你便走進了超越生命空間的殿堂。

「別人生氣我不氣，氣出病來無人替」是一種灑脫，藉此調侃的語氣，你便遠離了沒有頭緒的煩憂。

灑脫既可以說是一種外在行為方式，也可以被看作是一種內在的精神境界。

有這樣一個人，他覺得生活很沉重，便去見哲人，尋求解脫之法。

哲人給他一個簍子背在肩上，指著一條沙礫路說：「你每走一步就撿一塊石頭放進去，看看有什麼感覺。」那人照哲人說的去做了，哲人便到路的另一頭等他。

過了一會兒，那人走到了頭，哲人問有什麼感覺。那人說：

「覺得越來越沉重。」哲人說：「這也就是你為什麼感覺生活越來越沉重的道理。當我們來到這個世界上時，我們每人都背著一個空簍子，然而我們每走一步都要從這世界撿一樣東西放進去，所以才有了越走越累的感覺。」

那人問：「有什麼辦法可以減輕這沉重嗎？」

哲人問：「那麼你願意把工作、愛情、家庭、友誼哪一樣拿出來呢？」

那人不語。

哲人說：「我們每個人的簍子裡，裝的不僅僅是從這個世界上精心尋找來的東西，還有責任，當你感到沉重時，也許你應該慶幸自己不是總統，因為他的簍子比你的大多了，也沉多了。」

算起來，人最輕鬆的時候，一是出生時，一是死亡時。出生時赤裸裸而來，背的是空簍子；死亡時，則要把簍子裡的東西倒得乾乾淨淨，又是赤裸裸而去。除此之外，一個人的一生，就是不斷的往自己的簍子裡放東西的過程。得了金錢，又要美女；得了豪宅，又要名車；得了地位，還要名聲。生怕自己簍子裡的東西比別人放得少，哪怕是如牛負重，心為形役。這又豈能不累？要是真的想不累，其實也很容易，只要把背簍裡的東西扔出去幾樣。可每往簍子外扔一件東西，我們都會心疼得流血。那就乾脆換個思路，給自己找心理平衡。那麼，當你感到生活簍子裡的東西太重，因而步履蹣跚的時候，你不妨再看看左鄰右舍羨慕的眼光，看看他們同樣也在拚命的往簍子裡撿東西；你就得安慰自己，你裝的東西多，是你的本事大，別人想裝還裝不進來呢。

你還得明白，生活簍子裡的東西越多，你的責任就越大。譬

如說吧，你打算娶一個美女為妻，也就是說往簍子裡放一件人人羨慕的寶貝，那麼你在獲得美女愛情的時候，責任也就來了：美女的花費肯定比一般女人要高，脾氣要更怪，被人覬覦、受人勾引的機率也更大，你可能要經常處在猜忌、恐慌、羞恥、憤慨的情緒中，但你與漂亮太太走在街頭換來的無數羨慕的眼光，或許就是對你的彌補。

生活就是這樣，你要想在簍子裡多裝東西，就得比別人更辛苦。既然樣樣都難以割捨，那就不要去想背負的沉重，而去想擁有的快樂。

人要活出一點味道，活得有點境界，就得學會擺脫緊張。而擺脫緊張的最好辦法，就需要來點灑脫。灑脫既可以說是一種外在的行為方式，也可以被看作是一種內在的精神境界。一個人要做到灑脫，首先就要調整好自己的心態，淡化功利意識。不要把自己的存在、自己的行為看得那麼重大。不妨設想一下，不論誰離開了這個世界，地球不也照轉嗎？人的功利意識或者說使命意識太強，相對來說，其精神負載就大，其壓力就大，也就必然活得比常人緊張。但是，也有一種身負重任者，卻往往忙裡偷閒。有的人即使擔當天下大任，也能夠表現出一種悠閒的態度，比如在軍事活動頻繁之時，諸葛亮仍舊羽扇綸巾，謝安仍舊是遊墅圍棋，這是一種瀟灑，也是一種修養。只有這種閒情逸致，才能養成他們處事不驚的本領。蘇東坡為官時不也很有一番灑脫之情致嗎？如果沒有這種灑脫，不是你辦事能力太低，就是你的私欲過重。

灑脫是一種高層次的人生態度，是一種心靈境界。灑脫是使你心靈田野豐收的養料；是使你浮游塵土的飛翼；現代人是很難做到

灑脫，也未必會崇尚灑脫。但是，灑脫不一定需要太多，只要有那麼一點，就能使你獲得生活的所有愉悅！

每天喝一點雞湯：

幸福還是痛苦，都憑你的感受。俗話說：「想開一點！」那我們又何必不真的想開一點，學點灑脫，瀟瀟灑灑的奔向自己的前程呢？

▶ 寬容是仇恨最好的良藥

在仇恨面前，寬容是仇恨最好的良藥，只有將仇恨放下，才能活得輕鬆。充滿仇恨的心只會讓自己變得更狹隘，狹隘的心會蒙蔽你清澈的雙眼，刪除心中的仇恨，才能使生命獲得重生，放下仇恨，我們才能從內心深處散發恬然，放下仇恨，才能還自己一個陽光明媚的未來。

在古時候，有一位以畫神像而著名的畫家。一天，畫家到市集去賣畫。這時，他看到一位大臣的兒子在眾人的前呼後擁中走來。畫家看到這個小孩時，眼前一亮，因為這個人的父親是他不共戴天的仇人。這個人在畫家的作品前流連忘返，並且選中了其中的一幅神像畫。這幅神像畫畫得栩栩如生，特別是那雙眼睛放射出異樣的光，就像一個真神躍然紙上。

畫家見這個人如此喜歡這件作品，一時報復心起，連忙用布把畫遮蓋住，並聲稱這幅畫不賣。無論他出多高的價錢，就是不肯賣。

　　自此，大臣的兒子因為對這幅畫的日夜思念，而變得憔悴不堪。最後那位大臣沒有辦法，只得親自出面，表示願意付出一筆高價來收藏那幅畫。可是畫家寧願把這幅畫掛在自己的畫室，也不願意出售。最後，大臣的兒子因得不到那幅喜愛的畫鬱鬱而終。聽到這個消息，畫家絲毫沒有悔過之心，心裡甚至有幾分得意。原來，這位大臣在年輕時，曾經欺詐畫家的父親，使得老人因過度憤怒而死去。

　　畫家有一個習慣，他每天早晨都要畫一幅他信奉的神像。可是現在，他覺得這些神像與他以前畫的神像一天就有一天的不同。他為此苦惱不已，他不停地找原因。然而有一天，他驚恐地丟下手中的畫筆，跳了起來：他剛畫好的神像的眼睛，竟然是那個大臣兒子的眼睛，而嘴唇也是那麼的相似，它似乎在對畫家說話，而畫家卻聽不清它說了些什麼，只聽到耳畔久久迴響的就是一句：「這就是我的報復！……」

　　畫家一把抓住畫，將它撕得粉碎，並高喊：「這就是我的報復嗎？為什麼我的報復卻回報到我的頭上來了呢？」

　　畫家將仇恨報復在小孩的身上，將他活活的折磨死後，他晚上能睡得安穩嗎？報復最後卻報復到了自己的頭上，所謂冤冤相報何時了。唯有放下仇恨，才能讓自己得到解脫。

　　唐朝，有一位靠賣鹽起家的商人，他非常的富有。當他邁入七十歲的高齡時，決定將產業分給自己的三個兒子。富商將孩子們叫到跟前，分別給了他們一筆資金，要他們去遊歷天下做生意。

　　出發的前一個晚上，富商把他的兒子們叫到房間裡，對他們說：「你們一年後要回到這裡，告訴我你們在這一年內，所做過最

高貴的事。我的財產不想分割，集中起來才能讓下一代更富有，只要一年後，哪位能做到最高貴的事情，那麼他就有資格得到我所有的財產！」

光陰荏苒，一年過去後，三個孩子回到父親跟前，彙報這一年來的所作所為。

大兒子說：「在我遊歷期間，曾遇到一個陌生人，他十分信任我，將一袋金幣交給我保管。後來他不幸過世，我將金幣原封不動地交還他的家人。」

富商說：「你做得很好，但誠實是你應有的美德，說不上是高貴的事情！」

二兒子接著說：「我旅行到一個貧窮的村落，見到一個衣衫破舊的小乞丐，不幸掉進河裡，我立即跳下馬，奮不顧身地，跳進河裡救起那個小乞丐。」

富商說：「你做得很好，但救人也是你應盡的責任，談不上是高貴的事情！」

最小的兒子聽完兩個哥哥的敘述後，才遲疑地說：「我有一個仇人，他千方百計地陷害我，有好幾次，我差點死在他的手中。在我旅行途中，有一個夜晚，我獨自騎馬走在懸崖邊，發現我的仇人正睡在崖邊的一棵樹旁，我只要輕輕一腳，就能把他踢下懸崖。但我沒這麼做，我叫醒他，讓他繼續趕路。這實在不算做了什麼大事……」

富商正色道：「孩子，你完成了我所布置的任務，能幫助自己的仇人，是高尚而且神聖的事，而你做到了，我所有產業都將是你的。」

仇恨是副沉重的枷鎖，它會纏著你喘不過氣來，寬恕他人的過錯，才能擺脫這副枷鎖，獲得自由。

每天喝一點雞湯：

只要我們學會寬恕別人，那麼人生中就沒有我們不能釋懷的事情，當我們放下不必要的固執時，才能得到真正的解脫。

▶ 寬恕他人，釋放自己

路易士密得說：「也許在很久以前，有人傷害了你，而你忘不了那件不愉快的往事，到現在還痛苦不堪，那就表示你還繼續在受那個傷害。其實你是無辜的，你要瞭解到，你並不是世界上唯一有這種經驗的人。趕快忘掉這不愉快的記憶，只有寬恕才能釋放你自己，讓你鬆一口氣。」

二戰期間，一支部隊在森林中與敵軍相遇，激戰後兩名戰士與部隊失去了聯繫。這兩名戰士來自同一個小鎮。

兩人在森林中長途跋涉，他們互相鼓勵、互相安慰。十多天過去了，仍未與部隊聯繫上。這一天，他們打死了一隻鹿，依靠鹿肉又艱難度過了幾天，可也許是戰爭使動物四散奔逃或被殺光。這以後他們再也沒看到過任何動物。他們僅剩下的一點鹿肉，背在年輕戰士的身上。這一天，他們在森林中又一次與敵人相遇，經過再一次激戰，他們巧妙地避開了敵人。

就在自以為已經安全時，只聽一聲槍響，走在前面的年輕戰士

中了一槍——幸虧傷在肩膀上！後面的士兵惶恐地跑了過來，他害怕得語無倫次，抱著戰友的身體淚流不止，並趕快把自己的襯衣撕下包紮戰友的傷口。

　　晚上，未受傷的士兵一直叨念著母親的名字，兩眼直勾勾的。他們都以為他們熬不過這一關了，儘管飢餓難忍，可他們誰也沒動身邊的鹿肉。天知道他們是怎麼過的那一夜。第二天，部隊救出了他們。

　　事隔三十年，那位受傷的戰士安德森說：「我知道是誰開的那一槍，他就是我的戰友。當時在他抱住我時，我碰到他發熱的槍管。我怎麼也不明白，他為什麼對我開槍？但當晚我就寬恕他了。我知道他想獨吞我身上的鹿肉，我也知道他想為了他的母親而活下來。此後三十年，我假裝根本不知道此事，也從不提及。戰爭太殘酷了，他母親還是沒有等到他回來，我和他一起祭奠了老人家。那一天，他跪下來，請求我原諒他，我沒讓他說下去。我們又做了幾十年的朋友，我寬恕了他。」

　　莎士比亞說：「寬恕人家所不能寬恕的，是一種高貴的行為。」當我們看了以上的事例後，我們能不為他們的大義之舉感動嗎？難道我們感覺不到他們靈魂的高貴嗎？忍受巨大的喪子之痛，努力為兇手奔走呼號，還有誰比他們更懂得寬恕和寬容呢？如果沒有比海洋和天空還浩瀚的胸襟，沒有博大而深沉的愛，相信他們是不會寬恕別人所不能寬恕的罪人。寬恕生者比寬恕死者更需要理智與博大無私的愛，可是這些善良純樸的人們做到了，而且做得驚天地、泣鬼神。

　　集中營裡，威森塔爾每天為德國人幹活。這一天，他在休息

的時候一個護士向他走來，問他是不是猶太人。當獲得肯定的回答後，護士示意威森塔爾跟她走。他們進了一棟大樓之後，來到一個房間。房間裡有一張白色小床和一張小桌，床上躺著一個人。護士伏在床邊對床上的人嘀咕了幾句，然後就出去了。

威森塔爾看到躺在床上的人，是一個傷勢嚴重的德國士兵。看到威森塔爾，床上的士兵讓他靠近，並拉住他的手，吐露自己馬上就要死了。士兵說：「我知道這個時候，成千上萬的人都在死去，到處都有死亡。死亡既不罕見也不特別，可是有一些經歷折磨著我，我實在想把它們講出來，否則我死也不得安寧。」原來，是這位瀕死的士兵請護士去找一個猶太人來聽自己死亡前的訴說，護士碰巧就找到了威森塔爾。

「我叫卡爾……我志願加入了黨衛隊……我必須把一些可怕的事情告訴你……一些非人的事。這是一年前發生的事……」

這個士兵到了波蘭，他執行過這樣一個任務：把幾百個猶太人趕進一個三層樓閣，並運來一卡車油桶搬進屋子。鎖上門之後，機槍對準了房門。「我們被告知一切就緒後，接到命令，要我們從窗戶把手榴彈扔進屋去。」我們聽到屋裡的慘叫聲，看到火苗一層一層的舔食著他們……我們端起機槍，準備射擊任何從火海中逃出來的人。我看到二樓的窗戶後面，有一個人抱著一個小孩。這人的衣服正在燃燒，他身邊站著一位婦女，毫無疑問是孩子的母親。他空出的一隻手，緊摀著孩子的眼睛……隨即他跳到了街上。緊隨其後，孩子的母親也跳到了街上。隨後，其他窗戶也有很多渾身著火的人跳了出來……」，「我們開始射擊……子彈一排一排打了出去……」

　　說到這裡，這位瀕死的人用手摀著繃帶覆蓋著的眼睛，似乎想從腦海中抹去這些畫面，「我知道我給你講的那些事是非常可怕的。在我等待死亡的漫長黑夜裡，我希望把這事講給一個猶太人聽，希望能得到他的寬恕。」，「要是沒有懺悔……我就不能死，我一定得懺悔。但是該怎樣懺悔呢？只講一堆沒有應答的空話……」正如威森塔爾自己所說：「毫無疑問，他是指我的沉默不言。可是我能說什麼呢？」

　　這是一個瀕死的人，一個不想成為兇手的兇手，一個在可怕的意識形態指導下成為兇手的人。他在向我這樣一個人悔罪，而這個傾聽悔罪的人，可能明天又會死於和他一樣的兇手之下，所以，威森塔爾保持沉默，自始至終只是充當了一個聽者。

　　當晚，那個士兵死去了。

　　「我是否該滿足這個瀕死士兵的心願？」威森塔爾自己並沒有想明白這個問題。回來後，他和三個猶太同伴談起過，他們一致認為威森塔爾做得對。但自此以後，威森塔爾和那個士兵一樣，頭腦裡老是有一幅畫面——那個頭上纏滿繃帶的黨衛隊員。「我已經斷絕了一個臨終的人最後的希望。我在這位瀕死的納粹身邊保持沉默是對還是錯？這是一個非常不好處理的道德問題。這個問題曾經衝擊著我的心靈。」

　　一九七六年，威森塔爾終於把困擾了自己三十年，仍然沒有得到確切答案的問題訴諸文字，交給了讀者。他在結束寫作時，這樣問道：「親愛的讀者，你剛剛讀完了我生命中這段令人憂傷的悲劇故事，你是否可以將心比心，設身處地的從我這個角度問一問你自己這樣一個嚴酷的問題：「我要是遇到這樣的事情，我會怎麼做？」

寬容是快樂的源泉，學會寬容，這是人生的一項課程；寬容是理解的傳遞，讀懂寬容，這是人生的又一風景。

其實你是無辜的，你要瞭解到，你並不是世界上唯一有這種經驗的人。趕快忘掉這不愉快的記憶，只有寬恕才能釋放你自己。

▶ 寬容別人＝寬容自己

古人云：冤冤相報何時了，得饒人處且饒人。這是一種寬容，一種博大的胸懷，一種不拘小節的瀟灑，一種偉大的仁慈。為人處世，當以寬大為懷。生活在相互寬容的環境中，是人生的幸福，會使你忘卻煩惱，忘卻痛苦。

寬容是一種處世哲學，寬容也是人的一種較高的思想境界。學會寬容別人，也就懂得了寬容自己。

一女子在行路中吐口痰，因風的作用，把痰刮到一個小夥子的褲子上了，該女子看到後慌忙道歉，並從包裡掏出面紙要擦去小夥子褲子上的痰，但小夥子惱怒地不肯讓她擦去，並聲言：「你給我舔去！」女子再三賠禮「對不起！對不起！讓我給你擦去好嗎？」但他執意不讓她擦，就是要她舔，這樣爭執下去，街上圍著看熱鬧的人越來越多，有的跟著起哄打鬧著、笑著，但見女子如何「對不起」小夥子也不會原諒，非讓她舔不可。最後惹得女子大怒，從包裡掏出錢來，大約有一兩千元，當場喊道：「大家聽著，誰能把這

個傢伙當場擺平了這些錢就歸誰！」話音剛落，人群中閃出兩個健壯的男人，對著那不依不饒的小夥子就是一陣拳打腳踢，他被踢翻在地，不知東南西北，等站起來找那女子時，那女子和打他的人早已無影無蹤……

不給別人留台階，最後自己也會沒有台階可下。所以，做人要得饒人處且饒人，給人留個台階，也是給你自己留條退路。

人不講理，是一個缺點；人硬講理，是一個盲點。理直氣「和」遠比理直氣「壯」更能說服和改變他人。

一位高僧受邀參加素宴，席間，發現在滿桌精緻的素食中，有一盤菜裡竟然有一塊豬肉，高僧的隨行徒弟故意用筷子把肉翻出來，打算讓主人看到，沒想到高僧卻立刻用自己的筷子把肉掩蓋起來。一會兒，徒弟又把豬肉翻出來，高僧再度把肉遮蓋起來，並在徒弟的耳畔輕聲說：「如果你再把肉翻出來，我就把它吃掉！」徒弟聽到後才再也不敢把肉翻出來。

宴後高僧辭別了主人。歸途中，徒弟不解地問：「師傅，剛才那廚師明明知道我們不吃葷的，為什麼把豬肉放到素菜中？徒弟只是要讓主人知道，處罰處罰他。」

高僧說：「每個人都會犯錯誤，無論是有心還是無心。如果讓主人看到了菜中的豬肉，盛怒之下他很有可能當眾處罰廚師，甚至會把廚師辭退，這都不是我願意看見的，所以我寧願把肉吃下去。」

待人處事固然要「得理」，但絕對不可以「不饒人」。留一點餘地給得罪你的人，不但不會吃虧，反而還會有意想不到的驚喜和感動。每個人的價值觀、生活背景都不同，因此生活中出現分歧在所

難免。大部分的人一旦身陷鬥爭的漩渦，便不由自主地焦躁起來。一方面為了面子，一方面為了利益，因此一得了「理」便不饒人，非逼得對方鳴金收兵或投降不可。

然而，「得理不饒人」雖然讓你吹響了勝利的號角，但這卻也是下一次爭鬥的前奏。因為對方雖然「戰敗」了，但為了面子或利益他自然也要「討」回來。

在日常生活中，切記：留一點餘地給得罪你的人，給對方一個台階下，少講兩句，得理饒人。否則，不但消滅不了眼前的這個「敵人」，還會讓身邊更多的朋友疏遠你。俗話說，得饒人處且饒人。放對方一條生路，給對方一個台階下，為對方留點面子和立足之地。這樣做並不是很難，而且如果能做到，還能給自己帶來很多好處。如果你得理不饒人，讓對方走投無路，就有可能激起對方「求生」的意志，而既然是「求生」，就有可能不擇手段，不顧後果，這將對你自己造成傷害。放他一條生路，他便不會對你造成傷害。即使在別人理虧時，你在理已明瞭的情況下，放他一條生路，他也會心存感激，就算不如此，也不太可能與你為敵。這是人的本性。況且，這個世界本來就很小，變化卻很大，若哪一天兩人再度狹路相逢，屆時若他勢強而你勢弱，你想他會怎麼對待你呢？得理饒人，也是為自己留條後路。

要做到忍讓，就必須具有豁達的胸懷，在為人處世、待人接物時，不能對他人要求過於苛刻。應學會寬容、諒解別人的缺點和過失。要做到這一點，就要有氣量，不能心胸狹窄，而應寬宏大度。特別是在小事上，如果寬大為懷，儘量表現得「糊塗」一些，便容易使人感到你通達人情事理。

一位住在山中茅屋修行的禪師，有一天趁夜色到林中散步，在皎潔的月光下，他突然開悟了。他走回住處，眼見到自己的茅屋遭小偷光顧，找不到任何財物的小偷要離開的時候，在門口遇見了禪師。原來，禪師怕驚動小偷，一直站在門口等待，他知道小偷一定找不到任何值錢的東西，早就把自己的外衣脫掉拿在手上。

小偷遇見禪師，正感到驚愕的時候，禪師說：「你走老遠的山路來探望我，總不能讓你空手而回呀！夜涼了，你帶著這件衣服走吧！」說著，就把衣服披在小偷身上，小偷不知所措，低著頭溜走了。禪師看著小偷的背影穿過明亮的月光，消失在山林之中，不禁感慨地說：「可憐的人呀！但願我能送一輪明月給他。」禪師目送小偷走了以後，回到茅屋赤身打坐，他看著窗外的明月，進入空境。

第二天，他在陽光溫暖的輕撫下，從極深的禪室裡睜開眼睛，看到他披在小偷身上的外衣被整齊地疊好，放在門口。禪師非常高興，喃喃地說：「我終於送了他一輪明月！」

這就是人心受到感召的力量和改變。也許有人認為克制忍讓是卑怯懦弱的表現，其實，這正是把問題看反了。古人說得好：「猝然臨之而不驚，無故加之而不怒。」這才是真正的英雄。

每天喝一點雞湯：

只有頭腦簡單的無能之輩，才會為芝麻綠豆大的小事各不相讓，爭得面紅耳赤。而能放手時則放手，得饒人處且饒人，才正是心胸豁達、雍容雅量的成功者所應具備的高貴個性。

▶ 懷有一顆感恩的心

感恩者遇上禍，禍也能變成福，而那些常常抱怨生活的人，即使遇上了福，福也會變成禍。

有兩個行走在沙漠的商人，已行走多日，在他們口渴難忍的時候，碰見一個趕駱駝的老人，老人給了他們每人半碗水。兩個人面對同樣的半碗水，一個抱怨水太少，不足以消解他身體的飢渴，怨恨之下竟將半碗水潑掉了；另一個也知道這半碗水不能完全解除身體的飢渴，但他卻擁有一種發自心底的感恩，並且懷著這份感恩的心情，喝下了這半碗水。結果，前者因為拒絕這半碗水而死在沙漠，後者因為喝了半碗水，終於走出了沙漠。

只要我們對生活懷有一顆感恩的心，你就會有一種平靜的心態，遇到災難也不會亂了手腳，會熬過去的，而那些常抱怨生活的人，成功就會與他失之交臂。

南非的曼德拉（Nelson Rolihlahla Mandela），因為領導反對白人種族隔離政策而入獄，白人統治者把他關在荒涼的大西洋小島羅本島上二十七年。當時儘管曼德拉已經高齡，但是白人統治者依然像對待一般的年輕犯人一樣虐待他。

但是，當一九九一年曼德拉出獄當選總統以後，他在總統就職典禮上的一個舉動震驚了整個世界。

總統就職儀式開始了，曼德拉起身致辭歡迎他的來賓。他先介紹了來自世界各國的政要，然後他說，雖然他深感榮幸能接待這麼多尊貴的客人，但他最高興的是當初他被關在羅本島監獄時，看守他的三名前獄方人員也能到場。他請他們站起身，以便他能介紹給

大家。

曼德拉博大的胸襟和寬宏的精神，讓南非那些殘酷虐待了他二十七年的白人無地自容，也讓所有到場的人肅然起敬。看著年邁的曼德拉緩緩站起身來，恭敬地向三個曾關押他的看守致敬，在場的所有來賓都靜下來了。

後來，曼德拉向朋友們解釋說，自己年輕時性子很急，脾氣暴躁，正是在獄中學會了控制情緒才活了下來。他的牢獄歲月給了他時間與激勵，使他學會了如何處理自己遭遇苦難的痛苦。他說，感恩與寬容經常是源自痛苦與磨難的，必須以極大的毅力來訓練。

他說起獲釋出獄當天的心情：「當我走出囚室、邁過通往自由的監獄大門時，我已經清楚，自己若不能把悲痛與怨恨留在身後，那麼我其實仍在獄中。」

我們之所以總是煩惱纏身，總是充滿痛苦，總是怨天尤人，總是有那麼多的不滿和不如意，是不是因為我們缺少曼德拉的寬容和感恩呢？

記住曼德拉二十七年牢獄生活的總結：感恩與寬容經常是源自痛苦與磨難的，必須以極大的毅力來訓練。

每天喝一點雞湯：

感恩與寬容是一種非凡的氣度、寬廣的胸懷，是對人對事的包容和接納。感恩與寬容是一種高貴的特質、崇高的境界，是精神的成熟、心靈的豐盈。

▶ 控制怒氣，寬容別人

世界上很少有人天生就有好脾氣，但也沒有哪個人天生脾氣就十分糟糕，即使經過一定的教養也不能加以改善，使之變得令人愉悅的好脾氣。

馬修・亨利（Matthew Henry）說：「我曾經聽說，有一對大蝦的脾氣都很急躁，但他們在一起共同生活卻相安無事，過得舒適而安逸，因為他們制定了一條共同遵守的原則——

一個人發怒時另一個就保持冷靜和寬容。」

蘇格拉底（Socrates）一旦發現自己將要發怒時，他就會降低聲音來控制怒氣。如果你意識到自己處在情緒激動的情況下，那麼一定要緊閉嘴巴，以免變得更加憤怒。許多人甚至會因為過分憤怒而亡，突然的暴怒往往會引發一些突發的疾病。

習慣性的寬容所帶來的平靜是多麼美妙呀！它能使我們免除多少激烈的自我譴責啊！一個人面對突如其來的挑釁，能夠做到一言不發，表現出一種未受干擾的平靜心態，當他這樣做時，他必定不會感到後悔，而是認為自己做得完全正確，所以他的心靈會非常安寧。

相反，如果他當時發怒了，或者僅僅因為當時的憤怒，或者因為自己不小心說錯了話，或者表現了內心深處的真實想法，從而使他顯得有失風度，隨後他必定會感到一種深深的不安。緊張和易怒是一個人個性中的最重大的缺陷之一，它往往是激化衝突的催化劑，它往往會破壞一個人行為處世的原則，使他的個人生活變得一團糟。

第3章　心胸寬一點，煩惱少一點

阿特姆‧沃德說：「喬治‧華盛頓（George Washington）可以稱得上世界上最優秀的人了。他頭腦清楚、為人熱心、處事冷靜。他從來不會突然爆發激烈的感情，或陷入深深的感傷！大多數公眾人物的主要缺陷就是感情的爆發或情緒波動。他們行事匆忙而草率。在壓力大的時候他們往往無所適從。他們急不可待地跳上路過的第一匹馬，一點都沒有注意到正有一隻蜜蜂叮在它身上，這匹馬四處亂踢、心煩氣躁。當然，這個人肯定會從馬背上摔下來，只是一個早晚的問題。當他看到大家蜂擁而至，對他讚不絕口時，他馬上開始變得心浮氣躁、盛氣凌人，而不是心平氣和。他們不懂得現在大家把他捧到天上，一旦他們認為自己受騙上當，就會毫不猶豫地把他狠狠地摔在地上，從此他就可能一蹶不振。華盛頓從來沒有出現過這樣的情況，他根本不是那樣的人。」

亞伯拉罕‧林肯（Abraham Lincoln）剛成年的時候，是一個性急易怒、血氣方剛的人。但後來，他學會了寬容，成為了一個富有同情心、具有說服力又有耐心的人。他曾經對陸軍上校福尼說：「我從黑鷹戰役開始養成了控制脾氣的好習慣，並且一直保持下來，這給了我很大的益處。」

不遜的言辭從未給任何一個人帶來過一丁點兒好處，那只是虛弱的象徵。沒有人會因為它而變得更富有、更愉悅或更聰明。它從不會使人受到他人的歡迎；它令教養良好的人反感，使善良的人感到厭惡。

著名作家莎士比亞（William Shakespeare）曾經描寫了無數失控的情緒造成精神毀滅的例子。他筆下的約翰王，因其對權力的欲望逐漸泯滅了高尚的修養，結果沉淪到幾近失控的地步，像一頭野

獸。李爾王則是失控情緒的犧牲品。在馬克白先生那裡，野心超越了榮譽，甚至促使他走上謀殺犯罪的道路，而謀殺後的恐懼、懊悔與自責又立即帶來了可怕的報應。而奧賽羅是被自己嫉妒的怒火慢慢毀滅的，許多其他人物的遭遇更說明了這樣的教訓：那些不能寬容的人一定會遭到他們朋友的冷落。

許多名人寫下了無數文字，來勸誡人們要學會寬容。詹姆士‧博爾頓說：「少許草率的詞語就會點燃一個人、一家鄰居或一個民族的怒火，而且這樣的事情在歷史上常常發生。許多的訴訟和戰爭，都是因為言語不和而引起的。」喬治‧艾略特（George Eliot）則說：「如果人們能忍著那些他們認為無用的話不說，那麼他們多數的麻煩都可以避免。」

赫胥黎（Aldous Leonard Huxley）曾經說過這樣的話：「我希望看到這樣的人，他年輕的時候接受過很好的訓練，有著非凡的意志力，應意志力的要求，他的身體樂意盡其所能去做任何事情。他應頭腦冷靜，邏輯清晰，他身體所有的力量就如同機車一樣，根據其精神的命令準備隨時接受任何工作。」

每天喝一點雞湯：

世界上沒有人天生有那種不需要任何注意和控制的好脾氣，但也沒有哪個人天生脾氣就十分糟糕；如果你意識到自己處於情緒激動的情況下，那麼一定要注意控制自己，以免變得更加憤怒。

▶ 寬容是一種選擇

　　世界上有什麼是寬容無法給予的？你希望和平，你想要幸福，一顆理智的頭腦，一個清晰目標，一種高尚價值還是曠世之美？你想擁有關愛與安全，還是無時無刻的保護？你渴望那永不被打擾的平靜安寧，免受傷害的溫柔，還是永恆的慰藉？

　　寬容可以帶來這一切，甚至更多。當你醒來的時候，它在你的眼中流光溢彩，為你帶來整天的快樂。當你休息的時候，他撫慰你的額頭，輕撫你的雙眼，為你除去各種恐怖與惡魔。當你從夢中醒來時，迎接你的又是幸福快樂的一天。

　　希臘抒情詩人喬治‧塞菲里斯有一句詩，意義雋永，耐人尋味：「寬容的感覺就好似路邊的野玫瑰，雖被踐踏了，卻把芳香留在了路人的鞋上。」這是永遠無法窮盡寬容的重要意義。它是生命中重要的一課，我們遲早都會體會到。一顆寬容的心保佑你穿越死亡的陰影，填平了心與心之間的鴻溝。

　　寬容是一種修養，是做人的一種選擇。人之所以不能達到寬容做人，正是因為狹隘的存在。人難免狹隘，這是很多人的通病，只要明白了這一點，就應該對症下藥，治好這一病。

　　十八世紀，法國著名的科學家普魯斯特（Joseph Louis Proust）和貝托萊（Claude Louis Berthollet）那時曾經是一對論敵。他們圍繞定比定律爭論了有九年之久，他們都堅持自己的觀點，互不相讓。最後的結果是普魯斯特獲得了勝利，成了定比這一科學定律的發明者。

　　但是，普魯斯特並未因此而得意忘形。他真誠地對與他激烈爭

論了九年之久的對手貝托萊說：「要不是你一次次的反對，我是很難進一步將定律研究下去的。」同時，普魯斯特特別向眾人宣告，定比定律的發現有一半功勞是屬於貝托萊的，是他們共同促使了定律昭示天下的。

在普魯斯特看來，貝托萊的責難和激烈的批評，對他的研究是一種難得的激勵，是貝托萊在幫助他完善自己。這與自然界中「只是因為有狼，鹿才奔跑得更快」的道理是一樣的。

普魯斯特的寬容博大而明智的，他允許別人的反對，不計較他人的態度，充分看到他人的優點，善於從他人身上吸取營養，肯定和承認他人對自己的幫助。正是由於他善於包容和吸納他人的意見，才使自己走向成功。

這種寬容實在讓人感動，像這樣的例子還很多，著名的天文學家第穀（Tycho Brahe）和克卜勒（Johannes Kepler）之間的友誼就是一曲優美的寬容之歌。

克卜勒是十六世紀的德國天文學家，在年輕尚未出名時，曾寫過一本關於天體的小冊子，深得當時著名的天文學家第穀的賞識。當時第穀正在布拉格進行天文學的研究，第穀誠摯地邀請素不相識的克卜勒和他一起合作進行研究。

克卜勒興奮不已，連忙帶著妻女趕往布拉格。不料在途中，貧寒的克卜勒病倒了。第谷得知後，趕忙寄錢救急，使克卜勒度過了難關。後來由於妻子的緣故，克卜勒和第穀產生了誤會，又由於沒有馬上得到國王的接見，克卜勒無端猜測是第穀的使壞，寫了一封信給第穀，把第穀謾罵一番後，不辭而別。第谷其實也是個脾氣極壞的人，但是受此侮辱，第穀卻顯得出奇的平靜。他太喜歡這個年

輕人了，認定他在天文學研究方面的發展將是前途無量的。他立即囑咐祕書趕緊給克卜勒寫信說明原委，並且代表國王誠懇地邀請他再度回到布拉格。

克卜勒被第谷的博大胸懷所感動，重新與第穀合作，他們倆合作不久，第穀便重病不起。臨終前，第穀將自己所有的資料和底稿都交給了克卜勒。這種充分的信任使得克卜勒備受感動。克卜勒後來根據這些資料整理出著名的《路德福天文傳》，以告慰第穀的在天之靈。

浩瀚如海洋般的寬容情懷，使第谷為科學史留下了一頁人性光輝的佳話。這種寬容像雨後的萬里晴空，清新遼闊，一塵不染。

古人云：海納百川，有容乃大。寬容，不僅僅是一個人的道德修養問題，而且是一種生存姿態和方式的選擇問題。它能幫你成就事業，幫你走向成功！

一七五四年，美國獨立以前，維吉尼亞殖民地議會選舉在亞歷山大里亞舉行。以後成為美國總統的喬治·華盛頓（George Washington）上校作為這裡的駐軍長官也參加了選舉活動。

選舉最後集中於兩個候選人。大多數人都支持華盛頓推舉的候選人。但有一名叫威廉·賓的人則堅決反對。為此，他與華盛頓發生了激烈的爭吵。爭吵中，華盛頓失言說了一句冒犯對方的話，這無異於火上加油。脾氣暴躁的賓怒不可遏，一拳把華盛頓打倒在地。

華盛頓的朋友們圍了上來，高聲叫喊要揍威廉·賓。駐守在亞歷山大里亞的華盛頓部下聽說自己的司令官被辱，馬上帶槍開了過來，氣氛十分緊張。

在這種情況下，只要華盛頓一聲令下，威廉‧賓就會被打成肉泥。然而，華盛頓是一個頭腦冷靜的人，他只說了一句：「這不關你們的事。」就這樣，事態才沒有擴大。

第二天，威廉‧賓收到了華盛頓派人送來的一張便條，要他立即到當地的一家小酒店去。威廉‧賓馬上意識到，這一定是華盛頓約他決鬥。於是，富有騎士精神的賓毫不畏懼地拿了一把手槍，隻身前往。

一路上，威廉‧賓都在想如何對付身為上校的華盛頓。但當他到達那家小酒店時，卻出乎意料之外；他見到了華盛頓的一張真誠的笑臉和一桌豐盛的酒菜。

「賓先生」，華盛頓熱誠地說，「犯錯誤乃是人之常情，糾正錯誤則是件光榮的事。我相信我昨天是不對的，你在某種程度上也得到了滿足。如果你認為到此可以和解的話，那麼請握住我的手，讓我們交個朋友吧。」

賓被華盛頓的寬容感動了，把手伸給華盛頓：「華盛頓先生，請你原諒我昨天的魯莽與無禮。」

從此以後，威廉‧賓成為華盛頓的堅定的擁護者。

當華盛頓被打倒在地時，是很容易失去理智，做出一些悔恨終身的事的。可貴的是華盛頓能保持冷靜，以寬容來解決問題，把一個仇人變成了忠誠的擁護者。

每個人都說寬恕是美德，如果要一個人真正的去寬恕敵人時，那就有所不同了。只要稍稍提一提，就會有人對你大呼小叫的。人們並不認為寬恕是一種特別超然、很難實行的德行，而是認為以此態度對敵人，其行不可忍受，也為人所不齒。他們會說：「說這種

話叫人噁心」，大多數人以為寬恕自己的敵人，是要承認他們並不是那麼壞的人；而事實上，他們確實是壞人。

每天喝一點雞湯：

> 寬恕是適度彎曲，但折傷不到自己；寬恕是承受創痛，並為自己療傷。拒絕原諒只會帶來更多的傷害，何不卸下受難者的袈裟，做個寬恕的人。寬恕，是去傷解痛的唯一良方，是一項重要的求生技能。它可以幫助你在一片誤解、痛苦、怨恨與憎恨的狂亂中，找到人生正確的方向。

▶ 待人寬一分是福

俗語說的好：千百個生命有千百種人生，千百條路有千百個人行。只要一直用心追求一份平平淡淡、真真實實的坦蕩，就會有一份生活的輕鬆與平靜，就會有一片豁達的天空和一個充實的人生。豁達、坦蕩的生活，快樂會如期而至；豁達、坦蕩的生活，便是享受人生本身。永遠樂觀，不怕失意的人，即使跌下萬丈深淵，也會堅韌地活下去，而且高唱凱歌地回來。

《菜根譚》中有這樣一段話：「處事讓一步為高，退步即進步的根本；待人寬一分是福，利人是利己的根基。」這是一種「大度」，是心胸寬廣的君子所為。假如生活欺騙了你，你是否也會不失這種君子的風範呢？

佛教是一門崇尚寬容精神的宗教。「滅卻心頭火，剔起佛前

燈」，深刻透視了佛門中人的寬厚胸懷。引一則禪話為證：

　　白隱禪師附近住著一對夫婦，家有一女，未曾出嫁卻懷了孩子，父母逼問女兒要她說出孩子的父親，姑娘竟指為白隱。這對夫婦怒不可遏，找到白隱，對他狠狠侮辱了一番。白隱聽完後，只說了一句話：「就這樣嗎？」孩子出世後，這家人將他送給白隱撫養。白隱挨家挨戶去給孩子討奶水，不知被多少人譏笑，但他卻不介意，依然仔細地照顧孩子。幾年後，這件事情真相大白，原來孩子的真正父親是一個市井無賴，這家人耐不過面子，上門向白隱賠禮道歉，要求索回孩子。白隱交回孩子時，同樣只是輕輕地又說了一句話：「就這樣嗎？」

　　我們在現實生活中，確實不免會遭遇到各種的屈辱與誹謗，當這樣的時刻來臨的時候，我們能否像白隱禪師一樣泰然處之呢？「就這樣嗎？」簡單的幾個字卻蘊涵了多少深意。

　　孔子說：「君子坦蕩蕩，小人長戚戚。」心胸坦蕩，才能寢食無憂，與人交而無怒，是做人處世的藝術。難怪諺語亦云：「月過十五光明少，人到中年萬事休。」本不必過於苛責別人，得饒人處且饒人，何苦雙眉擰成繩，這不僅是人與人之間交往的藝術，也是立身處世的一種態度，更是做人的涵養。

　　在大丈夫的心中，天地永遠是寬闊的，生活是快樂的，精神是自由的。所以，襟懷坦蕩的人常以退一步海闊天空作為立世的生活鑒言。抱著無可無不可，可為可不為的豁達態度，享受自己的一份清靜與快樂。

每天喝一點雞湯：

豁達、坦蕩的生活，便是享受人生本身。永遠樂觀，不怕失意的人，即使跌下萬丈深淵，也會堅韌地活下去，而且高唱凱歌地回來。

▶ 寬以待人，切莫斤斤計較

孟子說：「君子之所以異於常人，在於期能時時自我反省。即使受到他人不合理的對待，也必定先反省自己本身，自問，我是否做到了仁的？是否失禮？否則別人為何如此對待我呢？自我反省的結果，已合乎仁也合乎禮了。而對方強橫的態度卻仍然不改。那麼君子又必須反問自己：我一定還有不夠真誠的地方。再反省的結果是，自己沒有不夠真誠的地方，而對方強橫的態度依然如故，君子這時才感慨地說：他不過是狂妄的小人罷了。這種人和禽獸又有何差別呢？對於禽獸是根本不需要斤斤計較的。」孟子的話啟示我們，一個真正有大胸

襟、大氣度的人，在與別人發生矛盾、衝突後，不僅不會在非原則性的問題上喋喋不休、抓住不放，不僅只是不計小人之過，而且關鍵是要能嚴以律己的精神，只有具備嚴以律己的態度，才能真正不計小人之過，真正的謙讓。

大至國家的君臣，小至個人私交，發生衝突之後，如果雙方都有責己的雅量，則任何衝突都不難解決。如果只把眼睛盯著對方，只知道責備對方，不檢討自己，隔閡、怨恨就會越積越深，以至衝

突激化。

即使過失的責任在別人身上，或者主要在別人身上，在批評別人的時候，也極「見不賢而內自省也」的氣度。既責人，又責己；先正己，後正人。這就是古人說「責人者，必先自責，成人者，必先自成，專責己者兼可成人之善，專責人者適以長己之惡。」（清李煜《西謳外集‧藥言利稿》）責己就是從我做起，以實際行動和活的榜樣去教育人、感化人。這樣，別人才會心悅誠服，教育批評才起作用。如果只責人，不責己，就會助長自己的錯誤。這種人自身不正，去批評教育別人，又有誰會聽呢！

歷史上具有人格感召力的人都是嚴以律己的。諸葛亮為蜀之相國，「善無微而不賞，惡無纖而不貶」，但「刑政雖峻而無怨者」。這不僅因為他「用心平而勸誡明」，還因為他嚴以律己，以身作則。街亭之戰，馬謖違反諸葛亮的節度，舉動失宜，使蜀軍大敗。諸葛亮既斬了馬謖，又上書檢討自己，「授任無方」、用人不當的過失，自貶三級。

寬容不會失去什麼，相反會真正得到；得到的不只是一個人，更會是得到人的心。要做到寬容，領導者首先要有寬廣的心胸，善於求同存異，虛心聽取各種不同的意見和建議，不要總是對一些細枝末節斤斤計較，更不要對一些陳年舊帳念念不忘，因為領導人的一言一行，都可能成為屬下在意的對象。

後藤清一原是三洋公司的副董事長，慕名松下，投奔到松下的公司，擔任廠長。他本想大有作為，沒想到由於他的失誤，一場大火將工廠燒成一片廢墟。後藤清一十分惶恐，因為不僅廠長的職務保不住，還很可能被追究刑事責任。他知道平時松下絕不姑息部下

的過錯，有時為了一點小事也會發怒。但這一次讓後藤清一感到欣慰的是，松下連問也不問，只在他的報告後批示了四個字：「好好幹吧。」

松下幸之助（Matsushita Kōnosuke）的做法看似不可理解，這樣大的事故竟然不聞不問。其實這正是松下的精明之舉。

後藤清一的錯誤已經鑄下，再深究也不能挽回公司的經濟損失。另外，在犯小錯誤時，大多數人並不介意，所以需要嚴加管教，而犯了大錯誤，任何人都知道自省，還需要你上司去批評嗎？松下的做法深深地打動了下屬的心，由於這次火災發生後，沒有受到懲罰，後藤自然會心懷愧疚，對松下更加忠心效命，並以加倍的工作來回報松下的寬容。松下用自己的寬容，換得了後藤清一的擁戴。

精明上司懂得寬容之心在企業管理中的重要性。寬容猶如春天，可使萬物生長，成就一片陽春景象。宰相肚裡能撐船，不計過失是寬容，不計前嫌是寬容，得失不久據於心，亦是寬容。

不煩惱的智慧：

寬容之所以必要，一則因為寬容可以贏得下屬的忠誠，保持其積極進取的心；二則因為寬容可以使自己不受一時得失的影響，保持對事情正確地判斷；三則因為寬容可以建立企業內部融洽的關係。

自信多一點，煩惱少一點

　　要自信不要自卑，自卑就像蛀蟲一樣吞噬著你的人生，它是你走向成功的「絆腳石」，是快樂工作的「攔路虎」。你的心態將逐漸變得消沉，你的生活也會毫無激情。所以，你要經常跟自己說「我是最棒的，我一定能行」。

▶ 自信，成功的階梯

　　有自信的人不會在轉瞬間就消沉沮喪。如果一個自信的人從他的庇蔭之所被人驅逐出來，他就會去造一所塵世的風雨摧毀不了的屋宇。

　　才華出眾的人總會遇到挑戰，而有時恰好，最嚴峻的挑戰出現在狀態最不佳的時候。一般來說，在沒有進入最佳的備戰狀態時，人們往往會喪失信心。

　　劉瑜曾經是雜耍團的骨幹，憑著驚險的高空走鋼絲技藝而聲名遠播。在離地五六公尺的鋼絲上，劉瑜可以赤腳平平穩穩的來回走。他技藝高超，身手靈活，不僅可以安全的走過，還能從容的在鋼絲上做出一些騰空翻轉的動作。十多年來，無數次的表演，從來沒有發生過意外。

　　一次雜耍團在去外地演出回來的路上，載道具的卡車翻進了山溝，劉瑜那根保持平衡的長木杆也被折斷了。因為這根平衡木跟了他很長時間，所以團裡非常重視，不惜高價找來了粗細相同、長短一致、重量也一樣的木杆。直到劉瑜覺得得心應手時，團長才請油漆匠給木杆刷上與以前那根木杆相同的藍白相間的顏色。

　　精彩的演出又開始了。在觀眾的掌聲中，劉瑜微笑著赤腳踏上鋼絲。助手遞給他那根藍白相間的長木杆。劉瑜從左端開始默數，數到第十個藍塊，左手握住，又從右端默數第十個藍塊，右手握緊，這是劉瑜最熟悉的手握距離。這樣合適的距離讓他心安。可是此時，劉瑜感到，兩手間的距離比他以往的長度短了一些。他暗吃一驚，難道是有人將木杆截短了？不可能啊？！

　　劉瑜小心翼翼地把兩手分別向左右移動，一直到適宜的距離才停住。他看了看，兩手都偏離了藍塊的中間位置。這樣一來，使他對木棍產生了懷疑。

　　這時候，觀眾席上又一次爆發出如雷的掌聲，當時的環境已經不容劉瑜多想。他再一次握緊木杆，深呼吸，向鋼絲的中間走去。走了幾步後，劉瑜第一次沒了自信，手心有汗沁出。終於，在鋼絲中段做騰躍動作時，一個不留神，他從空中摔了下來，折斷了踝骨，表演被迫停止。

　　事後檢查，那根木杆長度並沒變，只是粗心的油漆匠將藍白色塊都增長了一毫米。

　　很多時候，我們的自信是受到條件限制的，當這種外在的條件不存在時，自信也會跟著一起消失不見。同時，自信也受習慣思考的影響，事物的表面現象有時左右著我們的固定思維，所以發生變化的不一定是事物最本質的東西。木杆的長度沒有變，但自信的距離改變了。這樣有條件的自信不是真正的自信，真正的自信是不會受外界所影響的。

　　事實上，在每一個成功者的背後，都有一股巨大的力量——自信的心態在支持和推動著他們不斷地向自己的目標邁進。這些成功的欲望和自信，正是他們創造和擁有財富的源泉。

　　美國前總統隆納・威爾遜・雷根（Ronald Wilson Reagan）深知此道，從二十二歲到五十四歲，他從體育電台播音員到好萊塢明星，整整三十多年的歲月都在娛樂圈裡度過。從政對他而言是完全陌生的，更沒什麼經驗可談，但他卻立志要當總統。當共和黨內的保守派和一些富豪們竭力慫恿他競選加州州長時，雷根毅然決定放

棄賴以為生的影視業，決心開闢人生的新領域。

在雷根如願以償當上州長問鼎白宮之前，曾與競爭對手卡特（Jimmy Carter）舉行過長達幾十分鐘的電視辯論。面對攝影機，雷根發揮出淋漓盡致的表演才能，時而微笑，時而妙語如珠，在億萬選民面前，完全憑著當演員的本領占盡上風。相比之下，從政時間雖長，但缺少表演經歷的卡特卻顯得相形見絀。

自信之人，定有超乎常人的非凡之處，他們或才智超群，傲視群雄；或學業專精，無人能及。自信是從骨子裡帶出來的，真正的自信絕對不會因為外在形式的改變而消失，充滿自信的人，總會以精神飽滿的狀態迎接每天的挑戰。而借助外在條件使自己自信的人，總有洩氣的一天，如果劉瑜本身自信心很強，他不會因為平衡木的細小變化，而搞砸演出。自信不是運氣，而是靠平時的累積。

每天喝一點雞湯：

　　機會寵愛努力的人，自信就是因為相信自己平時的奮鬥會有一個機遇出現，只要這個展示的舞台出現了，自信的氣息也就從那一刻起燦然閃現。

▶ 自信才能成大事

自信是一種非常重要的心態，是一種自我肯定、自我鼓勵、堅信自己一定能成功的素養。沒有自信的人，就沒有生活的熱情和趣味，也就沒有拚搏的勇氣和力量。

著名發明家愛迪生（Thomas Alva Edison）曾說：「自信是成功

的第一祕訣。」

　　阿基米德、居禮夫人（Madame Curie）、伽利略（Galileo Galilei）、錢學森等歷史上廣為人知的科學家，他們之所以能取得成功，首先就是因為他們有遠大的志向和非凡的自信心。

　　一個人想要事業有成、做生活的強者，首先要敢想。連想都不敢想，當然談不上什麼成功了。著名數學家陳景潤，語言表達能力差，教書對他來說很吃力。但他發現自己專長在科學研究，於是增添了自信心，致力於數學的研究，後來終於成為著名的數學家。

　　世界著名交響樂指揮家小澤征爾，在一次歐洲指揮大賽的決賽中，按照評委會給他的樂譜指揮演奏時，發現有不和諧的地方。他認為是樂隊演奏錯了，就停下來重新演奏，但仍不滿意。於是，他認為是樂譜錯了。這時，在場的作曲家和評委會的權威人士都鄭重地說明樂譜沒有問題，而是小澤征爾的錯覺。面對著音樂大師和權威人士，他再三思考，突然大吼一聲：「不，一定是樂譜錯了！」話音剛落，評判台上立刻報以熱烈的掌聲。

　　原來，這是評委們精心設計的圈套，以此來檢驗指揮家們在發現樂譜錯誤，並遭到權威人士「否定」的情況下，能否堅持自己的正確判斷。前兩位參賽者雖然也發現了問題，但終因趨附權威而遭淘汰。小澤征爾則不然，因此，他在這次指揮家大賽中奪冠。

　　米歇爾‧雷諾（Michel Raynaud）曾說：「依靠自己，相信自己，這是獨立個性的一種重要成分。是它幫助那些參加奧林匹克運動會的勇士奪得了桂冠。所有的偉大人物，所有那些在世界歷史上留名的偉人，都因為這個共同的特徵而屬於同一個家庭。」

　　與金錢、勢力、出身、親友相比，自信是更有力量的東西，是

第4章　自信多一點，煩惱少一點

人們從事任何事業最可靠的資本。自信能排除各種障礙，克服種種困難，能使事業獲得完美的成功。自信者往往都承認自己的魅力，和相信自己的能力，總是能夠大膽、沉著地處理各種棘手的問題，從外表看去，他們都表現得比較開朗、活潑。

俗話說：「藝高人膽大。」自信心強的人，做事總是很穩重。自信是一種動力，信心所給予生命的，不只是一種襯托，一種憑藉，一種支持，還是永遠的堅強和力量。有了自信，就不會在突發事件面前感到慌張，就不會懼怕挑戰，就能穩紮穩打地完成自己的事業。

在心理學中有這樣一個著名的實驗。一個教育界的權威人士曾經把一個學習優秀的學生當作學習成績較差的學生來對待，而將一個成績不好的學生用優秀學生的心態來教導。在期末考試的時候，情況發生了變化：本來是兩個成績相差甚遠的學生，在考試的平均成績上竟然相差無幾。

通過這個實驗，說明了自信心對一個人的影響。用對待成績好的學生的態度來對待成績差的學生，使學生的自信心得到鼓勵，因而學習積極性大增；而原來的好學生受到教師質疑態度的影響，信心受挫，導致學習態度轉變，影響了學習成績。

「只要你真正相信自己並投入工作，就能衝破一切困難獲得成功。」 齊格・齊格勒（Zig Ziglar）是著名的推銷員。他參加納什維爾・梅里爾指導的全天培訓課程後，梅里爾對齊格說：「你有許多能力，你可以成為一個了不起的人，甚至一個全國冠軍。我絕對相信，如果你真正投入工作，真正相信自己，就能衝破一切困難獲得成功。」當時，齊格驚訝的呆住了，因為梅里爾的話使他找到了自

信，使他更加努力地去工作。

齊格說：「一個從小鎮中出來的小人物，希望回到小鎮上，一年賺五千美元，我的自我意識僅限於此。現在卻突然有一個受我尊敬的人對我說：『你能成為一個了不起的人。』」

所幸的是，齊格相信了梅里爾先生的話，開始像一個勝利者一樣思考、行動，把自己看成勝利者，於是他真的成為了一個勝利者。

「梅里爾先生並未教我太多的推銷技術，但那年年底，我在美國一家擁有七十多名推銷員的公司中，推銷成績名列第二位。」齊格說，「我從用克萊斯勒車變成用豪華小汽車，而且有望獲得提升。第二年我成為全州報酬最高的經理之一，後來我成為全國最年輕的地區主管人。」

齊格遇到梅里爾先生後，並沒有獲得一系列全新的推銷技術，也沒有使他的智商提高，只是梅里爾先生讓他知道了自己有獲得成功的能力，並給了他目標和發揮自己能力的信心。

心理學家研究發現：自信是人們心中的明燈。正是如此，成大事者總是能走好明燈照亮的路。因為有了自信，他們就會比別人更早、更容易找到成功的鑰匙。自信成了他們成就大事的催化劑。

每天喝一點雞湯：

自信心對一個人一生所起的作用是無法估量的，無論在智力上還是體力上，或是做事的各種能力上，自信心都占據著基石般的支持地位。

▶ 先相信自己，別人才會相信你

每個人身上都潛藏著巨大的能力，但並不是每個人都能發現，並運用自己身上的潛能。許多人就是在默默無聞中葬送了自己的天賦，最終一事無成。

屠格涅夫說：「先相信你自己，然後別人才會相信你。」

人生就是一幅卷起來的畫卷，這畫卷永遠沒有盡頭。有的人向社會展示了幾張，就戛然而止；有的人卻展示了許許多多，而且還在不斷地展示。開啟這畫卷的手就是一種心態——自信。自信心有多強，能力就有多強。

有這樣一個人，他發誓要尋找到一塊法力無邊的魔石，因為擁有了這塊魔石的人做什麼事都會很容易成功。

於是，他跋山涉水，風餐露宿，一年又一年。他走過了很多村莊，走過了很多城市，問過了許許多多的人，但仍然沒有找到那塊法力無邊的魔石。一天，他疲倦地在一口枯井旁睡著了，夢見自己找到了魔石，並把魔石藏在了心中。夢醒後，他便真的以為魔石鑽進了心中，於是，他不再疲倦，不再自卑，他對一切都充滿了信心，因為他相信魔石已經在他心中。從此以後，他每次遇到困難時，總能想出辦法，總能克服困難，最後獲得成功。

其實，每個人的心中都藏著一塊法力無邊的魔石，它的名字就是：自信。

讓我們記住居禮夫人（Maria Skłodowska-Curie）的一句話吧：「我們應該有自信心，必須相信自己是有能力的，而且要不惜代價把這種能力發揮出來。」

　　羅傑‧羅爾斯是美國紐約州歷史上第一位黑人州長。他出生在紐約一個聲名狼藉的貧民窟，從小就生活在一種骯髒的、充滿暴力的環境中。那麼，是什麼喚醒了他的能力而使他走出貧民窟，成為紐約州州長的呢？是信心！

　　一天，當羅傑‧羅爾斯又像以前一樣，從窗台上跳下來，伸著小手走向講台時，他的老師並沒有指責他，而是輕聲地對他說：「我一看你修長的小拇指，就知道將來你一定是紐約州的州長。」

　　這位老師並不是一位高明的算命先生，他只是想通過這種方式來鼓勵這些貧民窟裡的孩子，給他們樹立信心。然而，這句話卻令羅爾斯大吃一驚，因為他長這麼大，只有奶奶讓他振奮過一次，說他可以成為五噸重小船的船長。這一次，老師竟說自己能成為紐約州的州長，難道真的會這樣嗎？這太令人振奮了。於是，羅爾斯記住了這句話，並對此充滿了信心。

　　信心激發出了羅爾斯的能力，從此，他的衣服不再沾滿泥土，說話時也不再夾雜著髒話，他開始挺直腰桿走路。在之後的四十多年間，他沒有一天不按州長的標準要求自己。五十一歲那年，他終於成為了紐約州州長。他在就職演說中講了這樣幾句話：「信念值多少錢？信念是不值錢的，它有時甚至是一個善意的欺騙。然而，你一旦堅持下去，它就會迅速升值。」

　　這個故事告訴我們，信心雖然一文不值，雖然只是一種信念和心態，雖然只是一種精神狀態，但是它卻能把貶抑的自我提升起來，能使自身的潛能動起來，去克服重重困難，最終走向成功。

　　有人說逆境中的人最容易自卑，這只是看到了事情的一面。其實逆境中的人也往往更容易獲得信心，因為逆境能讓人進一步體會

生命的價值和意義。雨果曾說：「人在逆境裡，比在順境裡更能堅持不屈，遭厄運時比好運時更容易保全身心。」

當一個人還是一個孩子的時候，如果父母一直在提醒他──你是天下最優秀的，你的失敗是暫時的，再做一次肯定會成功的，在事實上也要求孩子做錯了再做，直到成功，這無疑就培養了孩子的自信心。

每天喝一點雞湯：

作為一個人，我們沒有理由不自信。想一想自己，我們是多麼幸運啊！在億萬競爭者中，從母親的身體裡脫穎而出，為什麼不是別人而是我們？在出生前，我們就已經打了一場勝仗，在這個世界上再也找不出任何一個和我們一模一樣的人，我們都是獨一無二的。

▶ 不要讓自卑害了你

古人云：「人之才能，自非聖賢，有所長必有所短，有所明必有所蔽。」通往成功的道路上，完全不必為「自卑」而彷徨，只要把握好自己，成功的路就在腳下。

十幾年前，一個學生從一座僅有二十多萬人口的北方小城考進了北京的大學。

上學的第一天，與他鄰桌的女同學第一句話就問他：「你從哪裡來？」而這個問題正是他最忌諱的，因為在他的邏輯裡，出生於小城，就意味著小家子氣，沒見過世面，肯定被那些來自大城市的

同學瞧不起。就因為這個女同學的問話，使他一個學期都不敢和同班的女同學說話，以致一個學期結束的時候，很多同班的女同學都不認識他！

很長一段時間，自卑的陰影都占據著他的心靈。最明顯的體現就是，每次照相他都下意識地戴上一個大墨鏡，以掩飾自己的內心。

二十年前，另外一位女學生也在北京的一所大學裡上學。

大部分日子，這位女學生也都在疑心、自卑中度過。她疑心同學們會在暗地裡嘲笑她，嫌她肥胖的樣子太難看。

她不敢穿裙子，不敢上體育課。大學結束的時候，她差點畢不了業，不是因為功課太差，而是因為她不敢參加體育長跑測試。老師說：「只要你跑了，不管多慢，都算你及格。」可她就是不跑。她想跟老師解釋，她不是在抗拒，而是因為恐慌，恐懼自己肥胖的身體跑起步來一定非常的愚笨，一定會遭到同學們的嘲笑。可是，她連向老師解釋的勇氣也沒有，茫然不知所措，只能傻乎乎地跟著老師走。老師回家做飯去了，她也跟著。最後老師煩了，勉強算她及格。

在最近播出的一個電視晚會上，她對他說：「要是那時候我們是同學，可能是永遠不會說話的兩個人。你會認為，人家是都市女孩，怎麼會瞧得起我呢？而我則會想，人家長得那麼帥，怎麼會瞧得起我呢？」

他，現在是著名節目主持人，經常對著全國電視觀眾侃侃而談，他主持節目，給人印象最深刻的特點就是從容自信。

她，現在也是著名節目主持人，而且是第一個完全依靠才氣，

而絲毫沒有憑藉外貌走上大型電視台主持人位子的人物。

原來他們也會自卑，原來自卑是可以徹底擺脫的。

自卑是一種可怕的消極心態。懷有自卑情緒的人，往往遇事總是認為「我不行」、「這事我做不到」、「這項工作超出了我的能力範圍」，還沒嘗試就給自己判了死刑。其實，任何人都無須自卑，每個人都有自己的特點，重要的是要認識到自身的優點。所以，我們一定要克服自卑的情緒，只有這樣，才能更好的將自己塑造成為一個自信的人。

要克服自卑，首先要克服的是過分的自尊。

從心理學角度講，人在青年時期思想敏捷，富於幻想，喜歡追求美好的東西，希望自己能夠成為最優秀的人。但是，由於本身的追求與實際能力之間存在著差距，有的人怕被別人發現自己的弱點，於是就形成一種心理上的自我保護。這種自我保護的表現，就是不願意暴露自己的缺點，不願意與比自己優秀的人交際往來，更不願意聽到自己不如別人的話語，或總說自己如何如何不行這樣的話。可是在實際中，他一旦發現自己確實有不如別人的時候，就可能會產生失望，由過分自尊一下子轉變為自卑，甚至自我封閉。

要克服自卑，就要看到自己的優點。

一般情況下，每個人都是根據他人對自己的評價，和通過自己與他人比較來認識自己的長處和短處的。有的人，在與他人比較的過程中，多習慣用自己的短處與他人的長處相比較。結果，越比較越覺得自己不如人，越比越洩氣。只看到自己的不足，而忽視了自己的長處，久而久之就會產生自卑感。

要克服自卑，就要正視挫折。

　　有個大學三年級的女生，不漂亮，甚至還有點醜。她眼看著同班的女同學都有了男朋友，唯獨自己形影相弔，於是便自卑起來，還時常悄悄地掉眼淚。教心理學的老師察覺到了這件事，就假冒一個男生的名義，給她寫了封匿名的求愛信。

　　尊敬的 ×× ：

　　冒昧地給您寫信，您不會紅顏大怒吧！

　　很久了，我一直在默默地觀察著您！您是個極有特色的好女孩——當您的女同學接二連三地有了男友，您卻一如既往地保持著女性的莊重，與您的同學相比，您顯然比她們更有內涵，更有古典色彩，更有分量！因此，在我的心目中，您格外神聖、格外聖潔！自然，也正是因為您格外莊重、格外嚴謹，我才不敢放肆失禮——請恕我暫時不公開我的姓名，但我肯定會天天關注著您，在得到您的認可之前，就讓我從一個遙遠的地方，小心翼翼地、滿懷希冀地看著您吧！

　　沒有您，我將失望至極！

　　我堅信，在未來的期末考試中，您將高奏凱歌！

　　那時，請准許我真誠地為您高興？可以嗎？您那燦爛的天使般的笑，將使我格外的感到歡欣鼓舞！

　　一個盼望著得到您的青睞的極善良的男同學。

　　……

　　果然，就這麼一封信，也就從此改變了一個人。

　　那原本自卑的女孩子自從收到了這封信，就恢復了勇氣和信心——她抬起了自己高貴的頭，她的步伐從此充滿了自信，她不再暗自流淚，她奮發圖強，她的拚搏使人感動。到了期末，她以第一名

的成績得到了全班同學的一致讚美！

　　愛情之所以偉大，是因為它不僅給你力量，給你自信，並在你不知不覺中改變你的一生。

　　心靈之所以要清洗，是因為不去清洗它就會留有油汙灰塵，只有經常擦洗，心靈才能永保黃金般的光潔。

　　心理學家建議，自卑感強的人，不妨多做一些能力所及、有較大把握的事情。這些事情即使很不顯眼，也不要放棄爭取成功的機會。

每天喝一點雞湯：

　　任何成功都會增加人的自信，對於自卑的人來說，尤其如此。而且，任何大的成功，都蘊含於小的成功之中。只要循序漸進地鍛鍊能力，自信就會取代自卑，讓你走出陰霾，踏上成功之路。

▶ 擁有自信就獲得了一半的成功

　　自信的心態能化被動為主動，由劣勢轉為優勢。信心的力量是巨大的，有了自信，就有了頑強的精神和意志，從而戰勝自己，戰勝重重困難。

　　德國哲學家謝林（Friedrich Wilhelm Joseph von Schelling）說過：「一個人如果意識到自己是什麼樣的人，那麼，很快他就會知道自己應該成為什麼樣的人。讓他首先在思想上覺得自己很重要，很快，在現實生活中他也會覺得自己很重要。」

一個人如果非常自信，非常相信自己的能力，就會很快地擁有巨大的力量。

一九七九年一月二十八日，鄧小平訪問美國。當月三十一日，他在白宮和卡特總統（Jimmy Carter）簽署了多個雙方協定。簽字儀式結束後，鄧小平說：「我們剛才辦了件大事，這不是結束，而僅僅是開始。我們曾經預期在中美關係正常化後，兩國的友好合作將在廣泛的領域裡迅速地展開，今天所簽訂的協定就是我們的第一批成果。」

於是，一些存心不良的記者便用挑釁的口吻問鄧小平：

「你們當初決定實現關係正常化時，你在國內有沒有遇到政治上的反對勢力？」

卡特總統聽出來了記者是在故意刁難客人，便有些著急，瞪著大眼睛看著鄧小平的反應。只見鄧小平笑容可掬，不疾不徐地說：

「有！」

在場的人聽到鄧小平的回答，個個瞪目結舌，豎耳傾聽他怎麼回答。

鄧小平不慌不忙地說：「在中國的一個省——臺灣——遇到了激烈的反對。」

鄧小平語驚四座，全場頓時爆發出暴風雨般的掌聲。

面對著如此難纏的記者，面對著記者突然提出的問題，要作出如此精妙的回答，心中沒有自信和寬闊的胸襟是無法做到的。

鄧小平之所以能夠作出精妙的回答，一個重要的原因就是他有著極強的自信心。同時，面對對方的刁難有一種平和的心態——拿得起，放得下。我們所說的自信，就是指要有充分信心，相信自

己，並能夠根據預定的目的來支配和調節自己的言行，滿懷信心地走向成功的心理素質。

一個有自信心的人在面臨一個問題時，自我激勵語句就會從潛意識心理跳躍到有意識的心理。尤其是對於那些掙扎在死亡線上的人們，這個自我暗示顯得尤為重要。

下意識心理能夠幫助人們完成某種目標。如果你對你的淺意識一再地下命令，並且都是正面的指令，你的信心就會大增。如果你在心裡默念：「一天天，我在各方面都會越來越好。」這種自我暗示會給你帶來非常有利的結果。

宗教家總是訓斥人們，要對這個、對那個擁有「信心」，卻從來沒有告訴我們「如何」才能擁有信心。他們從來沒有道破這個奧祕：「自我暗示可以引發信心。」

思考一下自己正負兩方面的思想，你會發現，自己最大的弱點是缺乏自信。這個弱點是可以借助自我暗示的方法加以克服的。可以通過寫作、背誦和記憶的方式，把正面的思考表達出來，直到這種動力成為你潛意識中的一項機制。

人的心理所設想和相信的東西，都可以用積極心態去獲得。

聖雄甘地（Mohandas Karamchand Gandhi）所運用的潛力超出了同時代的任何人。但是，他從來沒有操縱過任何的權力工具，比如金錢、軍隊和武裝衝突。他沒有錢，沒有家，甚至沒有一件像樣的衣服，可他實實在在地擁有權力。他以自己對信心原則的理解創造了信心，並憑藉自己的能力，將這種信心植根於兩億印度人民的心中。所以，只有信心，也只有信心，才會有這麼大的能力。

每天喝一點雞湯：

> 信心是一種精神狀態，是一個人對宇宙力量的一種
> 瞭解、信任和融合的表現。通過調整你的內心世界，接
> 受來自於無限智慧的力量，你可以獲取自信心。擁有自
> 信心，你就可以消除一切消極因素，克服疑惑和恐懼，
> 消除自卑心理，並將其轉化為積極的、實質性的東西。

▶ 自信是成功的源泉

堅強的自信，是偉大成功的源泉。無論才幹大小，資質高低，有了堅強的自信，就有了成功的可能。如果你去分析那些成就偉大事業的卓越人物的人格特質，就可以發現：這些卓越人物在開始做事之前，總是具有堅定的自信心，深信所從事的事業必能成功。這樣，在做事時他們就能付出全部的精力，克服一切艱難險阻，直到取得最終的成功。

一位母親第一次參加家長會，幼稚園的老師對她說：「你的兒子有過動症，在板凳上三分鐘都坐不了。」回家的路上，兒子問她老師都說了些什麼。她鼻子一酸，差點流下淚來。然而，她還是告訴兒子：「老師表揚你了，說寶寶原來在板凳上坐不了一分鐘，現在能坐三分鐘了。別的家長都非常羨慕媽媽，因為全班只有寶寶進步了。」那天晚上，她的兒子沒讓她餵，居然自己吃了碗米飯

在第二次家長會上，小學老師對她說：「全班五十名同學，這次數學考試，你的兒子排第四十九名。我們懷疑他智力有些障礙，

您最好能帶他去醫院檢查。」回去的路上，她流淚了。然而，當回到家裡，看到誠惶誠恐的兒子，她又振作起精神說：「老師對你充滿信心。他說了，你並不是個笨孩子，只要能細心些，就能超過你的同學。」說這話時，她發現兒子黯淡的眼神一下子充滿了光亮，沮喪的臉也一下子舒展開來。第二天上學，兒子起得比平時都要早。

孩子上了國中，又一次家長會。老師告訴她：「按你兒子現在的成績，考重點中學有點危險。」她懷著驚喜的心情走出校門，告訴兒子：「班主任對你非常滿意，他說，只要你努力，很有希望考上重點中學。」高中畢業，兒子把一封印有「清華大學招生辦公室」的特快專遞交到她的手裡，邊哭邊說：「媽媽，我一直都知道我不是個聰明的孩子，是您⋯⋯」這時，她悲喜交加，再也按捺不住十幾年來積聚在心中的淚水，任它滴落在手中的那個信封上。

自信是成功的力量，只要你相信自己能成功，並以這種自信的心態去追求你想擁有的東西，在奮鬥的過程中不怕艱苦、不怕失敗，總有一天，你的目標就會實現。常言道：世上無難事，只怕有心人。沒有翻不過的山，沒有過不了的河，只是因為不相信自己能力的人多了，世界上才有了「困難」這個詞。

一般人經常害怕被拒絕，害怕失敗。為什麼害怕？因為覺得自己不夠好，因為他不夠喜歡自己。如果讓你喜歡你自己，你必須重複地念著：「我喜歡我自己，我喜歡我自己，我喜歡我自己，我是最棒的，我是最棒的。」

每天喝一點雞湯：

　　如果我們展示給人的是一種自信、勇毅和無所畏懼的印象，如果我們具有那種震懾人心的自信，那麼，我們的事業就可能會獲得巨大的成功。

▶ 用信心拯救落魄中的自己

　　面對挫折、困境時，每個人都會有不同程度的失望，甚至會產生絕望的念頭，對生活失去信心，但成大事者總是設法將自己從這種落魄中拯救出來。

　　五歲的張海迪被醫院確診為患有脊髓血管瘤之後，父母不忍心看著年幼的孩子就這樣倒下去，成為殘疾人，他們辛苦的背著張海迪走南闖北，訪遍天下名醫。醫院裡的醫生都非常可憐這個伶俐聰敏、才智過人的孩子，只要有一線希望，他們也想盡最大的努力。在北京，醫生想給張海迪做脊椎穿刺手術；但見她細皮嫩肉的，又怕她承受不了那份痛苦。把長長的針頭刺進骨髓，其痛苦是可想而知的，意志薄弱的成年人也忍受不住，何況一個嬌嬌嫩嫩、彈指可破的孩子！

　　面對醫生的猶豫不決和父母的舉棋不定，張海迪卻張著小嘴堅定地說：「阿姨、叔叔，不要緊，扎針我不怕，挨刀我也不怕，您把我的病治好吧，長大了，我要當舞蹈演員，當運動員……」見小女孩這般剛強，在場的人鼻子都酸酸的。多好的孩子啊，多麼剛強的女孩啊！

　　脊椎穿刺手術開始了。細細的長長的針，穿過張海迪的皮膚直刺她的脊髓。針尖每前進一分，張海迪的身子都要像觸電似的猛地抽搐一下。蛇咬蠍螫般地痛啊，扯肝掏膽般地痛啊，張海迪咬著嘴唇，額頭上滾著豆大的汗珠。醫生的手顫抖著，進針的速度慢了。張海迪卻喊著：「阿姨，您扎呀！您扎！您扎呀！」，站在一邊的媽媽毛骨悚然，針扎在女兒身上，卻似穿著她的脊髓，她不忍看這情景，慌忙跑到門外，獨自壓抑著痛苦的嗚咽。「媽媽，您做什麼呀？您別哭，我不痛，一點也不痛。」小海迪勉強咧開嘴，微笑了一下。見此情景，媽媽用袖口擦了擦發紅的眼睛，臉上也不自然地露出了笑容。

　　童年時期無數次的治療，儘管沒有從根本上解決張海迪的病痛，但在戰勝一次次折磨的過程中，張海迪學會了在病痛來臨時選擇堅強，這已成為她人生的寶貴財富。當你嘗試著選擇堅強、面對光明，陰影就會逐漸離你而去。一個在身處困境時，仍能做到從能做的事情出發、保持良好精神狀態的人，比那些一遇到挫折就灰心喪氣的人更容易取得成功。

　　張海迪知道自己的身體條件是無法與別人相比的，又加上經常受病痛的折磨，從時間上來說也無法保證，因此要想有一番作為，使自己的人生變得充實、豐富，就必須利用一切機會，充分發揮自己的優勢，堅持不懈地挖掘其他人不具備的成功因素。在某一點上的不足，並不等於自己一無是處。只要你能夠緊緊地抓住一點，就可能以點帶面獲得總體突破的機會。

　　當自身的條件不如別人的時候，要想有一番作為，更要努力挖掘其他人不具備的成功素質，以求突破的機會。當普通人認為書

籍是「亂七八糟」的東西時，張海迪卻千方百計地尋找著它們。當有些人正忙於清理「垃圾」時，張海迪卻徜徉在知識的海洋裡。重病纏身的張海迪根本就沒辦法像正常人一樣跨進學校的大門，但她具備在當時的條件下，許多普通人沒有的素質：渴求知識、熱愛書籍。在對知識的追求過程中，張海迪逐漸彌補了未能上學的劣勢。她的努力完全是發自內心的，是一種自發的行動，它的力量不知要比被動式的讀書、求知大多少倍，這也是張海迪能夠獲得許多正常人難以企及的成就的重要原因。

挫折是每個人的生活中不可避免的，一個人的生活目標越高，就越容易受挫折。挫折對弱者來說，是人生的重大危機，而對強者來說則是獲得新生的絕佳機會，他們會要求自己戰勝挫折，把自己鍛鍊得更加成熟和堅強。如果說生命是一把披荊斬棘的「刀」，那麼挫折就是一塊不可缺少的「磨刀石」。為了使青春的「刀」更鋒利些，有志者應該勇敢地面對挫折的磨練。

全家人從農村返回莘縣縣城後，張海迪最想要的就是工作，她盼望能早日成為自食其力的人，但由於身體條件所限，張海迪一直待業在家。為此，她曾給黨中央、國務院、省委寫信，請求他們關心一下殘疾人的生活與工作，可是一封封信都像泥牛人海，一點音訊也沒有。張海迪的情緒已經跌入了谷底，特別是當她無意間發現了自己的病歷卡，「脊椎胸五節，髓液變性，神經阻斷，手術無效」赫然映人眼簾時，正被失業所困擾的張海迪，甚至萌生了輕生的念頭。

後來在家人的幫助下，張海迪的情緒逐漸穩定了下來。她首先分析了問題的根源：自己絕望的念頭是在空虛、閒散、無所事事

的狀態下產生的。過去在尚樓村，怎麼會覺得生活是那樣充實呢？那時，我的下肢不也是癱瘓的嗎？眼下，自己的大腦和雙手依然健在，自己有什麼理由，因身體的局部殘廢而毀掉健全的另一部分呢？她在心中暗暗地發誓：「病魔把我變成了殘廢，我偏不屈服，乾脆就和病魔作對。」

張海迪仔細回顧了在尚樓行醫的經歷，可以說是熱情多於科學。對不少病症的發病原因不甚明瞭，治好病帶有偶然性，治不好囿於盲目性。

她不滿足於對確定的病症做針灸治療，她下決心要學習診斷和藥物學。於是，她開始閱讀大量的醫學專著。讀一般的文學作品易，讀專業書難，讀醫藥書籍更難，何況張海迪還是個殘疾人。張海迪身體的主要支柱——脊椎，歷經了幾次大手術，摘除六塊椎板之後，當時已嚴重彎曲變形，呈英文 "S" 形。為了減輕脊椎的壓力，張海迪看書時，必須將身體趴在桌子上，用雙肘支撐起整個身體的重量，久而久之，張海迪的肘關節處起了厚厚的老繭，書桌上的油漆先是剝落，後來竟留下了兩個大坑。張海迪艱難地攤開幾本醫學專用詞典、參考書，來回地翻動，幾分鐘才弄懂一段文字，半天看不完一頁書。一步三回頭，三步一停留，閱讀之艱難，真像登山運動員向主峰進發，每前進一寸，都要調動全身的力量！

為了獲得實際經驗，張海迪開始解剖動物，做各種生理實驗。看見媽媽買回的豬內臟，張海迪就找來了爸爸的刮鬍刀片，一點一點、一絲一絲地切著，研究心、脾、肺、腎的結構，分析胃、膽、腸、胰之間的聯繫。有好幾回，經張海迪之手的豬內臟，都被弄得稀爛一堆，像切碎的肉餡一樣。為了弄明白動物肌體的功能，她解

剖過活的家兔；為了弄清楚動物的神經反應，她讓朋友們捉些滑溜溜的活青蛙作標本。家裡每次殺雞、宰鵝她都不放過機會，親自用刀解剖。弄得桌上、床上、身上、手上，到處都是血跡。

知識給張海迪插上了翅膀，她在攀登醫學高峰的道路上一點點地前進著，張海迪也從失業的絕望中重新站了起來。不久，「張氏醫寓」的牌子正式在莘城掛了起來，張海迪那小小的臥室，既是診斷室，又是治療室，一間十來平方米的房子，常常被擠得水洩不通。

每個人在一生中都會遇到各式各樣的困難和痛苦，它們既可能來自肉體，也可能潛伏在心靈深處，這時候你也許感到自己已經一無所有，只能等待失敗與死亡的來臨。成大事者卻說，其實並不儘然，來臨的已成現實，而我們卻可以選擇，只有在精神上屹立、思想上超脫，才可能從絕境中求得一線生機。

每天喝一點雞湯：

一個能夠在一切事情與他相背時仍然選擇堅強的人，必定是一枚非凡的種子，因為這堅強包含著非同一般的因素，它是普通人無法做到的。

▶ 保持自我本色，做好你自己

我們每個人都是世上獨一無二的，你就是你自己，你無須按照他人的眼光和標準來評斷甚至約束自己，你無須效仿他人。保持自我本色，這是最重要的一點。

第 4 章　自信多一點，煩惱少一點

　　加利福利亞的伊絲‧歐蕾太太從小就非常害羞，她的體重過重，加上一張圓圓的臉，使她看起來更顯肥胖。她的媽媽十分保守，認為伊絲‧歐蕾太太無須穿得那麼體面漂亮，只要寬鬆舒適就行了。所以，她一直穿著那些樸素寬鬆的衣服，從沒參加過什麼聚會，也從沒參與過任何娛樂活動，即使入學以後，也不與其他小孩一起到戶外去活動。因為她害羞，而且已經到了無可救藥的程度，她常常覺得自己與其他人不同，不受大家的歡迎。

　　長大以後，伊絲‧歐蕾太太結婚了，嫁給了一個比她大好幾歲的男人，但她害羞的個性依然如故。婆家是個平穩、自信的家庭，他們的一切優點似乎都無法在她身上找到。生活在這樣的家庭之中，她總是想盡力做得像他們一樣，但就是做不到。家裡人也想幫她從禁閉中解脫，但他們善意的行為，反而使她更加封閉。她變得緊張易怒，躲開所有的朋友，甚至連聽到門鈴聲都感到害怕。她知道自己是個失敗者，但她不想讓丈夫發現。於是，在公眾場合，她總是試圖表現得十分活潑，有時甚至表現得太過頭了，於是事後她又十分沮喪。因此她的生活中失去了快樂，她看不到生命的意義，於是只想到自殺……。

　　後來，伊絲‧歐蕾太太並沒有自殺，那麼是什麼改變了這位不幸女子的命運呢？竟然是一段偶然的談話！

　　歐蕾太太在一本書中這樣寫道：這一段偶然的談話改變了我的整個人生。

　　一天，婆婆談起她是如何把幾個孩子帶大的。她說：「無論發生什麼事，我都堅持讓他們秉持本色。」，「秉持本色」這句話像黑暗中的一道閃光照亮了我。我終於從困境中明白過來——原來我一

直在勉強自己去充當一個不大適應的角色。一夜之間，我整個人就發生了改變，我開始讓自己學會秉持本色，並努力尋找自己的個性，盡力的去發覺自己究竟是什麼樣的人。我開始觀察自己的特徵，注意自己的外表、風度，挑選適合自己的服飾。我開始結交朋友，加入一些小組的活動，第一次他們安排我表演節目的時候，我簡直嚇壞了。但是，我每開一次口，就增加了一點勇氣。過了一段時間，我的身上終於發生了變化，現在，我感到快樂多了，這是我以前做夢也想不到的。此後，我把這個經驗告訴孩子們，這是我經歷了多少痛苦才學習到的——無論發生什麼事，都要秉持自己的本色！

我們選擇什麼，我們就會成為什麼樣的人，只要我們找到了我們適合的地方，我們就能克服一切的困難，達成我們的目標。但這一切都需要勇氣。

周圍的人可以作為評估自我意象的一個標準。我們會接近那些以我們自認應得態度來對待我們的人。一個自我意象健康的人，會要求周圍的人尊重他；這種人善待自己，並且向身旁的人表示，這就是他希望被對待的榜樣。

如果你覺得自己很差勁，就會容忍所有的人踐踏你、貶視你。你心裡只有諸如此類的念頭：「我根本不算什麼」、「都怪我」或「我總是受這種待遇，說不定是我罪有應得。」

你也許要問：「我能忍受這樣多久？」

答案應是：「看你會輕視自己多久。」

別人只是依照我們對待自己的方式來對待我們。跟我們交往的人，很快就會知道我們是否尊重自己。只要我們尊重自己，別人就

會如法炮製。假設你負責照顧一個三個月大的嬰兒，餵食的時候，你是否會無條件地哺餵這嬰兒？你當然會！你不會說：「聽著，小鬼！除非你做些聰明有趣的事。除非你坐起來，把二十六個字母背給我聽，或逗我笑，否則就不給你奶吃！」你餵孩子是因為他該餵，他值得你愛他、照顧他、好好待他。他值得這一切，因為他跟你一樣，是人類的一分子。

你也值得這樣的對待。你自出生以來就具備這樣的資格，現在也依然未變。世上有太多人以為，除非自己聰明又英俊，領有高薪，而且比所有認得的人擅長運動、談吐幽默，否則就不配受人愛與尊重。

你值得讓人愛，讓人尊重，只因為你是你。

大多數的人都很少想到自己真正的內在美與內在的力量。你記得在看愛情片時，劇中男主角和女主角同甘共苦，為生活而奮鬥時，你為他們祈禱，希望一切順利。他從軍，她離開家庭。他返鄉，她不見了。他找到她，她的哥哥卻要趕他走，她也要趕他走，而你一直都希望他們能永遠快樂地生活在一起。片尾時，他們終於結了婚，手牽手漫步在夕陽下。你擦乾眼淚，慢步走出電影院。

我們看這類電影時會流淚，因為我們真心關懷。我們愛、我們受傷，每個人都擁有一顆最真、最美、最單純的心，這分心理藏有多深，端視一個人所受傷害有多深而定，但它確實存在於每個人的心裡。

我們看到世界各地災難或饑荒的新聞報導，內心都不由得感到痛楚。每個人對於如何幫助這些受苦的人，都有不同的主張，但每個人都一樣地關心。這就是人性。

▶ 帶著信念走向成功

　　盧梭（Jean-Jacques Rousseau）有言：「信念，是抱著堅定不移的希望與信賴，奔赴偉大榮譽之路的熱烈感情。」的確如此，大千世界，古今中外，無論一艘船、一個人、一支球隊、一個組織，要創業、要前進、要實現奮鬥目標，要幹一番驚天動地的偉業，就要坦然面對困難與挫折，並在堅強信念的支撐下，勇敢地戰勝各種風浪、困難和艱險，最終一定能乘長風破萬里浪，駛向成功的彼岸。

　　二○○一年五月二十日，美國一位名叫喬治‧赫伯特的推銷員，成功地把一把斧子推銷給小布希總統（George W. Bush）。布魯金斯學會得知這一消息，把刻有「最偉大推銷員」的一隻金靴子贈予他。這是自一九七五年以來，該學會的一名學員成功地把一台微型答錄機賣給尼克森（Richard Milhous Nixon）後，又一名學員獲得如此高的榮譽。

　　布魯金斯學會以培養世界上最傑出的推銷員著稱於世。它有一個傳統，在每期學員畢業時，設計一道最能體現推銷員能力的實習題，讓學生去完成。克林頓（Bill Clinton）當政期間，他們出了這麼一個題目：請把一條三角褲推銷給現任總統。八年間，有無數個

學員為此絞盡腦汁，但最後都失敗了。柯林頓卸任後，布魯金斯學會把題目換成：請將一把斧頭推銷給布希總統。

　　鑒於八年前的失敗和教訓，許多學員知難而退。有的學員甚至宣稱：「這項獎又會從缺，因為現任總統什麼都不缺；即使缺少，也不用他親自購買；再退一步，即使他親自購買，也不一定會買你的。

　　然而喬治‧赫伯特卻做到了，而且還不費力氣。有一天，他對記者說：「我覺得，將一把斧頭推銷給布希總統是完全可能的。因為，布希總統在德克薩斯州有一處農場，那裡有許多樹，於是我寫了一封信給他：有一次，我有榮幸參觀您的農場，發現那裡長著許多矢菊樹，有些已經死掉，木質已經變得鬆軟。我想，您一定需要一把小斧頭，但是從您現在的身體來看，這種小斧頭顯然太輕，因此您仍然需要一把不甚鋒利的老斧頭。現在我這裡正好有一把這樣的斧頭，它是我祖父留給我的，很適合砍伐枯樹。如果您有興趣，請按照這封信所留的信箱，給予回覆……。」最後他匯來了十五美元給我。

　　喬治‧赫伯特成功後，布魯金斯學會在表彰他的時候說：「金靴獎已從缺了二十六年，二十六年間，布魯金斯學會培養了成千上萬的推銷員，造就了數以萬計的百萬富翁。這個金靴子之所以沒有授予他們，是因為我們一直尋找這樣一個人：這個人從不因為有人說某一目標不能實現而放棄；從不因為某件事情難以辦到而失去自信。」

　　不因有人說某一目標不能實現而放棄，不因為某件事情難以辦到而失去自信，這是布魯金斯學會尋找的人才，同樣也是各行各業

所需要的人才。

> 每天喝一點雞湯：
> ....
>
> 　　在我們的成才之路上，只要我們具備這種自信的精
> 神和堅強的毅力，我們就一定能夠像喬治‧赫伯特那樣
> 取得巨大的成功！

▶ 相信自己一定會爬起來

　　世上真不知有多少失敗者，只因沒有堅強的自信心，他們所接近的也無非是些心神不定、猶豫怯懦之輩，他們三心二意，永無決定事情的能力；他們自身明明有著一種成功的要素，卻被自己活生生地推了出去。

　　他們應該不急躁、不懊惱，不輕易發怒，更不應該遇事遲疑不決，這些良好的品性，往往比焦心憂慮更容易解決許多困難。

　　噴泉的高度是無法超過它的源頭的，一個人做事也是一樣，他的成就絕不會超過自己所相信的程度。如果你已經有了適當的發展基礎，而且你知道，自己的力量確實能愉快地戰勝困難，就應該立刻拿定主意，不要再產生絲毫動搖，即使你遭遇一些困難和阻力，也千萬不要想後退。

　　無論你現在處在一種什麼境況，千萬不要失去最可貴的自信心！你應該昂起的頭，切勿被困難壓下去；你堅決的心，切勿向惡劣的環境所屈服。你要做環境的主人，而不是環境的奴隸。你無時無刻都在改善你的境遇，無時無刻都在向著目標邁進。你應該堅決

地說：你全身的力量已經足以完成那件事業，絕不會有人來把你的這股力量搶了去。你應該從自己的個性改起，養成一種堅強有力的個性，把曾被你趕走的自信心和一切因此喪失的力量重新挽救回來。

有許多人對事業曾經失去過信心，但最後還是重新建立了自信，挽回了事業。世人應該保持這種價值連城的成功之寶，正如應該爭取高貴的名譽一般重要。

諾貝爾（Alfred Nobel）的成功就充分說明了這一點。

我們知道，在諾貝爾的遺囑中，他將價值瑞典幣三十多億克朗的財產，部分贈予親友，大部分留作基金，以基金的利息作為獎金，每年頒發一次，給予在物理、化學、生理和醫學、文學方面有貢獻的人，以及有效地促進國際親善，廢除或裁減常備軍，對促進和平事業有貢獻的人。受獎人不受國籍限制，這就是自一九○一年起頒發的舉世聞名的諾貝爾獎金。

諾貝爾是因為發明了硝化甘油炸藥的引爆裝置而獲得了巨額財富。

諾貝爾初次見到硝化甘油，是在聖彼得堡。當時，一個名叫西寧的教授拿硝化甘油給諾貝爾父子看，並放在鐵砧上擊錘，受擊錘的部分立即發生爆炸。這引起了諾貝爾極大的興趣。西寧教授說，如能想出確實的方法，使它爆炸，在軍事上大有用處。從這以後，年輕的諾貝爾就對此念念不忘，力求完成這一發明。

諾貝爾經過長期思考和實踐，認識到要使硝化甘油爆炸，必須把它加熱到爆炸點或以重力衝擊。尋求一種安全的引爆裝置，這正是諾貝爾為自己確定的課題。一八六二年五、六月間，諾貝爾在

聖彼得堡的實驗室裡，進行了第一次探索性的試驗。他先把硝化甘油封裝在玻璃管裡，再把玻璃管放進裝滿火藥的錫管裡，然後裝進導火管。裝好以後，諾貝爾兄弟三人一起來到水溝旁，將導火管點燃，丟入水中，結果，水花四濺，地面震動，爆炸力遠大於一般火藥，表示硝比甘油與火藥都已爆炸了。這是一次用較多的火藥引爆較少的硝化甘油的試驗，它的意義不在於實用，而在於第一次發現了引爆硝化甘油的原理。

自此以後，諾貝爾努力尋求硝化甘油爆炸的引爆物。這種引爆物的用量，當然應該遠小於硝化甘油，才有實際意義。他經歷了多次失敗，仍以頑強的毅力堅持試驗，以至於就連他的父親和哥哥都嘲笑他「固執」。

有一次，諾貝爾以為已經找到了引爆硝化甘油的辦法，滿懷信心地進行試驗。他用一隻小玻璃管，裡面裝滿火藥，與導火線接好後，浸入裝有硝化甘油的容器內，點燃後，他像一個放爆竹的孩子一樣，期待著轟然巨響。但是，玻璃管內的火藥爆炸卻未引燃硝化甘油。現在看來，這次失敗可能是偶然的。引爆硝化甘油並不困難。然而，在歷史上諾貝爾確曾走過這樣的彎路。可貴的是，他遇到失敗而不急躁，不灰心。又經多次反覆試驗和細緻分析，他終於發現是由於玻璃管口沒有封緊，火藥不能炸碎玻璃管，沒有產生足以使硝化甘油爆炸的衝擊力和溫度。於是他用蠟將管口封死，終於獲得成功。

一八六八年二月，瑞典科學會授予諾貝爾父子金質獎章，獎勵老諾貝爾用硝化甘油製造炸藥的長期努力，獎勵阿佛烈‧諾貝爾首次使硝化甘油成為可以用於工業的炸藥。

於是，諾貝爾給自己定出了新的目標，試製一種兼有硝化甘油的爆炸威力和猛炸藥的安全性能的新品種。不久，堅實的膠質炸藥和柔軟的可塑性極好的膠質炸藥相繼問世。它的爆炸效力高，價錢又比較便宜。它比硝化甘油有更大的爆炸力，而又具有更大的穩定性，點燃不至爆炸，浸水不會受潮。膠質炸藥很快在瑞士、法國、義大利的爆破工程中被廣泛採用，盛行起來。

諾貝爾是一個具有豐富想像力的人。他在各個科學技術領域，都以進取的姿態竭力發揮自己的才能。他往往同時從事幾種研究，用他自己的話來說：「我的工作是間歇的，我將一件事放下，過一陣子又重新做起。我差不多常常這樣。不過，凡是我認為可以得到最後成功的事，我總是回過頭去做好。」

諾貝爾就是這樣，以頑強的意志和毅力，不怕失敗，不怕困難，最終取得了成功。

在實現夢想的旅程中，誰都會遇到風浪，而只有戰勝風浪，才能「閒庭信步」，獲得勝利後的喜悅，取得最後的成功。

每天喝一點雞湯：

沉著冷靜，永不氣餒，這是每一個人所應養成的品格，任何人都應永遠保持一副親切和藹的笑容、一種希望無窮的氣魄，一種必能戰勝任何突然襲來的逆浪的自信心和決心。

▶ 讓「野心」成就夢想

很多人在小的事情上能夠保持自信，而一旦面對挑戰性比較大、實現起來需要很大難度和很長時間的事情時，他們就退縮了，因為他們沒有必勝的信心。又有多少人相信自己能夠成為百萬富翁呢？但如果你仔細研究百萬富翁的身世，你會發現很多人出身平凡，且智力並不比常人高多少，他們為什麼就能成功呢？有一個重要的原因就是——他們有必定會成功的信念，那就是野心！

德國一家電視台有一檔智力遊戲節目，節目名稱叫《誰是未來的百萬富翁》。

節目類似央視的《幸運五十二》，因為獎金豐厚，懸念不斷，吸引了許多德國觀眾。這檔節目有一個特點，就是每答對一道題目，就可以獲得相應的獎勵，而如果繼續答題時沒有答對，那麼就退出比賽，並且剝奪已經取得的獎勵。

前十幾期沒有一位參與者能夠獲得一百萬的獎勵，能夠在節目中有所收穫的只是一些見好就收的人。

自節目開播幾年來，雖然參賽者高手如雲，可真正一路過關斬將直到最後的人，卻從來沒有出現過。因此，幾乎所有的參與者都學乖了，最多到十萬左右，便放棄答題，退出比賽。直到一位叫克拉馬的青年人的參與，才第一次產生了百萬巨獎。

令人奇怪的是，克拉馬取得的百萬巨獎並不是因為他知識淵博，據當地媒體評論說，成就克拉馬的不是他的學問，而是他的心理素質和野心。因為在五十萬之後，每一道題都相當簡單，只需略加思考，便能輕鬆答出。

　　那麼多人與巨額獎金失之交臂，都是因為自己「見好就收」，沒有成為百萬富翁的野心。現在很多人崇尚「知足常樂」，固然，知足常樂可以作為一種生活態度，可以讓人過得更輕鬆，但是卻絕對不可以當作人生信念。我們生活在這個世界上，就必須要不斷地奮鬥，不斷地向另外一個目標前進。沒有野心的人是可悲的，不管他多麼有才華，沒有了進取的信念，就只能成為一個庸庸碌碌的人。

　　明宇和葉子考進了同一所全國著名的學校，在校內學習期間，兩個人都十分努力，成績優秀。大學生就業越來越困難，幸運的是，畢業的時候，一家國際知名的大企業到學校來招聘，兩個人都順利地過關斬將，成功地獲得了僅有的兩個待遇優厚的職位。

　　因為是校友，又到了同一間公司，兩人自然就成了好朋友。

　　在別人眼裡他們是幸運的，從一個普通學生一下子就進入了白領階層。葉子也是這樣想，她對自己的工作十分滿意，認為自己以前所有的努力終於有了回報。所以，她總是小心翼翼地在工作上不出一點差錯，生怕丟了飯碗。

　　可是明宇則不同，到公司以後，他的工作也很出色，頗受上司賞識。但是明宇覺得這家公司不大適合自己發展，於是累積了一段時間經驗以後，毅然決定辭去待遇豐厚的職位，打算自己打拼，臨走前，明宇和葉子打了個招呼。

　　「什麼？你瘋啦！好好的工作不做，辭職了沒收入怎麼辦？做生意破產了怎麼辦？」葉子顯然不理解明宇的想法。

　　「工作了一段時間，我覺得應該出去闖一闖了，『王侯將相，寧有種乎！』我也可以做一番大事業，也可以自己當老闆！」明宇充

滿信心地說。

「做人穩當就可以了，不要有那麼大野心，而且我們現在的工作待遇已經很高了，別人想找還找不到呢！」葉子善意地勸說明宇。

「葉子，現在競爭激烈，我們不能安於現狀，人不能沒有野心。你也一樣，別安於目前的狀態，我看這家公司還是很適合你發展的，你也要有個奮鬥目標才行。」明宇反過來勸說葉子。

最後，明寧還是離開了公司，自己闖蕩去了，葉子依舊兢兢業業地保護著她那「穩定的工作」。

兩年後因為政策的調整，葉子所在的公司進行了一次大的人員調整，葉子雖然工作上沒出過什麼錯，可是因為太「不進取」，被公司列在了裁員名單裡，只好重新找工作。而此時，明宇已經是一家公司的總裁了。

如果我們逐漸失去跨出圍繞我們的桎梏的勇氣，那麼我們將把自己對人生的夢想和野心一個個拋棄掉。而沒有追逐夢想、實現野心的熱情，人生則必然會缺乏激情。自信的人是絕不會如此的。

每天喝一點雞湯：

野心，簡單點或者語氣緩和一點來說就是進取的欲望，一個沒有夢想的人是可悲的，而野心是成就夢想的第一步。

▶ 大膽去做你想做的

許多成功的人，並不一定比你「會」做，重要的是比你「敢」做。

一九六五年，一位韓國學生到劍橋大學主修心理學。在喝下午茶的時候，他常到學校的咖啡廳聽一些成功人士聊天。這些成功人士包括諾貝爾獎得主、某些領域的學術權威和一些創造了經濟神話的人，這些人幽默風趣、舉重若輕，把自己的成功都看得非常自然和順理成章。時間長了，他發現，在韓國時，他被一些成功人士欺騙了，那些人為了讓正在創業的人知難而退，普遍把自己的創業艱辛誇大了，也就是說，他們在用自己的成功經歷嚇唬那些還沒有取得成功的人。作為心理學系的學生，他認為很有必要對韓國成功人士的心態加以研究。一九七〇年，他把《成功並不像你想像的那麼難》作為畢業論文，提交給現代經濟心理學的創始人威爾‧布雷登教授。布雷登教授讀後，大為驚喜，他認為這是個新發現，這種現象雖然在東方甚至在世界各地普遍存在，但至今還沒有一個人大膽地提出來並加以研究。驚喜之餘，他寫信給他的劍橋校友——當時正坐在韓國政壇第一把交椅上的人——朴正熙。他在信中說：「我不敢說這部著作對你會有有多大的幫助，但我敢肯定它比你的任何一個政令都能產生影響。」後來，這本書果然伴隨著韓國的經濟起飛了。這本書鼓舞了許多人，因為它從一個新的角度告訴人們，成功與「勞其筋骨，餓其體膚」、「三更燈火五更雞」、「頭懸梁，錐刺股」沒有必然的關聯。只要你對某一事業感興趣，長久地堅持下去就會成功，因為上帝賦予你的時間和智慧夠你圓滿地做完一件事

情。後來，這位青年也獲得了成功，他成了韓國泛業汽車公司的總裁。

很多事情並不是因為難，而使我們不敢去做，而是因為我們不敢去做而變得很難。許多人在還沒做一件事情前，就已經被嚇倒了，因為他聽到很多人都說難，他就相信這件事情真的很難，從而也就失去了努力的勇氣。但他們從沒想過說這些話的人，也許都是一些膽小鬼或者不肯付出辛苦勞動的人，也從沒想過自己會比說這些話的人要強，自己完全有能力超越別人，只是被別人盲目的言語嚇倒了。

一九五六年，五十八歲的哈默（Armand Hammer）購買了西方石油公司，開始做石油生意。石油是最能賺大錢的行業，也正因為最能賺錢，所以競爭尤為激烈。初次踏入石油領域的哈默要建立起自己的石油王國，無疑面臨著極大的競爭風險。

首先碰到的是油源問題。一九六〇年石油產量占美國總產量百分之三八的德克薩斯州，已被幾家大石油公司壟斷，哈默無法插手；沙烏地阿拉伯是美國埃克森石油公司的天下，哈默難以踏足。如何解決油源問題呢？一九六〇年，當花費了一百萬美元探勘基金而毫無結果時，哈默再一次冒險地接受了一位青年地質學家的建議：舊金山以東一片被德士古石油公司放棄的地區，可能蘊藏著豐富的天然氣，並建議哈默的西方石油公司把它租下來。哈默千方百計從各方面籌集了一大筆資金，投入到這一冒險的探勘中。當鑽到兩百六十二公尺深時，終於鑽出了加利福尼亞州的第二大天然氣田。

事實告訴我們：風險和利潤的大小是成正比的，巨大的風險

能帶來巨大的效益，與其不嘗試而失敗，不如嘗試了再失敗，不戰而敗如同運動員競賽時棄權，是一種極度怯懦的行為。作為一個成功的經營者，必須具備堅強的毅力，具備那種「拚著失敗也要試試看」的勇氣和膽略。當然，冒風險也並非鋌而走險，敢冒風險的勇氣和膽略是建立在對客觀現實的科學分析基礎之上。順應客觀規律，加上主觀努力，力爭從風險中抓住機遇，獲得成功，是成功者必備的心理素質，這就是人們常說的膽與識相結合。

每天喝一點雞湯：

....

　　做你想做的，在做之前什麼都不要去想，在行動中你就會發現，事情並不像人們說得那麼難。

▶ 播下自信的種子

　　自信源於人類操縱自己命運的能力——意識和潛意識。如果你心中播種的都是自信的種子，相信你總會獲得纍纍碩果的。

　　包玉剛就是以一條破船闖大海的成功者，當年曾引來不少人的嘲弄。包玉剛並不在乎別人的懷疑和嘲笑，他相信自己會成功。他抓住有利時機，正確決策，不斷發展壯大自己的事業，終於成為雄踞「世界船王」寶座的名人鉅富。他所創立的「環球航運集團」，在世界各地設有二十多家分公司，曾擁有兩百多艘載重量超過兩千萬噸的商船隊。他擁有的資產達五十億美元，曾位居香港十大財團的第三位。包玉剛的平地而起，令世界上許多大企業家為之震驚：他靠一條破船起家，經過無數次驚濤駭浪，渡過一個又一個難關，

終於建起自己的王國，結束了洋人壟斷國際航運界的歷史。回顧一下他成功的道路，他在困難和挑戰面前所表現出的堅定信念，對我們每個人都有很大的啟發。

包玉剛不是航運家，他的父輩也沒有從事航運業的。國中畢業後，他當過學徒、夥計，後來又學做生意。三十歲時曾任上海工商銀行的副經理、副行長，並小有名氣。三十一歲時包玉剛隨全家遷到香港，他靠父親僅有的一點資金，從事進口貿易，但生意毫無起色。他拒絕了父親要他投身房地產的要求，表明了欲從事航運業的打算，因為航運業競爭激烈，風險極大，親朋好友紛紛勸阻他，以為他發瘋了。

但是包玉剛卻信心十足，他看好航運業並非異想天開。他根據在從事進出口貿易時獲得的資訊，堅信海運將會有很大發展前途。經過一番認真分析，他認為香港背靠大陸、通航世界，是商業貿易的集散地，其優越的地理環境有利於從事航運業。三十七歲的包玉剛正式決定從事海運，他確信自己能在大海上開創一番事業。於是，他拋開了他所熟悉的銀行業、進口貿易，投身於他並不熟悉的航運業，當時，對於他這個窮得連一條舊船也買不起的外行，誰也不肯輕易把錢借給他，人們根本不相信他會成功。他四處借貸，但到處碰壁，儘管錢沒借到，但他經營航運的決心卻更加強了。後來，在一位朋友的幫助下，他終於貸款買來一條二十年航齡的燒煤舊船。從此，包玉剛就靠這條整修翻新的破船，掛帆起錨，躋身於航運業了。

成功是發生在那些有了成功意識的人身上的，失敗則源於那些不自覺地讓自己產生失敗意識的人身上，適時地給自己建立一個有

效的自我激勵體系，這樣往往會得到意想不到的快樂與收穫。

每天喝一點雞湯：

....

　　許多人失敗的原因，不是因為天時不利，也不是因為能力不濟，而是因為自我心虛，自己對自己沒信心，最終成為自己成功的最大障礙。

▶ 抬起頭，遠離自卑

　　常聽到別人說：「我很不自信，我常覺得自卑」。這樣一講，就已顯得底氣不足，如果再面臨強大的對手，只有落荒而逃的份。

　　一個自信的人，他是不會承認對手的強大的，他更不會說：「我不自信！」，相反，他常會說：「我是最好的！我是最棒的！我是最優秀的！」久而久之，他真的成了最好，最棒，最優秀的了！因為他以此為目標，不斷地朝著這個目標前進，所以，他才不會回頭，他才不會猶豫和退縮！

　　不自認卑微，儘管你職位不高，薪水不多，可是，離開了工作崗位，你和別人一樣，都是平等的，沒有什麼不同。對任何人，都用一樣的態度，而不必諂媚，不必刻意討好。對任何人都不卑不亢，你就是你，你不比任何人矮一截，大家在人格上都是平等的。

　　一個人貧窮點沒關係，地位低些也沒關係。這些都是外在的，是可以憑自己的努力改變的，或者說得極端些，不改變又怎麼樣呢？各人有各人的生活，只要不妨礙別人，不對不起別人，窮些苦些又怎麼樣呢？但如果一個人自輕自賤，那就麻煩了，那就沒有救

了。一個自輕自賤的人，就算你的地位怎麼高，財富怎麼多，人家仍會覺得你有缺陷，仍會覺得你需要改變。當我們說一個人沒有出息的時候，主要的不是說他沒有做出成就，或是沒有成家立業，而是指那個人自輕自賤，自己看不起自己，自己打自己耳光，自己不給自己臉面。

而自輕自賤的孿生兄弟，就是自卑。奧地利心理學家奧威爾在《自卑與人生》中說：「自輕自賤的人，必定是自卑的人；或者說，自卑的人，必定是自輕自賤的人。」自卑就是拿別人的優點和自己的缺點作比較時得到的那種感覺，是一種自己感覺低人一等的慚愧、羞怯、畏縮，甚至灰心喪氣的情緒。有自卑感的人，常常輕視自己，總認為自己無法趕上別人，並因此而苦惱。

一個好端端的人，為什麼會自卑，會自輕自賤呢？美國心理學家的研究表示，兒童時期如果各項活動取得成績，而得到老師、家長及同伴的認可、支持和讚許，便會增強他們的自信心、求知欲，內心獲得一種快樂和滿足，就會養成一種勤奮好學的良好習慣。相反，他們會產生一種受挫感和自卑感。這就是說，自卑感的形成主要是社會環境長期影響的結果。

俗話說「尺有所短，寸有所長」，「金無足赤，人無完人」。每個人都有長處與短處。如果只看短處不看長處，或者誇大短處縮小長處，則會形成自卑感。苛求自己沒有短處，這是不可能的。有時，某些短處甚至還很難彌補，如身體的缺陷便是如此。積極的態度是揚長避短，以「長」補「短」。這一方面不行，也許另一方面比別人強。比如，盲人阿炳，雖然失去視覺，但卻拉得一手好二胡，他不就是靠聽覺和觸覺來體驗、創造生活的嗎？當認識到自己

的短處時，可以設法彌補，或選擇更適合自己的途徑，去發揮自己的長處，自卑的心理也就沒有立足之地了。

有一則這樣的故事：

一位大學入學考試沒考上的青年，感到十分失意，就騎著自行車在大堤上亂走，一不留神，車子歪了下去，險些撞著坐在堤下的一個老人。在向老人表示了歉意後，他沒有馬上走，而是坐在老人身旁。那是春天的一個上午，陽光明媚，清風徐徐吹來。草綠了，花開了，那些花兒，在遠遠近近的綠草間，像星星一樣閃爍。無數老人、孩子徜徉在草間，花裡漫步，像春天的陽光一樣燦爛。只有這位青年例外。

那時候，失意就像春天的草一樣，在他思想裡蓬蓬勃勃。很久後，他看見一片落葉，便傷感，覺得自己也是一片落葉；他看見一片落花，也傷感，覺得自己是一片落花；看見流水，還是傷感，覺得自己的生命就在這平平淡淡中，像水一樣流逝了。

老人看出了他的失意，跟他說起話來，老人說：「年輕人，怎麼這樣無精打采呢？」他當時手裡正纏著一根草，在老人問過後，他舉了舉那根草說：「我這輩子將像這根草一樣平凡。」老人沒做聲，只是靜靜地看著他。在老人的注視下他說了起來，他說：「我是一個很不幸的人，國中時因一場病休學一年。此後，學習成績一直很差，勉強讀了高中後，又沒考上大學。」他又說：「一個人連大學都沒上過，毫無疑問是一個平凡的人，我這一輩子將在平凡中度過。但我不甘心，也不想成為一個平凡的人，我從小就立下志願，一定要讓自己的人生輝煌。」說到這裡，他流淚了，他心裡裝不下太多的失意，那些失意像洶湧的洪水，終於找到了決口。

這時老人開口了，老人說：「你知道你手裡拿的是什麼草嗎？」「不知道。」「它是蒲公英。」「這就是蒲公英嗎，我常在詩人筆下見到它，可它也很普通呀。」他說。「你沒看見它開著花嗎？」「看見了，一種小花，毫不起眼。」「是不起眼，但它也可以輝煌。」「在詩人的筆下？」「不。」老人搖了搖頭，注視著他。

過了一會，老人站了起來，跟他說：「我帶你去看一個地方吧。」他聽從了老人的話，也站了起來。隨後，他跟著老人沿著那條堤往遠處走去。大約二十幾分鐘後，他看見了一個足以讓他一生都為之震撼的景致：那是一塊很大很大的河灘，有一千平方公尺甚至上萬平方公尺大，整個河灘上全是蒲公英，無邊無際。蒲公英開花了，那些毫不起眼的黃黃白白的小花，在陽光下泛著粼粼波光，那樣美，那樣爛漫，那樣妖嬈，那樣蔚為壯觀，炫目輝煌。一朵小花，也可以這樣輝煌嗎？他們再沒說話，就那樣佇立著，起風了，花兒輕輕地向他湧來。他心裡一下子飄滿了那些美麗的蒲公英，忽然覺得自己也是一朵蒲公英了！

從那以後，那漫無邊際的蒲公英一直在他眼裡爛漫著，他彷彿從那裡看見了自己。他同時也深深懂得了，平凡的人生也可能充滿著不平凡的道理。

當然，對於人生來說，一種充實有益的生活，本質並不是競爭性的，一個人不必把奪得第一看得高於一切，它只是個人對自我發展和幸福美好的生活追求而已。那些每天一早來到公園練武打拳、跳健美操的人們，那些只要有空就練習書法繪畫、設計剪裁服裝和唱戲奏樂的人們，根本不在意別人對他們姿態和成果品頭論足，也不會因沒人叫好或有人挑剔就停止練習、情緒消沉。他們的主要目

的不在於當眾展示、參賽獲獎，而是自得其樂、自有收益，滿足自己對生活美和藝術美的渴求。

每天喝一點雞湯：

> 人的成才道路是相當寬廣的，每個人都可以選擇一條適合自己的路。當你取得了一定成功之後，還會繼續發現自己有不如他人之處。所以，時時知不足是有利於促進自己進步的。但若老是自卑不已，悲觀洩氣，則是有害無益的。

▶ 快樂地做我們自己

有人說做事容易做人難，有人說做人不難做自己最難，其實做自己也不難，總比從別人嘴裡東聽一點西聽一些，支離破碎的拼出自己的形象容易，走自己的路不後悔，過自己想過的生活，人生就不會浪費。

《伊索寓言》中有這樣一個故事：一個老人和一個小孩子用一頭驢子馱著貨物去趕集。趕完集回來，孩子騎在驢上，老人跟在後面。路人見了，都說這孩子不懂事，讓老年人徒步。孩子就趕忙下來，讓老人騎上。於是旁人又說老人怎麼忍心，自己騎驢，讓小孩子走路。老人聽了，又把孩子抱上來一同騎。騎了一段路，不料看見的人都說他們殘忍，兩個人騎一頭小毛驢，把小驢都快壓死了，兩人只好都下來。可是人們又都笑他們是呆子，有驢不騎卻走路。老頭兒聽了，對小孩子嘆息道：「沒辦法了，看來我們只剩下一條

路：兩個人扛著驢子走吧！」

正因為老人不能堅持自己的原則，總是被路人的言行所左右，最終落得個左也不是，右也不是，從而不知所措，徒增煩惱。

許多人做事就像上述故事中所講的老人和孩子，一件事想做得面面俱到，別人叫他怎麼做，他就怎麼做，誰有意見，就聽誰的。可是面面俱到的結果呢？卻是沒有人滿意，反而也將自己置於無所適從的境地。

處處想面面俱到，既想討好每一個人，又想不得罪每一個人，那是絕對不可能的。因為我們不可能顧及到每一個人的面子和利益，你認為顧到了，別人卻不一定這麼認為，甚至有的人根本不領情。再者，每一個人對同一件事的感受和看法都有所不同，你讓這個人滿意，就會令那個人不滿意。你做得面面俱到的結果最後只有兩種可能：要麼自己累得半死；要麼被人捏住軟肋，任人擺布。

與其這樣，我們何不明智一點，快樂地做我們自己。按照自己的意願去做人做事，我們就不必勉強改變自己，不必費心掩飾自己。這樣，就能少一些精神的束縛，多幾分心靈的舒展，就能少一點不必要的煩惱，多幾分人生的快樂與輕鬆。

相反，忘記了「我是誰」，硬是逼迫自己改變，戴著面具去應付人生，所有的煩惱就會接踵而來。

愛默生（Ralph Waldo Emerson）在散文《自恃》中說：

「每個人在受教育的過程當中，都會有段時間確信：物欲是愚昧的根苗，模仿只會毀了自己；每個人的好壞，都是自身的一部分；縱使宇宙充滿了好東西，不努力你什麼也得不到；你內在的力量是獨一無二的，只有你知道自己能做什麼。」

查理・卓別林（Charlie" Chaplin）剛剛參加拍電影的時候，導演讓他模仿德國當時一名著名的喜劇演員，可他表演一直都不出色，直到找出了屬於他自己的戲路，才成為舉世聞名的喜劇大師。在歐文・柏林（Irving Berlin）與喬治・蓋希文（George Gershwin）兩人相識的時候，柏林已是有名望的作曲家，而葛希文還僅是個每星期只能賺三十五塊錢的無名小卒。柏林非常欣賞葛希文的才華，願付三倍的價錢聘請他為音樂助理。但後來柏林卻說：「你最好別接受這份工作，否則你可能會變成一個二流的柏林；假如你秉持本色努力奮鬥下去，你會成為一個一流的葛希文。」葛希文牢記柏林的忠告，努力奮鬥，最終成為了美國當代著名的音樂家。

因此，我們應慶幸自己是世上獨一無二的，應該把自己的稟賦發揮出來。不管是好是壞，你都得耕耘自己的園地；不管是好是壞，你都得彈起生命中的琴弦。

只要做你自己，你便是快樂的。

每天喝一點雞湯：

我們畢竟不是孤立存在的個體，一言一行總會對周圍的人，周圍的世界產生一定的影響，也就必然會受到來自周圍世界的評論。這些評論可能是褒揚，也可能是非難。但不論是褒揚還是非難，都有理解與不理解、公正與扭曲的成分所在。所以，對於這些評論，不能一概地接受。

▶ 相信自己一定能成功

成功意味著許多美好、積極的事物。成功是人生的發展目標。

人人都希望成功，每個人都想獲得一些美好的事物。每個人都希望自己是人生的主宰，沒有人喜歡巴結別人，過一種平庸的生活，也沒有人喜歡自己被迫進入某種狀態。

人生最實用的成功經驗，就是「堅定不移的信心能夠移山」，可是，在我們的生活中，真正相信自己能移山的人並不多，而真正移山的人就更少了。

可能你會說，我很勤奮，但就是對自己缺乏信心，不相信自己能夠成功。的確，這是一種消極的力量。當你心裡不以為然或懷疑時，就會想出各種理由來支持你的「不相信」。懷疑、不相信，潛意識要失敗的心理傾向，以及不是很想成功的心態，都是失敗的主要原因。

那麼，在生活中，如何培養你的自信心呢？

在聚會、開會等場合，你要專挑前面的位子坐。可能你已經注意到，在上述場合，後面的位子總是最先被坐滿。大部分占據後排座位的人，都希望自己不會太顯眼，而他們怕受人注目的原因就是缺乏自信，坐在前排能建立你的信心，你可以把它當成一個規則試試看，從現在開始就儘量往前排坐。坐前排是比較顯眼，但成功義何嘗不是一種顯眼呢？

練習用你的目光正視別人。眼睛是心靈的窗戶，一個人的眼神可以透露出許多有關他精神世界的訊息。面對一個不敢正視你的人，你可能就會問自己：他想隱瞞什麼呢，他怕什麼呢，他會對我

不利嗎？如果你不正視別人，你的眼神就意味著：在你旁邊我感到很自卑；我感到我不如你；我怕你。而如果總是躲閃別人的眼神則更糟，它通常告訴別人：我有罪惡感；我做了或想了我不希望你知道的事情；我怕一接觸你的眼神，你就會看穿我。但是，如果你正視別人，就等於告訴他：我很誠實，而且光明磊落，正所謂「君子坦蕩蕩」。

　　把你走路的速度加快 25％。心理學家將懶散的姿勢、緩慢的步伐跟對自己、對工作以及對別人的不愉快感受聯繫在一起。但是，姿勢和速度可以改變，你可以藉著這種改變，去改變你自己的心理狀態。如果你仔細觀察會發現，身體語言是心靈活動的結果。那些屢遭打擊、被排斥的人，連走路都拖拖拉拉，完全沒有自信心。所以，使用這種加快 25％的方法，抬頭挺胸走會好一點，你就會感到你的自信心在滋長。

　　經常練習當眾發言。在生活中，你會發現，有許多思路敏捷、資質很高的人，卻無法發揮他們的優點並參與討論，不是他們不想參與，而是因為他們缺少信心。儘量當眾發言，就會增加信心，下次發言就更容易一些。所以，從現在開始，你不要放過任何一個發言的機會，不要懷疑自己，你的發言的確很精彩。

　　經常性地放聲大笑。笑能給自己很實際的推動力，它是醫治信心不足的一副良藥，不僅如此，笑還可以化解別人的敵對情緒。放聲大笑，你會覺得好日子又來了。現在，你就放聲大笑一次，然後體會一下其中的滋味。

　　在日本，某味精公司的社長對全體工作人員下達了「每人必須提一個以上使味精銷售量倍增的建議，不拘什麼意見都可提出來」

的命令。

於是，營業部門考慮營業部門的建議，宣傳工作琢磨宣傳工作的，生產部門打算生產部門的，大家紛紛提出銷售獎勵政策、引人注目的廣告、改變瓶裝的形狀等等方案。

然而，一位女工卻苦於提不出任何建議來。她本想以「無論如何也想不出」為由而拒絕參加，但考慮到這是社長的命令，並且言明不拘什麼建議都可以，所以她覺得拿不出建議有些不合適。

就在某日晚飯時，她想往菜上撒調味粉，由於調味粉受潮而撒不出來，她的兒子不自覺地將筷子捅進瓶口的窟窿裡，用力往上攪，於是調味粉立刻撒了下來。

在一旁看著的女工的母親對女兒說：「如果你想不出社長要求提的建議，你把這個拿去試試看。」

「這個？！」

「把瓶口開大呀！」

「這樣的提案！」女工本來有些不以為然，但是又無其它建議可提，於是就提出了把味精瓶口擴大一倍的提案。

審核的結果出人意料。女工提出的建議竟進入十五件得獎提案之中，領得獎金三萬日元。而且此提案付諸實施後，銷售額倍增，為此，女工又破例從社長那裡領取了特別獎。

受寵若驚的女工想：「出主意，出主意，原來以為很難，沒料到這樣的提案竟然也得了獎。像這樣的提案，一天能提上兩三個。」

上述的這位日本女工，與其說是通過這次的提議獲得了三萬日元的獎勵，還不如說通過這次提議而獲得了一種自信心。我們可以

設想，等以後公司再有這樣的活動時，這位日本女工絕對不會再說自己沒有任何提議了，她會成為一個提議專家。她說不定會因此而成為一個成功的人。

　　人的自信心就是如此重要，它會使一個普普通通的人成為一個事業上成功發展者。

每天喝一點雞湯：

　　　雖然我們無法靠希望移動一座山，也無法靠希望實現你的目標。但只要你有信心，你就能移動一座山。只要你相信你能成功，你就會贏得成功。

第 5 章

欲望小一點，煩惱少一點

人生本就有榮辱相伴，名利是非也在所難免。倘若處處留心，時時在意，那就會活得很累，生活對於我們來說也就不會坦然，永遠都沒有歡笑。所以，欲望小一點，煩惱才能少一點，讓一切順其自然，是人生必不可少的潤滑劑。

▶ 放下欲望的包袱

有一位禁欲苦行的修道者，準備離開他所居住的村莊，到無人居住的山中去隱居修行，他只帶了一塊布當作衣服，就一個人到山中居住了。

後來他想到，當他要洗衣服的時候，他需要另外一塊布來替換，於是他就下山到村莊中，向村民們乞討一塊布當作衣服，村民們都知道他是虔誠的修道者，於是毫不猶豫地就給了他一塊布，當作換洗用的衣服。

當這位修道者回到山中之後，他發覺在他居住的茅屋裡面有隻老鼠，常常在他專心打坐的時候來咬他那件準備換洗的衣服，他早就發誓一生遵守不殺生的戒律，因此他不願意去傷害那只老鼠，但是他又沒有辦法趕走那隻老鼠，所以他回到村莊中，向村民要一隻貓來飼養。

得到了一隻貓之後，他又想到了——「貓要吃什麼呢？我並不想讓貓去吃老鼠，但總不能跟我一樣，只吃一些水果與野菜吧！」於是他又向村民要了一頭乳牛，這樣那只貓就可以靠牛奶維生。

但是，在山中居住了一段時間以後，他發覺每天都要花很多的時間來照顧那頭母牛，於是他又回到村莊中，他找到了一個可憐的流浪漢，於是就帶著這個無家可歸的流浪漢到山中居住，讓他幫忙照顧母牛。

那個流浪漢在山中居住了一段時間之後，他跟修道者抱怨說：「我跟你不一樣，我需要一個妻子，我要正常的家庭生活。」

修道者想一想也有道理，他不能強迫別人一定要跟他一樣，過

著禁欲苦行的生活……

這個故事就這樣繼續演變下去，你可能也猜到了，到了後來，也許是半年以後，整個村莊都搬到山上去了。

欲望就像是一條鎖鏈，一個牽著一個，永遠都不能滿足。

《百喻經》裡有一個故事：

從前有一隻獼猴，手裡抓了一把豆子，高高興興地在路上一蹦一跳地走著。一不注意，手中的一顆豆子滾落在地上，為了這顆掉落的豆子，獼猴馬上將手中其餘的豆子全部放置在路旁，趴在地上，轉來轉去，東尋西找，卻始終不見那一顆豆子的蹤影。

最後獼猴只好拍拍身上的塵土，回頭準備拿取原先放置在一旁的豆子，怎知那顆掉落的豆子還沒找到，原先的那一把豆子，卻全都被路旁的雞鴨吃得一顆也不剩了。

年輕時，對於某些事物的追求，如果缺乏理智判斷，而只是一味地投入，不也像故事中的獼猴，只是顧及掉落的一顆豆子。等到後來，終將發現所損失的，竟是所有的豆子！想想，我們現在的追求，是否也是放棄了手中的一切，僅追求掉落的一顆！

在印度的熱帶叢林裡，人們用一種奇特的狩獵方法捕捉猴子：在一個固定的小木盒裡面，裝上猴子愛吃的堅果，盒子上開一個小口，猴子的前爪剛好可以伸進去，猴子一旦抓住堅果，爪子就抽不出來了。人們常常用這種方法捉到猴子，因為猴子有一種習性，不肯放下已經到手的東西，人們總會嘲笑猴子的愚蠢：為什麼不鬆開爪子放下堅果逃命？但審視一下我們自己，也許就會發現，並不是只有猴子才會犯這樣的錯誤。

因為放不下到手的職位、待遇，有些人整天東奔西跑，耽誤

了更遠大的前途；因為放不下誘人的錢財，有人費盡心思，利用各種機會去大撈一筆，結果常常作繭自縛；因為放不下對權力的占有欲，有些人熱衷於奉承討好、行賄受賄，不惜丟掉人格的尊嚴，一旦事情敗露，後悔莫及……讓我們從猴子悲劇中吸取一個教訓，牢牢記住：該鬆手時就鬆手。

每天喝一點雞湯：

　　生命如舟，生命之舟載不動太多的物欲和虛榮，要想使之在抵達彼岸時不在中途擱淺或沉沒，就必須輕載，只取需要的東西，把那些應該放下的「堅果」果斷地放下。

▶ 放棄是一種智慧

　　中國有句老話：有所不為才能有所為。去除那些對你是負擔的東西，停止做那些你已覺得無味的事情。只有放棄才能專注，才能全力以赴。

　　當然，我們在這裡，並不是反對大家去努力奮鬥，只是說相對於無止境的成就來說，一個人達到個人力所能及的成就就可以了。由於每個人的能力是不一樣，所以就每個人達到何種成就來說，又是不同的。

　　俗話說：「人怕出名豬怕壯。」人一旦出名便要注意自己的安全問題。與其看著自己奮鬥一生的東西毀於一旦，不如在生活中過一種平穩、安定的日子，這樣的生存也未必就比大起大落差。這是

一種生存哲學，也是一種生存藝術，知足的人往往比其他人過得充實，過得快樂。

有一位房客回到住處後，發現他的房東正在挖屋前的草地。他不相信自己的眼睛似的問：「這些草你要挖掉嗎？它們是那麼漂亮，而你又花了多少心血呀！」

「是的，問題就在這裡。」房東說，「每年春天我要為它施肥、鬆土，夏天又要澆水、修剪，秋天要再播種。這草地一年要花去我幾百個小時」"

房東在原先的草地種上了一些柿子樹，秋天的時候，柿子樹上掛滿了紅彤彤的「小燈籠」，可愛極了。這些柿子樹不需要花什麼精力來管理，使房東可以空出時間，去做些他真正想做的事情。

適時放棄是一種智慧，會讓你更加清醒地審視內在的潛力和外界的因素，會讓你疲憊的身心得到調整，開始新的追求，成為一個快樂明智的人。有的人不願放棄，是因為沒有真正的認識自己、認識客觀事物，或者不能正確的審時度勢，放棄不該是心血來潮的隨意之舉，也不是無可奈何的退卻策略，而是對客觀情況的縝密分析，是沉著冷靜、堅強意志的結果和體現，正確的放棄是成功的選擇。

一九七六年，英國探險隊成功登上聖母峰，下山時卻遇上了狂風大雪，如果紮營休息，惡劣天氣很可能導致全軍覆沒，而繼續前行必須放棄隨身的貴重物資和寶貴的資料，還要在食物缺乏、隨時有生命危險的情況下前進十天。這時退役軍人萊恩率先丟棄了所有的隨身裝備，並和隊友們忍受著寒冷、飢餓和疲勞，著不分晝夜地行走並互相鼓勵，只用了八天的時間就到達了安全地帶。這是一個

驚心動魄、生死攸關且關於放棄的故事，他告訴我們如何正確地對待和選擇放棄。

人的執著常常被奢望所鼓舞。世間太多美好的事物已成為我們苦苦追求與嚮往，成為活著的一大目的，殊不知我們在不斷擁有的同時，也在不斷地失去。為金錢所累，為名利所累，而最終付出的將是健康，甚至是生命的代價。

適時的放棄是對生命的呵護。當今社會殘酷的競爭帶來的是沉重的壓力和難言的負荷。二○○五年，傅彪、高秀敏猝然離世，緊隨其後，又驚聞年僅三十八歲的網易的代理行政總裁孫德棣「過勞死」，不禁令人頓生感慨。由於長期超負荷運轉，致使這些年輕的生命過早凋零，也許他們在倒下的瞬間才明白：人生一世，健康才是最大的財富，錢物也難保性命。人生苦短，那麼以生命為代價的磨損是沉重的，是任何東西都無法彌補的，為將來著想，為長遠考慮，為何不學會適時而放呢？

適時放棄，是一種睿智，是一種豁達，它不盲目，不狹隘。

每天喝一點雞湯：

　　適時放棄，對心境是一種寬鬆，對心靈是一種滋潤，它驅散了烏雲，它清掃了心房。有了它，人生才能有爽朗坦然的心境；有了它，生活才會陽光燦爛。

▶ 幸福是一種選擇

有的人認為「人生苦短，去日苦多」，不如尋歡作樂，過把癮就死，這就是幸福；有的人認為金錢至上，「有錢能使鬼推磨」，這就是幸福；而有的人以「寧作中華斷頭鬼，勿為倭奴屈膝人」的慷慨激昂、赴湯蹈火為幸福；有的人以「寧可枝頭抱香死，不隨落葉舞西風」的潔身自好、嚴以律己為幸福。幸福到底在哪裡？不同的人有不同的理解，不同的理解有了不同的人生。

有人曾問過一位快樂的老人：「你為何會這樣幸福呢？你一定有關於創造幸福的不可思議的祕訣吧！」

「不！不！」老人回答，「我只是選擇『幸福』而已。」

選擇「幸福」？這件事乍聽之下，也許單純得令人不敢相信。但是，卻讓我想起一件重要的事，那就是亞伯拉罕‧林肯（Abraham Lincoln）曾說過的：「人們如果下定決心要擁有幸福，他就會擁有幸福。」換言之，如果你選擇不幸，你就會變得不幸。

會享受人生的人，不會在意擁有多少財富，不會在意房大小、薪水多少、職位高低，也不會在意成功或失敗，只要會數數就行。「不要計算已經失去的東西，多數數現在還剩下的東西。」這個十分簡單的數數法，就是選擇幸福的一種智慧。

在寧夏南部山區有一位還未脫離貧困的農民，他常年住的是漆黑的窯洞，每餐吃的是玉米、土豆，家裡最值錢的東西就是一個盛麵的櫃子。可他整天無憂無慮，早上唱著山歌去幹活，太陽落山又唱著山歌走回家。別人都不明白，他整天樂什麼呢？

他說：「我渴了有水喝，餓了有飯吃，夏天住在窯洞裡不用電

175

扇，冬天熱乎乎的炕頭勝過暖氣，日子過得美極了！」

這位農民能珍惜自己所擁有的一切，從不為自己欠缺的東西而苦惱，這就是他能感受到幸福的真正原因。

其實，我們絕大多數人所擁有的，遠遠超過了這位農民，可惜總被自己所忽略。你的收入雖然不高，但粗茶淡飯已經足夠，絕無那些富貴病的侵擾；你的配偶或許並不出眾，但他（她）能與你相親相愛，白頭到老；你的孩子雖然沒有考上大學，但他（她）卻懂得孝敬父母，知道自力更生……人生，該數數的東西還有很多很多。

人們一直疲於奔命，尋求其所謂的幸福。其實，幸福原本就在我們的生活不遠處。只是由於人們太在意物質上的富裕，太追求一種形式化的生活了，而將幸福的真諦忽略了。

幸福在哪裡？我在樹木中找到了答案。當秋寒襲來的時候，樹木自知無法抗爭，便抖落了葉片，用一身硬骨迎擊風霜。那是一種暫時的退卻，是一種承受，是一種力的積蓄，一種耐心的等待，一種更有希望的選擇，而絕不是最後的結局。一方面，它抖落的樹葉奉獻給了樹根，「落『葉』不是無情物，化作春泥更護花」；另一方面，「芳林新葉催陳葉」，只要時機成熟，新葉便迅速萌發，用全力擁抱春色，為大地增添了一份活力。這就是落葉對根的情意，也是樹木引以為榮的幸福。

幸福在哪裡？我在登山過程中找到了答案。「山中何所有，嶺上多白雲。只可自怡悅，不堪持贈君。」那種空靈高峻之美，需要親身經歷。山與你互相等待，它可以讓你一輩子矮矮地呆在平原，也可以讓你體會到杜甫的願望──「會當凌絕頂，一覽眾山小。」

登山的最大障礙莫過於翻越自身惰性的屏障，超越自身的極限。當你經過長途跋涉後，站在千萬年來無人企及的高峰上，俯瞰朝霞落日，感受天廣地闊的景象時，你會深深體會到「地到無邊天作界，山登絕頂我為峰」的幸福。

幸福在哪裡？我在大自然裡、在社會生活裡找到了答案。幸福無所不在，而我們缺少的是發現幸福的眼睛。朝暉夕陰，潮起潮落，能給你帶來遐思邇想；一個淺淺的微笑，一句溫暖的話語，能暖和你冰凍的心。細細地品味人生，你會發現，幸福原來離你並不遙遠。

幸福在哪裡？我在自己的身上找到了答案。余秋雨曾說：「沒有白髮的祖母是令人遺憾的，沒有皺紋的老者是令人可怕的。還生命以過程，還歷史以真實。」而我想說，還幸福以過程，幸福就是一個過程。

每天喝一點雞湯：

> 每當自己全力以赴實現心中夢想的時候，每當自己披荊斬棘跨過千難萬險的時候，幸福就是你堅持不懈的奮鬥，是你最終取得成功的快感。

▶ 學會「捨得」

「捨得」既是一種生活的哲學，更是一種做人的智慧。捨與得就如水與火、天與地、陰與陽一樣，是對立的衝突概念，相輔相成，存於天地，存於人生，存於心間，存於微妙的細節，囊括了萬

物運行的所有道理。萬事萬物均在捨得之間，達到和諧，達到統一。要得便須捨，有捨才有得。

　　也許在捨去的當下是痛苦的，甚至是無奈的選擇。但是，若干年後，當我們回首那段往事時，我們會為當時正確的選擇感到自豪，感到無愧於社會、無愧於人生。也許正是當年的放，才到達今天的光輝極頂和成功彼岸。

　　英國著名詩人濟慈（John Keats）本來是學醫的，後來發現了自己有寫詩的才能，就當機立斷，放棄了醫學，把自己的整個生命投入到詩歌中。他雖然只活了二十幾歲，但他為人類留下了許多不朽的詩篇。馬克思（Karl Marx）年輕時曾想做個詩人，也曾經努力寫過一些詩（後來他自稱是胡鬧的東西），但他很快就發現自己的長處和興趣並不在這裡，便毅然放棄做詩人的夢想，轉到社會科學研究去了。如果他們兩個人都不了解自己，沒有找到自己的位置，那麼英國不過增加了一位庸醫，而在國際共產主義運動史也肯定要失去一顆閃耀的明星。

　　伽利略（Galileo Galilei）是被迫去學醫的。當他被迫學習解剖學和生理學的時候，他同時學習歐幾里得幾何學和阿基米德數學。偷偷地研究複雜的數學問題，當他從比薩教堂的鐘擺發現鐘擺原理的時候才十八歲。

　　羅大佑的《童年》、《戀曲一九九〇》等經典歌曲影響和感動了一代人。羅大佑起初是學醫的，後來他發覺自己對音樂情有獨鍾，所以他棄醫從樂，他的選擇是對的。

　　捨，並不意味著失去，因為只有捨才會有另一種得。要想採一束清新的山花，就得捨去城市的舒適；要想做一名登山健將，就得

捨去嬌嫩白淨的膚色；要想穿越沙漠，就得捨去咖啡和可樂；要想有永遠的掌聲，就得捨去眼前的虛榮。

有這樣一個寓言故事：

一個智者帶著一個年輕人打開了一個神祕的倉庫。這倉庫裡裝滿了閃爍著奇光異彩的寶貝。仔細看，每個寶貝上都刻著清晰可辨的字紋，分別是：驕傲，正直，快樂，愛情⋯⋯

這些寶貝都是那麼漂亮，那麼迷人，年輕人見一件，愛一件，抓起來就往口袋裡裝。

可是，在回家的路上，他才發現，裝滿寶貝的口袋是那麼的沉。沒走多遠，便覺得氣喘吁吁，兩腿發軟，腳步再也無法挪動。

智者說：「孩子，我看還是丟掉一些寶貝吧，後面的路還長著呢」

年輕人戀戀不捨地在口袋裡翻來翻去，不得不咬咬牙丟掉兩件寶貝。但是，寶貝還是太多，口袋還是太沉，年輕人不得不一次又一次地停下來，一次又一次咬著牙丟掉一兩件寶貝。「痛苦」丟掉了，「驕傲」丟掉了，「煩惱」丟掉了⋯⋯口袋的重量雖然減輕了不少，但年輕人還是感到它很沉，很沉，雙腿依然像灌了鉛一樣重。

「孩子，你再翻一翻口袋，看還可以丟掉些什麼」智者又一次勸道。

年輕人終於把沉重的「名」和「利」也翻出來丟掉了，口袋裡只剩下「謙虛」、「正直」、「快樂」、「愛情」⋯⋯一下子，他感到說不出的輕鬆和快樂。但是，他們走到離家只有一百公尺的地方，年輕人又一次感到了疲憊，前所未有的疲憊，他真的再也走不動了。

「孩子，你看還有什麼可以丟掉的，現在離家只有一百公尺

了。回到家，等恢復體力還可以回來取。」

年輕人想了想，拿出「愛情」看了又看，戀戀不捨地放在了路邊。

他終於走回了家。

可是他並沒有想像中那樣的高興，他在想著那個讓他戀戀不捨的「愛情」。智者過來對他說：「愛情雖然可以為你帶來幸福和快樂。但是，它有時也會成為你的負擔。等你恢復了體力還可以把它取回，對嗎？」

第二天，他恢復了體力，按著昨天的路拿回了「愛情」。他真是高興極了，他歡呼，他雀躍。他感到了無比的幸福和快樂。這時，智者走過來撫摸著他的頭，舒了一口氣：「啊，我的孩子，你終於學會了放棄！」

不懂得放棄的人，在生活中總將兩眼盯在眼前的標杆上，一生就像北方臘月的濃霧，模糊不辨認方向。就只是一路向前走，不思考，不回頭，越走路越窄，最後不知不覺鑽進了牛角尖。然後便一味地自怨自艾，自暴自棄，於是青春美麗的容顏與悠悠歲月擦肩而過恰如風過竹面，雁過長空，就像蘇東坡的一聲人生長歎「事如春夢了無痕」。

捨不得放棄的心緒，像一根寂寞的蘆葦，獨立在夜風中守望，把自己幻成一季秋色，再從煙黃的舊頁中只能握住一把蒼涼……

捨得，是一種精髓；捨得，是一種領悟；捨得，更是一種智慧，一種人生的境界。

每天喝一點雞湯：

　　如果我們永遠憑著過去生活的慣性，日常世故的經驗，固守已經獲得的功名利祿，想要獲取所有的權錢職位，什麼利益都要去爭，什麼樣的生活方式都讓我們眼花撩亂，什麼朋友熟人都不願得罪，這樣我們會疲於應付，把很多時間和精力都花在無謂的紛爭上，所以捨得捨得，捨去了才能有所得。

▶ 愛已遠去，不必強留

　　一個捲入婚外情多年的女子，遲遲不能走出這個其實對她來說，已經是苦遠多於甜的關係。她說：「我忘不了那些他曾經給過我的浪漫、深刻的愛的感覺。」

　　另一個女人的男朋友感情出軌多次，儘管痛苦，她卻始終不願分手，她說：「和他在一起這麼多年了，要分手，我不甘心！」

　　當愛遠走，放棄和放手都是最好的選擇。因為無法忘卻曾經有過的美好，無法相信現實，而讓更多的痛苦壓在自己的肩上、心上；讓自己和對方一起痛苦，究竟是否懲罰了對方還是未知數，但是自己絕對是被懲罰最重的那一個。因為你剝奪了自己重新享受快樂和幸福的權利。

　　放手，讓愛的人走，並不是一件容易的事。但是，這卻是唯一的良藥。否則，我們就會處在無止盡的痛苦、氣憤和沮喪之中。

　　所謂放棄和放手的藝術，並不單只在愛情消逝的時候適用。事

實上，當愛情還在的時候，就懂得放手的道理，往往是更積極的治本的方法。

從小到大，在每一段關係裡，我們都是在尋找著一方面與人連結、一方面與自己連結的雙向路線。也就是說儘管再親密，我們也需要擁有自己的空間。親子關係、家人關係、朋友關係都如此，愛情關係當然也不例外。如果失去了這樣的空間，我們很快就會覺得被束縛，覺得窒息，覺得痛苦。

因此，當愛還在的時候，懂得適當放手，給愛一個空間，就是一件很重要的事情。其實，如果仔細而深入地思考一下，如果我們在愛時，僅僅要求雙方黏在一起，往往是因為害怕、因為缺乏安全感、因為嫉妒、因為要把自己生命的責任和重量交在對方身上，而不是因為愛。

放手，給愛以空間，就像紀伯倫（Jubran Khalil Jubran）在《先知》中所說的：「在你們密切的結合之中保留些空間吧，好讓天堂的風在你們之間舞蹈。彼此相愛，卻不要使愛成為枷鎖，讓它就像在你們倆靈魂之間自由流動的海水。」

有一個詞叫「全身進退」。大概意思是指人不論在什麼情況下，都能在付出的時候全心全意地投入進去，在離開的時候毫無牽掛地抽身而去。古人都知道「吾不能學太上之忘情」，在真正的生活中，這種全身進退的理想狀態，不知道有幾個人能做得到。

現實裡的情況是，我們往往在付出時不夠徹底，總是有各種顧慮，擔心別人的看法，擔心自己的眼光，擔心現實裡的衝突，甚至擔心一個無足輕重的細節的完美度。時間一分一秒過去了，百分之百的熱情，似乎總沒有像內心期待的那樣出現過，它們都被消耗在

了各種各樣的顧慮裡。所以到了最後，我們只能矜持地微笑，節制地用情，吝惜地計算。

我們也往往在離開的時候，不能夠瀟灑地掉頭就走，而是一顧三歎，餘情未了，在決定離開的第一秒裡，就開始痛恨或後悔。甚至是在以為自己早已全身而退的時候，卻在一個似曾相識的地方和時刻不可阻擋地想起那個人、那件事，而後覺得像被殺傷性武器擊中，痛心得淚流滿面，心碎難擋。

有人說愛的反面其實不是恨，而是淡漠。這真是一句真理。愛一個人的時候，情感都是激昂的。他關心你，你便想以十倍百倍的愛去關心他；他擁抱你，你便想以更多更有力的擁抱去回應他；哪怕是他犯了什麼錯、有了什麼失誤，讓你對他恨得牙癢癢時，你也會想用盡全力狠狠地去揍他，掐他，打他，反正無論如何，都絕不會無動於衷地不理他。

除非是愛到殫精竭慮，愛到心灰意冷，愛到徹底絕望，心中已經不再有燦爛的火花，甚至連那些燃燒過後的草木灰的溫度也沒有。這種時候，想不淡漠都難。從此對你形同陌路，對你的一切也不再有任何的回應。沒有餘恨，沒有深情，更沒有心思和氣力再做哪怕多一點的糾纏，所有剩下的，都只是無謂。有一天當你發現對於過去的一切都不再在乎，它們對你都變得無所謂的時候，愛肯定也就消失了。

所以，你要知道，恨你，是因為愛你；淡漠你，是因為不再想記起你。

全身進退，意味著在愛的時候，你要用盡百分之百的感情，哪怕是爭執，哪怕是吵鬧，你也千萬別不理我。因為不理不睬意味著

淡漠，意味著你的心裡不再有我的位置。千萬別假裝淡漠，在假裝淡漠的時候，你一定更心痛，那是因為你依然愛著。

　　每天喝一點雞湯：

　　　　全身進退，意味著在不愛的時候，你一定要毫不猶豫地放下，千萬別回頭，或是在夜深時分還想著留條簡訊安慰我。你要知道，任何一點不乾脆的情結，都會讓我像一個溺水的人一樣拚命拉住你的衣襟，以為牽住了最後的希望，讓你無法徹底離去，把曾經美好的感情都拖累成厭倦。

▶ 有時只有放棄才能前行

　　在我們的人生旅途中，時時刻刻都在面臨放棄和被放棄。但你必須明白，並不是所有的探索都能發現鮮為人知的奧祕，並不是所有的跋涉都能抵達勝利的彼岸，並不是每一滴汗水都會有收穫，並不是每一個故事都會有美麗的結局。因此，我們應該學會放棄，明白這點，也許你就會在失敗、迷茫、愁悶、面臨「心苦」時，找到平衡點，找回自己的人生座標。

　　從前有個孩子，手伸到一隻裝滿榛果的瓶裡，他盡其所能地抓了一大把榛果，當他想把手收回時，手卻被瓶口卡住了。他既不願放棄榛果，又不能把手抽出來，不禁傷心地哭了。這時一個旁人告訴他：「只拿一半，讓你的拳頭小些，那麼你的手就可以很容易地抽出來了。」

　　貪婪是大多數人的毛病，有時候只抓住自己想要的東西不放，就會為自己帶來壓力、痛苦、焦慮和不安。往往什麼都不願放棄的人，結果卻什麼也沒有得到。

　　放棄是一種智慧。儘管你的精力過人，志向遠大，但時間不容許你在一定時間內同時完成許多事情，正所謂：「心有餘而力不足。」就如把眼前的一大堆食物塞進嘴裡，塞得太滿，不僅腸胃消化不了，連嘴巴都要撐破了！所以，在眾多的目標中，我們必須依據現實，有所放棄，有所選擇。

　　一位精神病醫生有多年的臨床經驗，在他退休後，撰寫了一本醫治心理疾病的專著。這本書足足有一千多頁。書中有各種病情描述和藥物、情緒治療辦法。

　　有一次，他受邀到一所大學講學，在課堂上，他拿出了這本厚厚的著作，說：「這本書有一千多頁，裡面有治療方法三千多種，藥物一萬多樣，但所有的內容，只有「四個字」。

　　說完，他在黑板上寫下了「如果，下次。」

　　醫生說，造成自己精神消耗和折磨的全是「如果」這兩個字，「如果我考進了大學」、「如果我當年不放棄她」、「如果我當年能換一份工作」……

　　醫治方法有數千種，但最終的辦法只有一種，就是把「如果」改成「下次」，「下次我有機會再去進修」、「下次我不會放棄所愛的人」……

　　在《圍城》中講過一個十分有趣的故事。天下有兩種人，譬如一串葡萄到手後，一種人挑最好的先吃，另一種人把最好的留在最後吃，但兩種人都感到不快樂。先吃最好的葡萄的人認為他拿的葡

萄越來越差。把好的留在最後吃的人認為他吃的每一顆都是葡萄中最壞的。

原因在於，第一種人只有回憶，他常用以前的東西來衡量現在，所以不快樂；第二種人剛好與之相反，同樣不快樂。

為什麼不這樣想，我已經吃到了最好的葡萄，有什麼好後悔的；我留下的葡萄和以前相比，都是最棒的，為什麼要不開心呢？

這其實就是生活態度問題，它決定了一個人的喜怒哀樂。

如果一生不懂得去選擇也不懂得去放棄，那一輩子就永遠也沒有快樂。

漫漫人生路，只有學會放棄，才能輕裝前進，才能不斷有所收穫。倘若一個人將一生的所得都背負在身，那麼縱使他有一副鋼筋鐵骨，也會被壓倒在地。在人生的關鍵時刻，懂得放棄小利益，不為小恩小惠所動，這絕對是一本萬利的。當然，用自己的利益做賭注，即使再小，也不是任何人都願意去做的，這就要求我們要有長遠的眼光，要敢於下注。

有一個聰明的年輕人，很想在一切方面都比他身邊的人強，他尤其想成為一名大學問家。可是，許多年過去了，他的其他方面都不錯，學業卻沒有長進。他很苦惱，就去向一個大師求助。

大師說：「我們登山吧，到山頂你就知道該如何做了。」

那山上有許多晶瑩的小石頭，煞是迷人。每見到他喜歡的石頭，大師就讓他裝進袋子裡背著，很快，他就吃不消了。他疑惑地望著大師：「大師，如果再背，別說到山頂了，恐怕連動也本能動了。」「是呀，那該怎麼辦呢？」大師微微一笑：「該放下，不放下背著石頭怎麼能登山呢？」

年輕人一愣，忽覺心中一亮，向大師道了謝走了。之後，他一心做學問，進步飛快……

其實，人要有所得必要有所失，只有學會放棄，才有可能登上人生的高峰。

在電影《臥虎藏龍》中有這樣的一個場景，男女主角坐在一個涼亭之中，背景是一片翠綠的竹林涼風徐徐地吹來，一片與世無爭的怡然自得。之中有一句對白是這樣說：「我的師父常說，把手握緊裡面什麼也沒有，把手放開，你得到的是一切！」

生活並不是一帆風順的，很多時候我們需要學會放手，放手不代表對生活的失職，它也是人生中的契機。然而學會放手要比學會緊握更難得，因為那需要更多的勇氣。

總體來說，放棄是一種睿智，是一種豁達；放棄是金，是一門學問，放棄是對美好事物發展的有一個開始，是新的起點，是錯誤的終結。它不盲目，不狹隘。放棄，對心境是一種寬鬆，對心靈是一種滋潤，它驅散了烏雲，它清掃了心房。有了它，人生才能有爽朗坦然的心境；有了它，生活才會陽光燦爛。

每天喝一點雞湯：

把包袱卸下，放開你心裡的風箏線，不要讓風箏把心帶走，讓你的心和風箏一樣自由的翱翔！別忘了，在生活中還有一種智慧叫「放棄」！

▶ 不要留戀眼前，前方的花開得更鮮豔

小溪放棄平坦，是為了回歸大海的豪邁；黃葉放棄樹幹，是為了期待春天的蔥蘢。蠟燭放棄完美的軀體，才能擁有一世光明；心情放棄世俗的喧囂，才能擁有一片寧靜。

泰戈爾（Rabindranath Tagore）在《飛鳥集》中寫道：「只管走過去，不要逗留著去採了花朵來保存，因為一路上，花朵會繼續開放的。」

為採集眼前的花朵而花費太多的時間和精力是不值得的，道路正長，前面尚有更多的花朵，懂得放棄，放棄會讓我們擁有更多的美好，擁有更加精彩的人生……

一開始就選擇享受的人和一開始就執著奔波、千錘百鍊的人，最後的結局是大不相同的，後者可能成了珍品，前者可能成了廢料，就如下面的寓言所闡述的道理一樣。

深山裡有兩塊石頭，第一塊石頭對第二塊石頭說：「去經歷路途的艱險坎坷和世事的碰撞吧，能夠搏一搏，不枉來此世一遭。」

「不，何苦呢，」第二塊石頭嗤之以鼻，「安坐高處一覽眾山小，周圍花團錦簇，誰會那麼愚蠢地在享樂和磨難之間選擇後者，再說那路途的艱險磨難會讓我粉身碎骨的！」

於是，第一塊石頭隨山溪滾湧而下，歷盡了風雨和大自然的磨難，它依然義無反顧執著地在自己的路途上奔波。第二塊石頭譏諷地笑了，它在高山上享受著安逸和幸福，享受著周圍花草簇擁的暢意舒懷，享受著盤古開天闢地時留下的那些美好的景觀。

許多年以後，飽經風霜，歷盡世塵之千錘百煉的第一塊石頭和

它的家族已經成了世間的珍品、石藝的奇葩，被千萬人讚美稱頌，享盡了人間的富貴榮華。第二塊石頭知道後，有些後悔當初，現在它想投入到世間風塵的洗禮中，然後得到像第一塊石頭擁有的成功和高貴，可是一想到要經歷那麼多的坎坷和磨難，甚至滿目瘡痍、傷痕累累，還有粉身碎骨的危險，便又退縮了。

一天，人們為了更好地珍存那石藝的奇葩，準備為它修建一座精美別緻、氣勢雄偉的博物館，建造材料全部用石頭。於是，他們來到高山上，把第二塊石頭粉了身碎了骨，給第一塊石頭蓋起了房子。

第一塊石頭，選擇了艱難坎坷，懂得放棄眼前的享樂，最後它成了珍品，成了石藝的奇葩，只可惜第二塊石頭，不僅最後落得粉身碎骨的下場，而且成了廢物。

相反，漢代皇戚齊王劉肥卻是明智之人。

漢高祖劉邦死後，太子劉盈當了皇帝，呂后成了呂太后。呂太后見劉邦死了，就大肆消滅異己。她把戚夫人的手腳砍掉，挖去雙眼，灌下毒藥，使她變得又聾又啞，然後又把她扔到廁所裡，稱為「人彘」，朝廷的大權都由呂太后一人把持。

劉盈當皇帝的第二年，齊王劉肥來看望他，劉盈聽說哥哥來了，很高興，就吩咐擺酒招待，並且讓哥哥坐在上頭，自己在下面作陪。呂太后看了很不高興，因為皇帝是至高無上的，

怎麼能坐在下面呢？於是，她就叫人斟了兩杯毒酒遞給劉肥，讓他給惠帝祝酒，不想惠帝見齊王起身，也跟著站起來，拿過另一杯酒，準備兄弟兩人乾一杯，呂太后一看很著急，她裝作不小心的樣子，把劉盈手中的酒撞灑了。劉肥看到這種情形，知道呂太后想

置他於死地，所以回到住處後，很害怕。這時一人獻計說：「太后只有當今皇上和魯元公主一兒一女，自然對他特別寵愛。如今大王您的封地有七十多座城，公主卻只有幾個城。您要是向太后獻出一郡，把它作為公主的領地，太后定會高興，你也就免除危險了。」

劉肥聽後，就照著這位謀士的方法，把自己的封地城陽郡送給了公主，太后果然很高興，就這樣劉肥平安地離開了長安。

劉肥以放棄了一座小城的代價，保全了自己的性命，這實在是一種明智的選擇。

生活中有苦也有樂、有喜也有悲、有得也有失，擁有一顆達觀、開朗的心，就會使平凡黯淡的生活變得富有滋味，有聲有色。

沒有煩惱的智慧：

那種曾有過的莫名的憂傷和生命的空無，會使一生猶如過客。不要留戀眼前的花朵，前方的路還遠，前面的世界還很大，前方的鮮花開得更燦爛⋯⋯

▶ 用「放」的態度看待人生

佛家以大肚能容天下之事為樂事，這便是一種極高的境界。既來之，則安之，便是一種超脫；但這種超脫，又需多年磨練才能養成。

生活中，有時不好的境遇會不期而至，搞得我們猝不及防，這時我們更要學會放棄。放棄焦躁性急的心理，安然地等待生活的轉機，楊絳在《幹校六記》中所記述的，就是面對人生際遇所保持的

一種適度的心態。讓自己對生活對人生有一種超然的態度，即使我們達不到這種境界，我們也要在學會放棄中，爭取活得灑脫一些。

幾十年的人生旅途，會有山山水水，風風雨雨，有所得也必然有所失，只有我們學會了放棄，我們才擁有一份成熟，才會活得更加充實，坦然和輕鬆。

比如大學畢業分離的那一刻，當同窗數載的朋友緊握雙手，互相輕聲說保重的時候，每個人都止不住淚流滿面……放棄一段友誼固然會於心不忍，但是每個人畢竟都有各自的旅程，我們又怎能長相廝守呢？固守一位朋友，只會擋住我們人生旅程的視線，讓我們錯過一些更為美好的人生山水。學會放棄，我們就有可能擁有更為廣闊的友情天空。

放棄一段戀情也是困難的，尤其是放棄一場刻骨銘心的戀情。但是既然那段歲月已悠然遁去，既然那個背影已漸行漸遠，又何必要在原地苦苦地守望呢？不如冷靜地後退一步，學會放棄，一切又會柳暗花明。

用「放」的態度看待人生，你會發現可以把事情看得更清楚。在你心靈疲憊的今天，選擇放下是一種明智的做法，只有放下才能讓心靈淨化，才能充分的享受屬於心靈的愉悅。當一個人把位置站高了、眼光放遠之後，自然而然就可以把事情看得更清楚，不會陷在原地繼續打轉。

人之一生，需要我們放棄的東西很多，古人云：魚和熊掌不可兼得。如果不是我們應該擁有的，我們就要學會放棄。

從前有一個國王，後宮的妃子為他生了一群白白胖胖的王子，而他最寵愛的妃子為他生了一位漂亮的公主。國王非常疼愛小公

主，視如掌上明珠，從不捨得訓斥半句，凡是公主想要的東西，無論多麼稀罕，國王都會想盡一切辦法弄來。

公主在國王的驕縱下漸漸地長大了，她開始懂得裝扮自己了。一個春雨初晴的午後，公主帶著婢女徜徉於宮中花園，只見樹枝上的花朵，經過雨水的潤澤，花瓣上掛著幾滴雨珠，越發的妖豔迷人；蓊鬱的樹木，翠綠得逼人入眼。公主正在欣賞雨後的景致，忽然目光被荷花池中的奇觀吸引住了。原來池水熱氣經過蒸發，正冒出一顆顆狀如琉璃珍珠的水泡，渾圓晶瑩，閃耀奪目。公主完全被這美麗的景致迷住了，突發奇想：

「如果把這些水泡串成花環，戴在頭髮上，一定美麗極了！」

打定主意後，他便叫婢女把水泡撈上來，但是婢女的手一觸及水泡，水泡便破滅無影。折騰了半天，公主在池邊等得漸漸不悅，婢女在池裡撈得心急如焚。公主終於氣憤難忍，一怒之下，便跑回宮中，把國王拉到池畔，對著一池閃閃發光的水泡說：

「父王！你一向是最疼愛我的，我要什麼東西，你都依著我。女兒想要把池裡的水泡串成花環，作為裝飾，你說好不好？」

「傻孩子！水泡雖然好看，終究是虛幻不實的東西，怎麼可能做成花環呢？父王另外給你找珍珠水晶，一定比水泡還要美麗！」父王無限憐愛地看著女兒。

「不要！不要！我只要水泡花環，我不要什麼珍珠水晶。如果你不給我，我就不想活了。」公主驕縱撒野地哭鬧著。

束手無策的國王只好把朝中的大臣們集合於花園，憂心忡忡地商議道：

「各位大臣們！你們號稱是本國的奇工巧匠，你們之中如果有

人能夠以奇異的技藝，以池中的水泡，為公主編織美麗的花環，我便重重獎賞。」

報告陛下！水泡剎那生來，觸摸即破，怎麼能夠拿來做花環呢？」大臣們面面相覷，不知如何是好。

「哼！這麼簡單的事，你們都無法辦到，我平日何等善待你們？如果無法滿足我女兒的心願，你們統統提頭來見。」國王盛怒地呵斥道。

「國王請息怒，我有辦法替公主做成花環。只是老臣我老眼昏花，實在分不清楚水池中的泡沫，哪一顆比較均勻圓滿，能否請公主親自挑選，交給我來編串。」一位鬚髮斑白的大臣神情篤定地打圓場。

公主聽了，興高采烈地拿起瓢子，彎起腰身，認真地舀取自己中意的水泡。本來光彩閃爍的水泡，經公主輕輕一摸，霎時破滅，變為泡影。撈了老半天，公主一顆水泡也拿不起來，睿智的大臣於是和藹地對一臉沮喪的公主說：「水泡本來就是生滅無常，不能常駐久留的東西，如果把人生的希望建立在這種虛假不實、瞬間即逝的現象上，到頭來必然空無所得。」

公主見狀，便不再堅持這個過分的要求了。故事中的公主似乎有些荒唐偏執，但最終還是醒悟了。但生活中的一些人卻執拗的要命，明知再怎麼努力也不會有所收穫的事，卻偏不放棄，直到耗盡精力、財力才肯甘休。殊不知，明智的放棄才是人生可取的態度。

我們多少次站在人生的分岔口上，無論我們願不願意，都要面臨諸多選擇。有選擇就有放棄，趨利避害是人的本能，生活中有許多事情是要我們迎難而上、努力拚搏才能取得最後勝利的。但如果

目標不對，一味地流汗卻只能意味著偏執，是一種無謂的犧牲。有人說：「我以一生的精力去做一件事，十年，二十年……再笨也會成為某一方面的專家。」但是如果這條路不適合你，自信和執著就變成了自負和執拗，這對自己是沒有任何好處的，浪費了時間和精力，損失了物力和財力，最終也只能落得白忙一場。

莎士比亞（William Shakespeare）說：「倘若沒有理智，感情就會把我們弄得精疲力竭，為了制止感情的荒唐，所以才有智慧。」

沒有煩惱的智慧：

學會放棄，是一種自我調整，是人生目標的再次確立。學會放棄不是不求進取，知難而退也是一種圓滑的處世哲學。有的東西在你想要得到又得不到時，一味地追求只會給自己帶來壓力、痛苦和焦慮。這時，學會放棄是一種解脫。

▶ 付出也是一種快樂

我們如若懂得付出，就永遠有可以付出的資本；我們如若只懂得貪圖索取，那就必須永遠有索取的企求。

付出、給予的核心，也就是愛。給予別人永遠要比向別人索取愉快得多。

李嘉誠說得最多的一句話就是：「錢來自社會，應該用於社會。」他在取得巨大的物質財富之後，便積極推行有利於國家和人民的慈善事業。

他為了替家鄉人民做一點實事，李嘉誠在百忙之中，還親自在

汕頭市選擇校址，購地九萬平方公尺建立汕頭大學，他出資數億港元為學校購置最現代化的設備，還物色教授，捐贈最好的電子教學儀器。

一九九一年，中國華東地區遭受特大洪水災害，李嘉誠個人捐款五千萬港幣，成為當時個人捐款最多的企業家。

一九九二年，李嘉誠與中國殘疾人聯合會鄧樸方會晤，他對鄧樸方說，他和兩個孩子經過考慮，再捐一億港元，也作為一個種子，通過各方面的共同努力為全國的殘疾患者做些實事。李嘉誠對中國的損資授助從不吝於投入，到目前為止，捐款數額已超過二十二億港元。

高爾基說，給予別人永遠要比向別人索取愉快的多。因為我們的付出和給予，為他人造就了幸福和快樂，而這種幸福和快樂，最終會降臨在我們自己的身上。可是如果你不懂得這一道理，而只知一味的向別人索取，那生活就會向另一方向發展。

有這樣一則寓言故事：

一位秀才與一位商人死後一起來到地獄，閻王看過功德簿後對他們說：「你們二人生前沒有做什麼壞事，我特許你們來生投胎為人。但現在只有兩種做人的方式讓你們選擇，一種是做付出的人，一種是做索取的人。也就是說，一個人需要過付出、給予的人生，一個人需要過索取、接受的人生。」

秀才心想，生前我的日子過得並不富裕，有時還填不飽肚子，現在准許來生過索取、接受的生活，也就是吃穿都是現成的，我只坐享其成就行了，那樣不是太舒服了嗎？想到這裡，他搶先說道：「我要做索取的人。」

　　商人看到秀才選擇了來生過索取、接受的人生，自己只有付出、給予這條人生可供選擇，他還想到自己生前經商賺了一點錢，正好來生就把它們都施捨出去吧。於是，他心甘情願地選擇了過付出、給予的生活，做一個付出的人。閻王看他們選擇完了，當下判定二人來生的命運：「秀才甘願過索取、接受的人生，下輩子做乞丐，整天向人索取飯食，接受別人的施捨。商人甘願過付出、給予的人生，下輩子做富豪，行善布施，幫助別人。」

　　秀才萬萬沒有想到自以為聰明的選擇，卻換來了乞討的人生。

　　只知一味的索取只會讓人生變得貪得無厭，也會讓人變得空虛、懦弱。而真正有成就的人，是決對不會允許自己過那種只懂得索取的人生的。因為他們懂得付出的快樂，也懂得付出能讓他們擁有越來越多的可供付出、給予的資本。

每天喝一點雞湯：

　　　付出越多，收穫越大；索取越多，收穫越小。人生就是由這樣一種慣性趨勢操縱著，我們生存在什麼樣的狀態下，這種狀態就會像滾雪球似的，越滾越大。只要我們養成付出、給予的習慣，我們就會擁有越來越多的可供付出、給予的資本。

▶ 不要讓多餘的包袱壓垮你

　　在人生的旅途中，一個人如果喜歡把自己所遇到的每件東西都背上，身上負重，這樣就會感覺到非常累，也許某天會因身負如此

沉重的東西，而停滯不前或倒地不起。在車站，我們看到走得最累的是那些背著大包小包的人。這就告訴我們一個道理：「只有攜帶越少才會越超脫；一個人越是淡泊精神就越自由。」

一個青年背著個大包裹千里迢迢跑來找無際大師，他說：「大師，我是那樣地孤獨、痛苦和寂寞，長期的跋涉使我疲倦到極點；我的鞋子破了，荊棘割破雙腳；手也受傷了，流血不止；嗓子因為長久的呼喊而喑啞……為什麼我還不能找到心中的陽光？」

大師問：「你的大包裹裡裝的什麼？」青年說：「它對我可重要了。裡面裝的是我每一次跌倒時的痛苦，每一次受傷後的哭泣，每一次孤寂時的煩惱……靠著它，我才能走到您這裡。」

於是，無際大師帶青年來到河邊，他們坐船過了河。上岸後，大師說：「你扛了船趕路吧！」「什麼，扛了船趕路？」青年很驚訝，「它那麼沉，我扛得動嗎？」「是的，孩子，你扛不動它。」大師微微一笑，說：「過河時，船是有用的。但過了河，我們就要放下船趕路，否則，它會變成我們的包袱。痛苦、孤獨、寂寞、災難、眼淚，這些對人生都是有用的，它能使生命得到昇華，但誌之不忘，就成了人生的包袱。放下它吧！孩子，生命不能太負重。」

青年放下包袱，繼續趕路，他發覺自己的步伐輕鬆而愉悅，比以前快得多。

原來，生命是可以不必如此沉重的。能夠放棄是一種跨越，學會適當放棄，你就具備了成功者的素質。

一個人在處世中，拿得起是一種勇氣，放得下是一種肚量。對於人生道路上的鮮花、掌聲，有糊塗智慧的人大都能等閒視之，屢經風雨的人更有自知之明。但對於坎坷與泥濘，能以平常之心視

之，就非常不容易。大的挫折與大的災難，能不為之所動，能坦然承受，則是一種胸襟和肚量。

宋朝的呂蒙正，被皇帝任命為副相。第一次上朝時，人群裡突然有人大聲譏諷道：「哈哈，這種模樣的人，也可以入朝為相啊？」可呂蒙正卻像沒有聽見一樣，繼續往前走。然而，跟隨在他身後的幾個官員，卻為他抱不平，拉住他的衣角，一定要幫他查出究竟是誰如此大膽，敢在朝堂上譏諷剛上任的宰相。呂蒙正卻推開那幾個官員說：「謝謝你們的好意，我為什麼要知道是誰在背後說那些不中聽的話呢？倘若一旦知道了是誰，那麼一生都會放不下，以後怎麼安心地處理朝中的事？」

呂蒙正之所以能成為大宋的一代名相，其根源正是他有能「放下一切榮辱」的胸襟。

這就是拿得起放得下。正如我們人生路上一樣，大千世界，萬種誘惑，什麼都想要，會累死你，該放就放，你會輕鬆快樂一生。

人生苦短，每個人都會有得意、失意的時候，世上沒有一條直路和平坦的路，又何必癡求事事如意呢？如若煩憂相加、困擾接踵，對身心只能有害無益。

我們應該保持心靜如水、樂觀豁達，讓一切隨風而來，又隨風而去，且須從心底經常及時剔除，心房常常「打掃」，方能保持清新。正如我們每天打掃衛生一樣，該扔的扔，該留的留。心靈自然會釋然，繼而做到，胸襟開闊，積極向上，在人生之路上走得更瀟灑。

有一句流傳非常廣泛的諺語：「為了得到一根鐵釘，我們失去了一塊馬蹄；為了得到一塊馬蹄鐵，我們失去了一匹駿馬；為了得

到一匹駿馬，我們失去一名騎手；為了得到一名騎手，我們失去了一場戰爭的勝利。」

為了一根鐵釘而輸掉一場戰爭，這正是不懂得及早放棄的惡果。

生活中，有時不好的境遇會不期而至，搞得我們猝不及防，此時我們更要學會放棄。

詩人泰戈爾（Rabindranath Tagore）說過：「當鳥翼繫上了黃金時，就飛不遠了。放棄是生活時時處處應面對的清醒選擇，學會放棄才能卸下人生的種種包袱，輕裝上陣，安然地對待生活的轉機，度過人生的風風雨雨。」

智者曰：「兩弊相衡取其輕，兩利相權取其重。」

古人云：「塞翁失馬，焉知非福。」選擇是量力而為的睿智和遠見，放棄是顧全大局的果斷和膽識。

人生如戲，每個人都是自己生命唯一的導演，只有學會選擇和放棄的人，才能夠徹悟人生，笑看人生，擁有海闊天空的人生境界。有個人剛剛參加了一個特別的葬禮：一位在某醫院工作、年僅二十多歲的女孩，由於長達五年的戀愛失敗而自殺，那個女孩不僅生得美麗善良，孝順父母，而且有著令人羨慕的穩定工作。在沉痛的哀樂聲中，那個人淚流滿面，女孩白髮蒼蒼、心力交瘁的年邁父母更是痛不欲生，生前的親朋好友也都低聲哭泣為之惋惜。那個女孩在人生的轉折點作了一個錯誤的抉擇：她選擇了在痛苦中靜靜地離去，在靜靜的離去中擺脫痛苦，然而，這個女孩的這種做法，卻給活著的親朋好友留下了更多的痛苦。

其實，如果她能看得開，能夠放下心頭的這個包袱，事情也許

會是另外一種結局。人生為何不看開一點呢？

在許多時候，我們都會討論一個共同而永久的話題：「人的一生該如何才能夠讓自己擁有快樂？」從鄉野莽夫到名人聖賢，各個階層、不同經歷的人都會有各自獨特精闢的觀點：「有的人會以捨生取義、精忠報國為樂；有的人會以不斷進取來實現自己的理想為樂；也有的人會以不擇手段來滿足一己之欲為樂……」其實一個人要想獲得真正的快樂，只有卸下裝在身上的包袱，只有用心來體驗的快樂才是真正的快樂。

每天喝一點雞湯：

儘管人生短暫但卻如此的美妙和精彩，那就讓我們的身心減少些包袱，只有卸下了種種包袱，輕裝上陣，從容地等待生活的轉機，不斷有新的收穫，踏過人生的風風雨雨，才能懂得放手和享有，才能擁有一份成熟，活得更加充實、坦然和輕鬆。

▶ 懂得放棄的藝術

在現實生活當中，我們常常因為不懂得放棄所謂的固執、不肯放手，而不得不面對許多無奈的痛苦，其實這些讓我們身陷其中，而無法自拔的困境，貌似無法解脫，實際上在我們懂得了放棄的藝術之後，一切都變得豁然開朗了起來。

兩個貧苦的樵夫靠著上山撿柴糊口。有一天在山裡發現兩大包棉花，兩人喜出望外，棉花價格高過柴薪數倍，如果將這兩包棉花

賣掉，可供家人一個月衣食無憂。當下兩人各自背了一包棉花，便欲趕路回家。

走著走著，其中一名樵夫眼尖，看到山路上扔著一大捆布，走近細看，竟是上等的細麻布，足足有十多匹之多。他欣喜之餘，和同伴商量，一同放下背負的棉花，改背麻布回家。

他的同伴卻有不同的看法，認為自己背著棉花已走了一大段路，到了這裡丟下棉花，豈不枉費自己先前的辛苦，堅持不願換麻布。先前發現麻布的樵夫見屢勸同伴不聽，最後只得背起麻布，繼續前行。

又走了一段路後，背麻布的樵夫望見林中閃閃發光，待近前一看，地上竟然散落著數壇黃金，心想這下真的發財了，趕忙邀同伴放下肩頭的麻布及棉花，改用挑柴的扁擔挑黃金。

他同伴仍是那套不願丟下棉花，以免枉費辛苦的論調，甚至還懷疑那些黃金不是真的，勸他不要白費力氣，免得到頭來空歡喜一場。

發現黃金的樵夫只好自己挑了兩壇黃金，和背棉花的夥伴趕路回家。走到山下時，無緣無故下了一場大雨，兩人在空曠處被淋了個濕透。更不幸的是，背棉花的樵夫背上的大包棉花，吸飽了雨水，重得完全無法背動，那樵夫不得已，只能丟下一路辛苦捨不得放棄的棉花，空著手和挑金的同伴回家去了。

有一位登山隊員去攀登聖母峰。經過奮力拚搏，攀爬到七千八百米的高度時，他感到體力支持不住，於是斷然決定停了下來。當他講起這段經歷時，朋友們都替他惋惜：為什麼不再堅持一下呢？為什麼不再咬緊一下牙關，爬到頂峰呢？

　　他從容地說：「不，我最清楚自己了。七千八百米的海拔是我登山能力的極限，所以我一點也不感到遺憾。」

　　人的能力終究是有限的，每個人都有自己做不到的事。相信自己做不到的事，就是做不到，坦然處之，不會覺得自己低人一等，更不會影響自信心，這就是對自己能力不足的信任。做自己能做的事情是一種勇氣，放棄自己做不到的事情是一種智慧。

　　一隻鷸伸著長長的嘴巴在湖邊悠閒地行走著，突然它眼睛一亮，發現前面有一隻肥肥的蚌正張開蚌殼在晒太陽，那肥而嫩的蚌肉在陽光的照耀下十分誘人，於是鷸就不顧一切地衝上前去，用長嘴一下就啄住了蚌肉。然而，蚌也不是省油的燈，只見它忍住疼痛，猛地將蚌殼收緊，把鷸那長長的嘴死死地夾住，就這樣，它們誰也不讓誰，拼著性命僵持不下。這時，一個老漁翁剛好從這裡經過，說了聲：「下酒菜有了。」輕易地將鷸和蚌收入囊中，揚長而去。

　　這是有名的「鷸蚌相爭，漁翁得利」的成語故事。

　　在這個故事中，我們很容易得知：鷸和蚌之所以成了漁翁的下酒菜，就是因為它們過於執著，它們的思維已成定式，誰都捨不得放棄而造成的。

　　人亦如此，有時於物類更是固執。執著於名與利，執著於一份痛苦的愛，執著於幻美的夢，執著於空想的追求。數年風華逝去，才嗟歎人生的空虛。適當的放棄何嘗不是一種正確的選擇。

　　人非聖賢，孰能無過？出現失誤與過錯在所難免，一時的失誤與過錯不代表我們將來也會出現失誤與過錯，不能也不會依此來評價我們的將來和一生，大可不必記在心裡，並負罪內疚。否則，只

會束縛我們的手腳，禁錮我們的思想，影響我們的工作積極性、主動性和創造性而碌碌無為。這種失誤與過錯，我們更要捨得放棄。

莎士比亞（William Shakespeare）說過：最大的無聊是為了無聊而費盡辛苦。歷史上曾有許多人熱衷於永動機的製造，有的甚至耗盡了畢生的精力，卻無一成功。達文西也曾是狂熱的追求者之一，然而一經實驗後，他便斷然放棄，並得出了永動機是根本不可能存在的結論，他認為那樣的追求是種愚蠢的行為，追求「鏡花水月」的虛無最後只能落得一場空。

如果一個人執意於追逐與獲得，執意於曾經擁有就不能失去，那麼就很難走出患得患失的誤區，必將會為達到目的而不擇手段，甚至走向極端。為物所累，將成為一生的羈絆。「執著就能成功」或許曾經是無數人的勵志名言。不錯，在歲月的滄桑中背負著這份執著，有過成功也有過失敗，儘管筋疲力盡，傷痕累累卻不曾放棄。直到歲月在艱難中躊躇而行，蹉跎而逝，才驚然發現，現實的殘酷是不允許我們有太多奢望，所謂的執著也不過是碰壁之後一份愚蠢的堅持。於是，我們開始反思，一個人註定不可能在太多領域有所建樹，要學以致用，要根據自己的實際，不能不顧外界因素和自身的條件而頭腦發熱，草率行事，要清楚追求的目標是什麼？為了心中那座最高的山，痛定思痛後，我們依然要選擇適時放棄，放棄那些能力以外、精力不及的空想，放棄那些不切實際的目標，在惋惜之餘，得到最大的解脫，同時發現幼稚的激情已被成熟和穩健所代替，生命因而日漸豐腴起來，誰說這樣的放棄不是一種明智？

凡此種種，都需要我們捨得放棄，把過去的成績與失誤統統忘掉，並迅速轉入新的生活，並在工作中重新激發創業的熱情與壯

志，重塑創新精神，提高創造能力，為自己明天事業的興旺增磚添瓦。

每天喝一點雞湯：

　　執著地追求和達觀的生活態度從來就不是衝突的。所謂「有所不為，才能有所為」、「退一步海闊天空」、「山窮水盡疑無路，柳暗花明又一村」這些都恰恰道出了前人在有限的生命裡，面對無限的大千世界時的感悟。

▶ 錢不是唯一的追求

　　不可否認，千百年來，金錢在每個人的一生中，都起著非常重要的作用，它早就滲透了人們衣、食、住、行的各個方面。在有的人眼裡，只要有了錢，就會有一切，他們認為金錢是萬能的，有了錢就必然會有幸福。然而，對於人生來說，我們還有比它更為重要的，譬如健康、平安、友情、親情、愛情等。

　　富勒是美國的一個大富翁，他年輕時，特別渴望擁有巨大的財富，他也一直在為夢想奮鬥，這就是從零開始，而後積累大量的財富和資產。到三十歲時，富勒已賺到了百萬美元，他雄心勃勃想成為千萬富翁，而且他也有這個能力。他擁有一幢豪宅，一間湖上小木屋，兩千英畝地產，以及快艇和豪華汽車。

　　有了財富但問題也來了：他工作得很辛苦，常感到胸痛，而且他也因為工作太忙而疏遠了妻子和兩個孩子。雖然他的財富在不斷增加，他的婚姻和家庭卻岌岌可危。

一天在辦公室，富勒心臟病突發，而他的妻子在這之前剛剛宣布打算離開他。他突然開始意識到，自己對財富的追求已經耗費了所有他真正應該珍惜的東西：他打電話給妻子，要求見一面。當他們見面時，兩個人熱淚滾滾。他們決定消除掉破壞他們生活的東西——他的生意和物質財富。

他們賣掉了所有的財產，包括公司、房子、遊艇，然後把所得收入捐給了教堂、學校和慈善機構。他的朋友都認為他瘋了，但富勒從沒感到比這更清醒的時候。接下來，富勒和妻子開始投身於一項偉大的事業——為美國和世界其他地方無家可歸的貧民修建「人類家園」。他們的想法非常單純：「每個在晚上困乏的人至少應該有一個簡單而體面，並且能支付得起的地方，用來休息。」美國前總統卡特夫婦也熱情地支持他們，穿上工作褲來為「人類家園」勞動。富勒曾有的目標是擁有一千萬美元家產，而現在，他的目標是為一千萬人，甚至為更多人建設家園。

目前，人類家園已在全世界建造了六萬多套房子，為超過三十萬人提供了住房。富勒曾為財富所困，幾乎成為財富的奴隸，差點被財富奪走他的妻子和健康；而現在，他卻成了財富的主人，他和妻子自願放棄了自己的財產，而為人類的幸福工作，他自認是世界上最富有的人。

現代社會，很多人都把賺錢當作了生命中最重要的事。他們努力工作、拚命賺錢，不惜透支身體健康，不惜犧牲和家人在一起的時間，不惜犧牲對孩子的關愛。對一個人來說金錢真是生活中最重要的事嗎？不，生活中有更重要的事需要我們投入時間和精力，金錢永遠不應該被排在首位。

一位父親下班回到家已經很晚了，又累又煩，這時他發現五歲的兒子站在門口等他。

「我可以問你一個問題嗎？」

「什麼問題？」

「爸爸，你一小時可以賺多少錢？」

「這與你無關，你為什麼問這個問題？」父親生氣地說。

「我只是想知道。請告訴我，你一小時賺多少錢？」小孩哀求。

「如果你一定要知道的話，我一小時賺二十美元。」

「喔，」小孩低下了頭，接著又說，「爸，可以借我十美元嗎？」

父親發怒了：「如果你只是要借錢去買玩具的話，那就給我回房間上床。好好想想為什麼你會那麼自私。我每天長時間辛苦工作，沒時間和你玩小孩子的遊戲。」

小孩安靜地回自己房間並關上門。父親坐下來還在生氣。過了一會兒，他平靜下來，想著他可能對孩子太凶了，或許孩子真的很想買什麼東西，再說他平時很少要過錢。

父親走進小孩的房間：「你睡了嗎，孩子？」

「爸爸，還沒，我還醒著。」小孩回答。

「我剛才可能對你太凶了，」父親說，「我不該發牌氣——這是你要的十美元。」

「爸爸，謝謝你。」小孩歡叫著從枕頭下拿出一些被弄皺的鈔票，高興地數著。

「為什麼你已經有錢了還要？」父親生氣地問。

「因為在這之前不夠，但我現在足夠了。」小孩說，「爸爸，我

現在有二十美元了，我可以向你買一個小時的時間嗎？明天請早一點回家——我想和你一起吃晚餐。」

許多人往往會誤將金錢當成了唯一的幸福去追求。確實，有了錢就可以有許多東西，就能建立一個在物質上比較富裕的家庭，也就能過較為舒適的物質生活。

每天喝一點雞湯：
....

> 一個人即使有很多錢，但他的精神世界如果是空虛的，或者生活並不自由，那麼就絕不會有幸福，有時甚至是痛苦的。因為人的一生中，還有更多比金錢更為重要的東西。

▶ 不要被名利束縛住

造物主在把那麼多美德賦予了人類的同時，也把名利、是非、金錢得失同時嵌入了人的身體。於是這些固有的心病，便成了桎梏與羈絆，成了懸崖與深淵，它們將許許多多的人擋在了幸福的大門之外。

人的一生常被名利所束縛。名利對於人，實用的少，更多的是一種心理上的安慰，一種對自己的價值的確認。因此，名利只不過是一個人所掙得的自己的身價而已，人總是通過名利來標明自己價值的高低。沒有了名利，人自己常常也會對自己的價值產生懷疑，對自己在世上的價值失去信心。因此，為追求名利，很多人都不惜終身求索，使名利的繩索最後變成了人生的絞索，斷送了人生所有

的快樂與歡笑。

　　《菜根譚》中說：「富貴名譽，自道德來者，如山村中花，白是舒徐繁衍；白功業來者，如盆檻中花，便有遷徙興廢。若以權力得者，如瓶缽中花，其根不植，其萎可立而待矣。」這些話的意思是：一個人的榮華富貴，如果是因為施行仁義道德而得來的，就會像生長在大自然中的花一樣，不斷繁衍生息，沒有絕期；如果是從建立的功業中得來的，就會像栽在花缽中的花一樣，因移動或環境變化而凋謝；若是靠權力霸占或謀私所得，那這富貴榮華就會像插在花瓶中的花，因為缺乏生長的土壤，馬上就會枯萎。這就告訴我們，沒有道德修養，僅靠功名、機遇或者是非法手段求得的福，千萬要警惕，它們不是不能長久，轉瞬即逝，就是意味著災難，伴隨著毀滅。只有那些德性高尚的人，才能領悟個中道理，保住一生平安。

　　唐朝郭子儀爵封汾陽郡王，王府建在首都長安的親仁甲。汾陽王府自落成後，每天都是府門大開，任憑人們自由進進出出，而郭子儀不允許其府中的人對此加以干涉。有一天，郭子儀帳下的一名將官要調到外地任職，來王府辭行。他知道郭子儀府中自無禁忌，就一直走進了內宅。恰巧，他看見郭子儀的夫人和他的愛女正在梳妝打扮，而王爺郭子儀正在一旁侍奉她們，她們一會兒要王爺遞手巾，一會兒要他去端水，使喚王爺就好像奴僕一樣。這位將官當時不敢譏笑郭子儀，回家後，他禁不住講給他的家人聽，於是一傳十，十傳百，沒幾天，整個京城的人們都把這件事當成笑話來談論。郭子儀聽了沒覺得有什麼，他的幾個兒子聽了倒覺得丟了王爺的面子。他們決定對他們的父親提出建議。他們相約一齊來找父親，要他下令，像別的王府一樣，關起大門，不讓閒雜人等出入。

郭子儀聽了哈哈一笑，幾個兒子哭著跪下來求他，一個兒子說：「父王您功業顯赫，普天下的人都尊敬您，可是您自己卻不尊重自己，不管什麼人，您都讓他們隨意進入內宅。孩兒們認為，即使商朝的賢相伊尹、漢朝的大將霍光也無法做到您這樣。」

郭子儀聽了這些話，收斂了笑容，對他的兒子們語重心長地說：「我敞開府門，任人進出，不是為了追求浮名虛譽，而是為了自保，為了保全我們全家人的性命。」

兒子們感到十分驚訝，忙問這其中的道理。郭子儀嘆了一口氣，說道：「你們光看到郭家顯赫的聲勢，而沒有看到這聲勢有被喪失的危險。我爵封汾陽王，往前走，再沒有更大的富貴可求了。月盈而蝕，盛極而衰，這是必然的道理。所以，人們常說要急流勇退。可是眼下朝廷尚要用我，怎肯讓我歸隱；再說，即使歸隱，也找不到一塊兒能夠容納我郭府一千餘口人的隱居地呀。可以說，我現在是進不得也退不得。在這種情況下，如果我們緊閉大門，不與外面來往，只要有一個人與我郭家結下仇怨，誣陷我們對朝廷懷有二心，就必然會有專門落井下石、妨害賢能的小人從中加油添醋，製造冤案，那時，我們郭家的九族老小都要死無葬身之地了。」郭子儀之所以讓府門敞開，是因為他深知官場的險惡，正因為他具有很高的政治眼光，又有一定的德性修養，善於忍受各種複雜的政治環境，必要時犧牲掉局部利益，確保了全家安樂。

還是洪應明老先生說得對：「勢利紛華，不近者為潔，近之而不染者為尤潔；智械機巧，不知者高，知之而不用者為尤高。」這話的意思就是：面對誘人的榮華富貴和炙手的權勢、名利，能夠毫不為之動心的人，品格是高潔的，而接近了富貴和權勢名利卻不沾

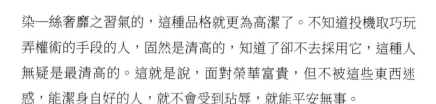

染一絲奢靡之習氣的，這種品格就更為高潔了。不知道投機取巧玩弄權術的手段的人，固然是清高的，知道了卻不去採用它，這種人無疑是最清高的。這就是說，面對榮華富貴，但不被這些東西迷惑，能潔身自好的人，就不會受到玷辱，就能平安無事。

每天喝一點雞湯：

　　淡泊名利、無求而自得才是一個人走向成功的起點。促使人追求進取的是金錢名利，阻礙人向前邁進的是金錢名利，使人墜入萬丈深淵的也是金錢名利。所以，人生在世，千萬不要把金錢名利看得太重，方能超然物外，活得輕鬆快樂。

▶ 保持平常心最重要

　　人生的許多煩惱都源於得與失的矛盾。如果單純就事論事來講，得就是得到，失就是失去，兩者涇渭分明，水火不容。但是，從人的生活整體而言，得與失又是相互聯繫、密不可分的，甚至在一定程度上，我們可以將其視為同一件事情。我們不妨認真想一想，在生活中有什麼事情純粹是利，有什麼東西全然是弊？顯然沒有。所以，智者都曉得，天下之事，有得必有失，有失必有得。

　　人生雖短，為了不虛度光陰，使生命盡可能的卓越，我們的確應該追求得到，努力用智慧和汗水創造業績。然而，我們也應該正確看待失去，學會忍受失去。為了成就一番事業，有時不得不失去一些感官的享受；為了更好地實現自己的主要人生目標，有時不

得不「棄卒保車」；尤其是為了不玷污自己的人格，有時不得不失去一些利益，比如金錢——那種只要出賣良心或者尊嚴就能得到的金錢。

一日，一位外國人在輪船的甲板上看報紙，突然之間，一陣大風刮來，把他頭上一頂新帽子刮進了大海。這位先生摸了摸自己的腦袋，看看正在飄入海中的帽子，又繼續看起報紙來。

「先生，您的帽子被刮入大海了！」

「哦，知道了，謝謝！」說完他繼續看報紙。

「你……怎麼不……」

「我為什麼非要感嘆一遍呢？」

「可那帽子值幾十美元呢！」

「是的，我正在考慮如何省錢再買一頂呢！我很心疼，但我能讓它飛回來嗎？」

人們不能不佩服這位先生的豁達和瀟灑：失去的已經失去了，何必為此而煩惱傷心或者耿耿於懷呢？

坦然的面對失去，這就要及時地調整心態，首先就要面對事實，承認失去，不能總沉湎於已經不存在的東西之中。得到和失去其實是相對的。為了得到，需要失去，因為失去一些，可能意想不到地得到了另一些。民間安慰丟東西的人總是說，「舊的不去新的不來。」事實正是如此。與其為了失去而懊惱，不如全力爭取新的得到。應該明白的是，有時失去並非一定是損失，而是放棄、奉獻，是大步躍進的前奏或者序曲，這樣的失去，不也了事嗎？

坦然的去面對人生中的得失，不是像有些人那樣自我姑息，也不是像某些人那樣「看破紅塵」，庸庸碌碌地生活。坦然的面對失

去，就是胸襟更豁達一些，眼光更長遠一些，經常為自己整枝、修剪，排除那些不必要的留念與顧盼，以便集中精力於人生的主要追求。如此一來，大而言之，有益於社會；小而言之，有益於自己。

山姆是一個畫家，而且是一個很不錯的畫家。他畫快樂的世界，因為他自己就是一個很快樂的人。不過沒人買他的畫，因此他想起來會有些傷感，但只是一會兒時間。

「玩玩足球彩票吧！」他的朋友勸他，「只花兩美元就可以贏很多錢。」

於是山姆花兩美元買了一張彩票，並真的中了彩！他賺了五百萬美元。

「你瞧！」他的朋友對他說，「你多走運啊！現在你還經常畫畫嗎？」

「我現在就只畫支票上的數字！」山姆笑道。

山姆買了一幢別墅並對它進行一番裝飾。他很有品位，買了很多東西：阿富汗地毯，維也納櫃櫥，佛羅倫斯小桌，邁森瓷器，還有古老的威尼斯吊燈。

山姆很滿足地坐下來，他點燃一支香煙，靜靜地享受著他的幸福，突然他感到很孤單，便想去看看朋友。他把煙蒂往地上一扔——在原來那個石頭畫室裡他經常這樣做——然後他出去了。

燃著的香煙靜靜地躺在地上，躺在華麗的阿富汗地毯上……一個小時後，別墅變成火的海洋，它被完全燒毀了。

朋友們很快知道了這個消息，他們都來安慰山姆。「山姆，真是不幸啊！」他們說。

「怎麼不幸啊？」他問道。

「損失啊！山姆你現在什麼都沒有了。」朋友們說。

「什麼呀？不過是損失了兩美元。」山姆答道。

在人生的漫長歲月中，每個人都會面臨無數次的選擇，這些選擇可能會使我們的生活充滿無盡的煩惱和難題，使我們不斷地失去一些我們不想失去的東西，但同樣是這些選擇卻又讓我們在不斷地獲得，我們失去的，也許永遠無法補償，但是我們得到的卻是別人無法體會到的、獨特的人生。因此，面對得與失、順與逆、成與敗、榮與辱，要坦然待之，凡事重要的是過程，對結果要順其自然，不必斤斤計較，耿耿於懷。否則只會讓自己活得很累。

俗話說「萬事有得必有失」，得與失就像小舟的兩支槳；馬車的兩隻輪，得失只在一瞬間。失去春天的蔥綠，卻能夠得到豐碩的金秋；失去青春歲月，卻能使我們走進成熟的人生……失去，本是一種痛苦，但也是一種幸福，因為失去的同時也在獲得。

一位成功人士對得失有較深的認識，他說：得和失是相輔相成的，任何事情都會有正反兩個方面，也就是說凡事都在得和失之間同時存在，在你認為得到的同時，其實在另外一方面可能會有一些東西失去，而在失去的同時也可能會有一些你意想不到的收穫。

人之一生，苦也罷，樂也罷，得也罷，失也罷，要緊的是心間的一泓清潭裡不能沒有月輝。哲學家培根（Francis Bacon）說過：「歷史使人明智，詩歌使人靈秀。」頂上的松蔭，足下的流泉以及坐下的磐石，何曾因寵辱得失而拋卻自在？又何曾因風霜雨雪而易移萎縮？它們踏實無為，不變心性，方才有了千年的閱歷，萬年的長久，也才有了詩人的神韻和學者的品性。終南山翠華池邊的蒼松，黃帝陵下的漢武帝手植柏樹，這些木中的祖宗，旱天雷摧折過它們

的骨幹，三九冰凍裂過它們的樹皮，甚至它們還挨過野樵頑童的斧鑿和毛蟲鳥雀的齧啄，然而它們全然無言地忍受了，它們默默地自我修復、自我完善。到頭來，這風霜雨雪，這刀斧蟲雀，統統化做了其根下營養自身的泥土和涵育情操的「胎盤」。這是何等的氣度和胸襟？相形之下，那些不惜以自己的尊嚴和人格與金錢地位、功名利祿作交換，最終腰纏萬貫、飛黃騰達的小人的蠅營狗苟算得了什麼？且讓他暫時得逞又能怎樣？！

每天喝一點雞湯：

人生中，得與失，常常發生在一念之間。到底要得到什麼？到底會失去什麼？仁者見仁，智者見智。不可否認的是，人應該隨時調整自己的生命點，該得的，不要錯過；該失的，灑脫地放棄。

心態好一點，煩惱少一點

　　一個人的心態，往往很大程度上決定著這個人某一階段的人生走向。一個人若是被一些不良心態所左右，他的人生的航船便很有可能駛入淺灘，從而失去發展的機會；一個人若是一生持有良好的心態，那麼，他的人生之路將會越走越寬，生命的景色就會越來越美，生命的價值就會越來越大......

▶ 控制心態，做個成熟的人

成功學家拿破崙‧希爾（Napoleon Hill）曾說：「心態決定成功。」這是一個事實。如果心態積極，就能以某種方式把內心中最常出現的想法轉化成事實；如果一個人預期自己會失敗，他當然就會得此惡果；如果一個人總要在機會裡發現一些消極、負面的事，那麼他所做的事也無法積極順利地完成。

有一位心理學家為了研究心態對人的影響到底有多大，他做過一個實驗：

這位心理學家讓幾個學生穿過一間黑暗的房間。接著，心理學家打開房間裡的一盞燈，在昏黃如燭的燈光下，當學生們看清楚房間的布置後，不禁嚇出一身冷汗。

原來，這間房子的地面是一個很深很大的水池，池子裡蠕動著各種毒蛇，就在這蛇池的上方，搭著一座很窄的木橋，他們剛才就是從這座木橋走過來的。

當心理學家讓他們再次走過這座橋時，大家你看看我，我看看你，都沉默著不願主動過橋。

過了好一會兒，終於有三個學生猶豫地站了出來。其中一個學生一上去，就異常小心地挪動著雙腳，速度比第一次慢了好多倍；另一個學生戰戰兢兢地踩在小木橋上，身子不由自主地顫抖著，走到一半，就撐不住了；第三個學生乾脆彎下身來，慢慢地趴在小橋上爬了過去。

瞬間，房間裡又亮了幾盞燈。學生們揉揉眼睛再仔細看，發現在小橋的下方裝著一道顏色極暗淡的安全網，只是他們剛才都沒有

看出來。

「你們當中還有誰願意通過這座小橋？」心理學家大聲地問。

仍舊沒有人作聲。

「你們為什麼不願意呢？」心理學家接著問道。

「這張安全網的品質可靠嗎？」學生們驚恐地說。

心理學家笑了：「我們的實驗結束了，這座橋本來不難走，可是橋下的毒蛇對你們造成了心理威懾。於是，你們就失去了平靜的心態，亂了方寸，慌了手腳，表現出各種程度的膽怯。可見，心態對行為有很大的影響。」

的確，心態對人的行為有著極大的影響。消極的心態只會產生消極的思想，而消極的思想一旦占據了大腦，我們就會對即將要做的事情失去信心，從而導致無論做什麼事情都會失敗的惡果。

美國成功學家羅賓（Anthony Robbins）說過：「面對人生逆境或困惑時所持的信心，遠遠都比任何事來的重要。」

一個小孩相貌醜陋，說話口吃，而且因為疾病導致左臉局部麻痺，嘴角畸形，講話時嘴巴總是歪向一邊，並還有一隻耳朵失聰。為了矯正自己的口吃，這個孩子模仿他聽到的一位著名演說家的故事，嘴裡含著小石頭講話。

看著嘴巴和舌頭被石頭磨爛的兒子，母親流著眼淚抱著他，心疼地說：「不要練了，媽媽一輩子陪著你。」懂事的他替媽媽擦著眼淚說：「媽媽，書上說，每一隻漂亮的蝴蝶，都是自己衝破束縛它的繭之後才變成的，我要做一隻美麗的蝴蝶。」

他的努力沒有白費，他終於可以流利地講話了。由於勤奮和善良，在國中畢業時，他不僅取得了優異的成績，還獲得了良好的

人緣。

　　一九九三年十月，他參加全國總理大選。他的對手居心險惡地利用媒體誇張地指責他的臉部缺陷，然後配上這樣的廣告詞：「你要這樣的人來當你的總理嗎？」但是，這種極不道德、帶有人格侮辱的攻擊招致了大部分選民的憤怒和譴責。他的成長經歷被人們知道後，贏得了選民極大的同情和尊敬。他說的「我要帶領國家和人民成為一隻美麗的蝴蝶」的競選口號，使他以高票當選為總理，並在一九九七年再次獲勝，連任總理，人們親切地稱他是「蝴蝶總理」。

　　他就是加拿大第一位連任兩屆的總理尚·克瑞強（Jean Chrétien）。

　　絕大多數失敗者若能夠拋開失敗的想法，擺脫失敗的陰影，他們最終都將獲得成功。學會如何清除思想中的垃圾，拋開恐懼與焦慮，讓我們的思想充滿自信、活力與希望，是一門偉大的藝術。如果我們能夠掌握這門藝術，我們將能夠建立一種具有創造性的、積極的思想態度。有時，我們會不由自主地向外界流露出我們的思想，流露出我們的希望或是恐懼；而我們的名譽地位以及別人對自己的評價往往取決於我們的成功。

　　星期六的早晨，一位作家正在準備隔天用的講稿，妻子出去買東西了。

　　那天在下雨，他的小兒子吵鬧不休，令人討厭。最後，他在失望中拾起一本舊雜誌，一頁一頁地翻閱，直到翻到一幅色彩鮮豔的大圖畫──一幅世界地圖，他便從那本雜誌上撕下這一頁，再把它撕成碎片，丟在起居室的地上，對兒子說道：「約翰，如果你能拼

好這些碎片，我就給你兩角五分錢。」

作家以為這件事會使約翰打發掉上午的大部分時間，可是沒過十分鐘，就有人來敲門了。原來是他的兒子，手裡拿著一幅剛拼好的地圖。他驚愕地看到兒子如此之快地拼好了一幅世界地圖。

「孩子，你如何把這件事做得這麼快？」作家問道。

「啊，」小約翰說，「這很容易。在另一面有一個人的照片，我就照著這個人的照片拼到一起，然後把它翻過來。我想，如果這個人是正確的，那這個世界地圖也就是正確的。」

是啊，將小約翰的話引申一下，可以認為，要想改變世界，首先要改變自己，改變自己的心態，改變看事物的方法。

如果別人看到我們所流露出來的是一種消極、懦弱或是膽怯的思想，他們就不會將重要的職責或職位託付給我們，這樣我們甚至不會得到表現自己的機會，更不要說獲得成功，那麼別人就永遠不會信任我們，崇拜我們。

我們可以在任何方面表現自己的信心、勇氣，或是一種無畏的精神，而這樣的心態也將為我們帶來樂觀與進步，使我們向成功邁進。

在面對各種挑戰時，失敗的原因往往不是勢單力薄、智慧低下，或是沒有把整個局勢分析清楚，反而是在消極心態的影響下，把困難無限誇大，把結果看得極其糟糕，因此，不敢有任何行動。

每天喝一點雞湯：

一個控制不了自己心態的人，是一個不成熟的人。

在困境中，如果我們有害怕的思想，那麼就會什麼也做

不好，只有保持正面積極的心態，才能獲得成功。

▶ 心態就是一切

卡耐基（Dale Carnegie）曾講過一個故事，對我們每個人都有啟發：

塞爾瑪陪伴丈夫駐紮在一個沙漠的陸軍基地裡，她丈夫奉命到沙漠裡去演習，她一人留在陸軍的小鐵皮房子裡，天氣熱得受不了——在仙人掌的陰影下也是華氏一百二十五度。她沒有人可以聊天，只有墨西哥人和印第安人，而他們不會說英語。她太難過了，就寫信給父母，說要丟開一切回家去。她父親的回信只有兩行，這兩行字卻永遠留在她心中，完全改變了她的生活。這兩行字就是：

兩個人從牢中的鐵窗望出去，一個只看到泥土，另一個卻看到了滿天的星星。

塞爾瑪一再地讀這封信，覺得非常慚愧。她決定要在沙漠中找到星星。

塞爾瑪開始和當地人交朋友，他們的反應使她非常驚奇，她對他們的紡織、陶器表示興趣，他們就把最喜歡的、捨不得賣給觀光客人的紡織品和陶器送給了她。塞爾瑪研究那些引人入迷的仙人掌和各種沙漠植物，又學習有關土撥鼠的常識。她觀看沙漠日落，還尋找海螺殼，這些海螺殼是幾萬年前沙漠還是海洋時留下來的……原來難以忍受的環境變成了令她興奮、流連忘返的奇景。

是什麼使這位女士內心有了這麼大的轉變？

　　沙漠沒有改變，印第安人也沒有改變，而是這位女士的心態改變了。一念之差，使她把原先認為惡劣的情況變成了一生中最有意義的冒險。她為發現新世界而興奮不已，並為此寫了一本書，以《快樂的城堡》為書名出版了。她從自己造的牢房裡看出去，終於看到了星星。

　　成功最大的敵人就是自己的消極心態。這種心態常常把我們嚇倒。要想成功卓越，必須牢固樹立積極成功的心態，徹底清除消極失敗的心態。正如莎翁（William Shakespeare）所說：「消極是兩座花園之間的一堵牆壁。它分割著時季，擾亂著安息，把清晨變為黃昏，把晝午變為黑夜。」

　　你聽說過「兩個女人一條腿」的故事嗎？她們一個叫艾美，是美國姑娘；另一個叫希茜，是英國姑娘。她們聰明、美貌，但都有殘疾。

　　艾美出生時兩腿沒有腓骨。一歲時，她的父母做出了充滿勇氣但備受爭議的決定：截去艾美的膝蓋以下部位。艾美一直在父母懷抱和輪椅中生活。後來，她裝上了義肢，憑著驚人的毅力，她現在能跑、能跳舞和滑冰。她經常在女子學校和殘疾人會議上演講，還當模特，頻頻成為時裝雜誌的封面女郎。

　　與艾美不同的是，希茜並非天生殘疾，她曾參加英國《每日鏡報》的「夢幻女郎」選美，並一舉奪冠。一九九〇年她去南斯拉夫旅遊，決定僑居異國。當地內戰期間，她幫助設立難民營，並用做模特賺來的錢設立希茜基金，幫助因戰爭致殘的兒童和孤兒。一九九三年八月，在倫敦她被一輛警車撞倒，肋骨斷裂，還失去左腿，但她沒有被這不幸所擊垮。她後來奔走於車臣、柬埔寨，像戴

安娜王妃一樣呼籲禁雷，為殘疾人爭取權益。

也許是一種緣分，希茜和艾美在一次會見國際著名義肢專家時相識。她們現在情同姐妹。

她們雖然肢體不全，但不覺得這是什麼了不得的人生憾事，反而覺得這種奇特的人生體驗給了她們堅韌的意志和生命力。她們現在使用著義肢，行動自如。但在坐飛機經過海關檢測時，金屬腿常引發警報器鈴聲大作。只有在這時，才顯出兩位大美人的腿與眾不同。

只要不掀開遮蓋著膝蓋的裙子，幾乎沒有人能看出兩位美女裝著義肢。她們常受到人們的讚歎：「你的腿形長得真美，看這曲線，看這腳踝，看這腳趾甲塗得多鮮紅！」

艾美說：「我雖然截去雙腿，但我和世界上任何女性沒有什麼不同。我愛打扮，希望自己更有女人味。」

你看這姐妹倆，她們幾乎忘了自己是殘疾人。她們沒有工夫去自怨自艾，人生在她們眼裡仍是那麼美好。也有異性在追求她們，她們和別的肢體健全的女孩一樣，也有著自己的愛情。

人生充滿了選擇，而心態就是一切。心態好，一切都好。

傑裡是個飯店經理，他的心態總是很好。當有人問他近況如何時，他總是回答：「我快樂無比。」

如果哪位同事心態不好，他就會告訴對方怎麼去選擇事物的正面。他說：「每天早上，我一醒來就對自己說，傑裡，你今天有兩種選擇，你可以選擇心情愉快，也可以選擇心情不好。我選擇心情愉快。每次有壞事情發生，你可以選擇成為一個受害者，也可以選擇從中學些東西。我選擇後者。人生就是選擇，你選擇如何去面對

各種處境。歸根結底，你自己選擇如何面對人生。」

有一天，他忘記了關後門，被三個持槍的歹徒攔住了。歹徒朝他開了槍。

幸運的是事情發現得早，傑裡被送進了急診室。經過十八個小時的搶救和幾個星期的精心治療，傑裡出院了，只是仍有小部分彈片留在他體內。

六個月後，他的一位朋友見到了他。朋友問他近況如何，他說：「我快樂無比。想不想看看我的傷疤？」朋友看了傷疤，然後問當時他想了些什麼。傑裡答道：「當我躺在地上時，我對自己說有兩個選擇：一是死，一是活。我選擇了活。醫護人員都很好，他們告訴我我會好的。但在他們把我推進急診室後，我從他們的眼中讀到了『他是個死人』。我知道我需要採取一些行動。」

「你採取了什麼行動？」朋友問。

傑裡說：「有個護士大聲問我有沒有對什麼東西過敏。我馬上回答：『有的』。這時，所有的醫生、護士都停下來等我說下去。我深深吸了一口氣，然後大聲吼道：『子彈！』在一片大笑聲中，我又說道：『請把我當活人來醫，而不是死人。』」

傑裡就這樣活下來了。

你要想贏得人生，心態就不能總處在消極的狀態，那只會使你沮喪、自卑、徒增煩惱，還會影響你的身心健康，結果，你的人生就可能被失敗的陰影遮蔽了它本該有的光輝。

每天喝一點雞湯：

如同一枚硬幣的兩面，人生也有正面和背面。光

明、希望、愉快、幸福……這是人生的正面；黑暗、絕望、憂愁、不幸……這是人生的背面。那麼，你會選擇哪一面呢？

▶ 心態改變命運

為什麼有些人就是比其他的人更成功，賺更多的錢，擁有不錯的工作、良好的人際關係、健康的身體，整天快快樂樂，擁有高品質生活；而另一些人忙忙碌碌卻只能維持生計？

這是在我的腦子中盤旋了幾十年的問題。

生理上，人與人之間並沒有多大的區別。但為什麼有許多人能夠獲得成功，能夠克服萬難去建功立業，有些人卻不行？

心理學家發現，這個祕密就是人的「心態」。

一位哲人說：「你的心態就是你真正的主人。」

一位偉人說：「要麼你去駕馭生命，要麼是生命駕馭你。你的心態決定誰是坐騎，誰是騎手。」

在一個小縣城裡，有姐弟倆非常聰明，他們上小學時，因為學習刻苦，所以，他們在班裡一向都是好學生。但天有不測風雲，他們還沒有等到小學畢業，父母之間就出現了感情危機。姐弟倆經常被嚇得不敢回家。

後來，父母離婚了，姐弟倆都被判給了父親。不久，父親就帶回了一個女人。自從那個女人進門，姐弟倆經常被呼來喝去，有時甚至吃不上飯。有一次，繼母讓弟弟倒髒水，姐姐看弟弟拎不動水

桶就想去幫忙，繼母上去就是一巴掌，把姐姐打倒在地。吃飯時，繼母經常在菜裡放很多辣椒，辣得姐弟倆直流眼淚。

有一次，天氣很冷，姐弟倆放學後，一直等到天黑都進不了家門。鄰居實在看不下去了，讓他倆先到屋裡暖和一下，可姐弟倆說什麼都不敢去。就是在這種環境下，姐姐學會了和繼母作對，學習成績也慢慢地滑了下來，大學沒考上，只好當了一名工人。而弟弟卻一直沒有放棄自己的學業，有一次，父親把一個橘子放在他的桌子上，他都沒有看見，過了很久父親偶然進了他的房間，才發現那個橘子已經腐爛了。從小學到高中，他的成績一直都沒有下降到第三名，並且一直都是班級幹部，在班裡的人緣也一直很好。高中畢業後他以優異的成績考入大連艦艇學院，並被保送研究生。

同樣是一個父母所生，同樣生活在家庭不幸的陰影裡，姐姐的前途被毀了，弟弟卻前途一片光明。原因在哪兒？就在心態。姐姐在困境中，心態變得脆弱而易怒，弟弟卻能隱忍，始終以一個目標為奮鬥方向，把其他的一切都拋在腦後。

心態對人的前途是影響巨大的，一個人只有擁有良好的心態，才能無懼生活中的困難，才能始終堅定地為自己的理想而努力。也只有這樣的人，才能擁有美好的前途。

曾經，有一家紡織廠，經濟效益不好，工廠決定讓一批人離職。在這一批離職人員裡有兩位女性，她們都四十歲左右，一位是大學畢業生，工廠的工程師，另一位則是普通女工。毫無疑問，就智商而論，這位工程師的智商超過了那位普通工人，但後來工程師的命運卻不如普通女工。

女工程師失業了！這成了全廠的一個熱門話題，人們紛紛議

論著、嘀咕著。女工程師對人生的這一變化深懷怨恨。她憤怒過、她罵過、她也吵過，但都無濟於事。因為離職人員的數目還在不斷增加，別的工程師也開始離職了。然而，儘管如此，她的心裡卻仍不平衡，她始終覺得失業是一件丟人的事。她的心態漸漸地由憤怒轉化成了抱怨，又由抱怨轉化成了內疚。她整天都悶悶不樂地呆在家裡，不願出門見人，更沒想到要重新開始自己的人生，孤獨而憂鬱的心態控制了她的一切，包括她的智商。她本來就血壓高，身體弱，她憂鬱的心態又總是把自己的注意力集中到失業這件事上。她內心一直都在拒絕這一變化，但這一變化又實實在在地擺在了面前，她無法擺脫。沒過多久，她就帶著憂鬱的心態和不低的智商孤寂地離開了人世。

　　普通女工的心態卻大不一樣，她很快就從失業的陰影裡解脫了出來。她想別人既然沒有工作能生活下去，自己也肯定能生活下去。她還萌生了一個信念——一定要比以前活得更好！從此以後，她的內心沒有了抱怨和焦慮，她平心靜氣地接受了現實。說來也怪，平心靜氣的心態讓她變得聰明起來，她發現了自己以前從來沒有認真注意過的長處，這就是她對烹調非常內行。就這樣，在親戚朋友的支持下，她開起了一家小小的火鍋店。由於她發揮了自己的長處，她經營的火鍋店生意十分紅火，僅用了一年多的時間，她就還清了借款。現在她的火鍋店的規模已擴大了幾倍，成了當地小有名氣的餐館，她自己也確實過上了比在工廠上班時更好的生活。

　　一個是智商高的工程師，一個是智商一般的普通女工，她們都曾面臨著同樣一個困境——失業，但為什麼她們的命運卻迥然不同呢？原因就在於她們各自的心態不同。

　　女工程師的心態始終處在憂鬱之中，這樣的心態使得她無法對自己的人生做出一個公正的評價，更不可能重新揚起生活的風帆。她完完全全沉溺在自己孤獨的內心之中。一個人一旦擁有了這樣的心態，其智商就猶如明亮的鏡子被蒙上了一層厚厚的灰土，根本就不可能映照萬物。所以，儘管女工程師的智商高，但在面對生活的變化之時，她的心態卻阻礙了其智商的發揮。不僅如此，她的心態還把她的智商引向了負面，使她的智商在埋怨和憂鬱的方向上發揮出了威力，換句話說，她的智商越高，她的報怨就越深，她的憂鬱就越有分量。而與之相反，普通女工的智商雖然一般，但她平和的心態不僅使自己的智商得到了淋漓盡致的發揮，而且還決定了其性質是正面的、積極的，所以，她獲得了成功，過上了比以前更好的日子。

　　或許，這智商與心態之間的關係，就像是汽車引擎與方向盤的關係一樣。引擎決定著汽車動力的大小，智商也決定著人能力的大小，但是方向盤卻決定著動力的方向，同理，心態也決定著智商的方向。

　　正如西方一位心理學家所說——「心態是橫在人生之路上的雙向門，人們可以把它轉到一邊，進入成功；也可以把它轉到另一邊，進入失敗。」

　　成功人士與失敗者之間的差別是：成功人士始終用最積極的思考、最樂觀的精神和最豐富的經驗支配和控制自己的人生。失敗者則剛好相反，他們的人生受過去的種種失敗與疑慮所引導和支配。

每天喝一點雞湯：

　　有些人總喜歡說，他們現在的境況是別人造成的。
這些人常說他們的想法無法改變。在他們這樣說的同
時，失敗的命運也就與他們形影不離了。

▶ 心態不同，命運不同

　　曾經有人說過：我們怎樣對待生活，生活就怎樣對待我們。心
態和前途也是這樣一種辯證關係，我們用積極的心態對待人生，我
們的人生將是一片光明；我們用消極的心態對待人生，我們的人生
也就只會是一片灰暗。

　　兩個人從牢中的鐵窗望出去，一個看到泥土，一個卻看到了
星星。

　　生活在同樣一個世界上，有的人過得幸福、快樂、富有，有的
人卻一直生活在苦惱和貧困之中。

　　這是為什麼呢？

　　其實，人與人之間原本沒多大區別，只是由於各自心態的不同
而造成截然不同的結局。

　　曾經，有兩個鄉下年輕人外出打工。一個想去上海，一個要去
北京。在候車亭等車時，聽到鄰座的人議論說：「上海人精明，外
地人問路都收費；北京人質樸，見了吃不上飯的人，不僅給饅頭，
還送舊衣服。」

　　想去上海的人聽說北京人好，一想賺不到錢也餓不死，慶幸車

沒到，不然一到上海真掉進了火坑。

去北京的人想，上海好，給人帶路都能賺錢，我幸虧還沒上車，不然真失去一次致富的機會。

於是他們在退票處相遇了。並換了一張車票。

去北京的人發現，北京果然好。他初到北京的一個月，什麼事都沒做，竟然沒有餓著。銀行大廳裡的水可以白喝，大賣場裡試吃的點心也可以白吃，他整天偷著樂。

去上海的人發現，上海果然是一個可以發財的城市。做什麼都可以賺錢。帶路可以賺錢，開廁所可以賺錢，弄盆涼水讓人洗臉也可以賺錢。只要想點辦法，再花點力氣都可以賺錢。

憑著鄉下人對泥土的感情和認識，第二天，他在建築工地裝了十包含有沙子和樹葉的土，以「花盆土」的名義，向不見泥土而又愛花的上海人兜售。當天他在城郊間往返六次，淨賺了五十元。一年後，憑著「花盆土」他竟然在上海擁有了一個小小的店面。

後來，在他常年遊走大街小巷的過程中，發現一些商店樓面亮麗而招牌較黑，一打聽才知道是清洗公司只負責清洗大樓而不洗招牌。他立即開了一間小型清洗公司，專門負責擦洗招牌。慢慢的他的員工發展到幾百人，業務也由上海發展到杭州和南京。

數年後，他坐火車到北京考察清洗市場。在北京車站，一個撿破爛的人把頭伸進軟臥車廂，向他要空啤酒瓶。就在遞酒瓶時，兩人都愣住了，因為數年前，他們曾換過一次車票。

這個故事告訴我們：心態是一柄雙刃劍，積極的心態成就人生，消極的心態則毀滅人生。

有一戶人家的菜園裡有一顆大石頭，到菜園的人不小心就會碰

到那顆大石頭，不是跌倒就是擦傷。

兒子問：「爸爸，那塊討厭的石頭，為什麼不把它挖走？」

爸爸這麼回答：「你說那塊石頭啊？從你爺爺那個時候就放在那裡了，它那麼大，不知道要挖到什麼時候才能挖出來，沒事無聊挖石頭還不如走路小心一點。」

幾年過去了，當年的兒子娶了妻子，當了爸爸，那塊大石頭還在那裡。

有一天，妻子氣憤地對丈夫說：「菜園那塊大石頭把我絆倒過好幾次，我們改天請人搬走吧。」

當年的兒子說：「算了吧。那塊大石頭很重的，要是那麼容易搬走的話，我和爸爸早就搬走了，還等到現在？」

在一旁的老父親也跟著說：「是啊。是啊。要是好搬，不用說和我兒子搬，我和我爸爸早就把它搬走了。」

妻子心底非常不是滋味，那塊大石頭不知道讓她跌倒了多少次。她決定自己試一試。一天早上，妻子帶著鋤頭和一桶水來到園子裡。她將整桶水倒在大石頭四周。十幾分鐘以後，妻子用鋤頭把大石頭四周的泥土攪鬆。

她原以為至少要挖一天，不一會，石頭就被挖出來了，看上去這塊石頭也沒有想像的那麼大，只是不少人當初被那個巨大的外表矇騙了。

你覺得石頭大、石頭重，便不會有搬動它的信心，更不會有去搬它的行動。矇騙人的不只是事物的外表，還有你消極的心態。要改變你的世界，首先必須改變你的心態。如果你的世界沉悶而無望，那是因為你自己沉悶無望。

其實，在我們的周圍有很多這樣的人，他們說：「公司從成立開始就是這樣，如果還能改進，那些老闆、董事、經理早就做過了，還用得上我嗎？」或者「天那麼高，哪能上去啊，想都別想了，還是老實呆在地上吧！」……如果大家都這樣想，恐怕世界上就沒有知名的企業，因為沒有人敢改革，敢創新；世界上也不會有技藝精湛的廚師、技工、演員、作家，不會有天文學家，不會有飛機、火車、輪船的發明，因為一切都很困難，困難得讓人不敢想。

另外，我們經常會聽到有人抱怨，說上天對自己多麼不公平，未能給自己提供一個良好的環境，從而導致自己一直碌碌無為。那麼，人生的結局真的是由於外界環境所造成的嗎？

當然不是。正如世界著名潛能學大師托尼‧羅賓斯（Tony Robbins）所說：「影響我們人生的絕不是環境，也不是遭遇，而是我們抱持什麼樣的心態。」

有這樣一個故事。有位老太太找了一個油漆工到家裡粉刷牆壁。油漆工一走進門，看到她的丈夫雙目失明，頓時流露出憐憫的目光。可是男主人開朗樂觀，所以油漆工在那裡工作的幾天，他們談得很投機：油漆工也從未提起男主人的缺陷。

工作完畢，油漆工取出帳單，老太太發現比原來談妥的價錢打了一個很大的折扣。她問油漆工：「怎麼少算這麼多呢？」油漆工回答說：「我跟你先生在一起覺得很快樂，他對人生的態度，使得我覺得自己的境況還不算最壞。所以減去的那一部分，算是我對他表示的一點感謝，因為他使我不再把工作看得太苦！」

油漆工對這位太太的丈夫的推崇，使她流下了眼淚。因為這位慷慨的油漆工，自己只有一隻手。

殘者尚能對生活如此樂觀，那麼我們正常人呢？

其實，生活中，每個人都可能遇到各種的不幸，諸如親人不幸死亡、朋友分手、身患重病……但你需要知道的是，這一切於你都不重要；於你都不會構成致命的創傷。

最致命的創傷來自我們心靈深處，是我們的心靈導致我們絕望：只要我們放棄絕望的思想，而是換一個角度想問題：

黃泉路阻斷親情，難道還能尋回來麼？

有情有緣而不能相伴終生，莫若及早分開，痛碎心也沒必要。

無緣是路人，遲早要分手，為什麼要死守不放？

這樣想，就會豁達起來，發現陽光依舊照耀著你，月光仍然愛撫著你。如此看來，痛苦或是快樂完全取決於你的一念之間。

事實也的確如此，人的心態決定你是否快樂，心態的改變，就是命運的改變。

美國著名的心理學家威廉‧詹姆士（William James）說：「我們這一代人最重大的發現是：人能改變心態，從而改變自己的一生。」的確，人生的成功或失敗，幸福或坎坷，快樂或悲傷，有相當一部分是由人自己的心態造成的。

朋友們，我們可千萬不要因為心態而使自己成為一個失敗者。讓我們從現在起，無論在什麼情況下都保持積極的心態，讓整個的身心都充滿勇氣和智慧，把挫折與失敗當成學習的機會。這樣，我們就能早日戰勝自我，超越自我，到達成功的彼岸！

每天喝一點雞湯：

　　無望的心態每時每刻都暗示你去失敗，失敗是你

蓄意指示自己的結果。如果你的心態積極，你就會有熱情、有信心、有智慧......有一切，自然也有成功。

▶ 心態健康，身體才健康

有些人每天在醒來時和就寢前都要對自己說：「我每天會過得愈來愈好。」對他們來說，這句話天天都在起作用。

其實，說這句話的人，正在運用一種無形的精神力量。無數事實已經證明：人的心態確確實實在影響著人的健康和幸福。

「二戰」時期，德國的納粹分子曾進行了一次觸目驚心的心理實驗，他們聲稱將以一種特殊的方式來處死人，這種方式就是抽乾人身上的血液。實驗那天，他們從集中營挑選來兩個人，一個是牧師，另一個是普通工人。納粹士兵將倆人分別捆綁在床上，用黑布蒙住雙眼，然後將針頭插進他們的手臂，並不時地告訴他們：「現在，你已經被抽了多少升血了，你的血將在多少時間內被抽乾！」其實，納粹士兵並沒有真的要抽乾他們的血，而只是在他們的手臂上插進了一支空針頭。結果，普通工人的面部不斷抽搐，臉色變得慘白，漸漸地在驚恐中死去。顯然，這位普通工人內心充滿了恐懼，恐懼的心態使他心力衰竭，導致了死亡。而那位牧師卻始終神情安詳，死神沒有奪取他的生命，他活了下來。事後，人們問他當時想些什麼，他說：「我的內心很平靜，我不害怕，我問心無愧，即使死了，我的靈魂也會進入天堂。」

納粹分子的這個實驗雖然殘酷，但卻告訴了我們一個道理：心

第 6 章　心態好一點，煩惱少一點

態的力量是無窮無盡的，如果你有一個好心態，你就可以選擇生；如果你有一個壞心態，你就只能選擇死。

西方心理學家反覆證實了一個觀點：心靈會接受不管多麼荒謬的暗示，一旦接受了它，心靈就會對之做出反應。這就是說，人的理智接受事實，人的心靈則接收暗示。人如果給心靈以積極的暗示，心靈就會呈現出積極的狀態；人如果給心靈以消極的暗示，那麼，心靈就會呈現出消極的狀態。

西方一位心理學家給我們講述了一個故事——他的一位親戚向一位印度水晶球占卜者卜問吉凶，後者告訴他，他有嚴重的心臟病，並預言他將在下一個新月之夜死去。

這一消極的暗示進入了他的心靈，他完全相信了這次占卜的結果，他果然如預言所說的那樣死了，然而他根本不知道他自己的心態，才是死亡的真正原因。這是一個十分愚蠢、可笑的迷信故事。

讓我們看看他真正的死因吧：這位心理學家的親戚在去看那個算命巫婆的時候，本來是很快樂、健康、堅強和精力旺盛的，而巫婆給了他一個非常消極的暗示，他則接受了它。中國有句古語：信則靈，不信則不靈。消極的暗示使他的心態變得消極起來，他非常害怕，在極度恐懼和焦慮中，不停地琢磨他將死去的預言。他告訴了每一個人，還為最後的了結做好了準備。這種必死無疑的心態，終於讓他結束了自己的生命。

毫無疑問，不同的人對同一暗示會做出不同的反應。例如，如果你走到船上的一位船員身邊，用同情的口吻對他說：「親愛的夥計，你看上去好像病了。你不覺得難受嗎？我看你好像要暈船了。」

　　根據他的性情，他要麼對你的「笑話」抱以微笑，要麼表現出輕微的不耐煩。你的暗示這次毫無效果，因為暈船的暗示在這位船員的頭腦中未能引起共鳴。一位飽經風浪的水手怎麼會暈船呢？因此，暗示喚醒的不是恐懼與擔憂，而是自信。

　　而對於另一個乘客來說，如果他缺乏自信，暈船的暗示就會喚醒他頭腦中固有的對於暈船的恐懼。他接收了暗示，也就意味著他真的會變得臉色蒼白，真的會暈起船來。我們每個人的內心都有自己的信仰和觀念，這些內在的意念主宰和駕馭著我們的生活。暗示通常是無法產生效果的，除非你在精神上接受了它。

　　因此，我們一定要以積極健康的意念來激發出積極健康的心態，因為只有心態健康了，我們才能有健康的身體。

　　人生總有許多各式各樣讓人心煩的瑣事，如果你不善於調節心態，日積月累就會使你的身體處於亞健康狀態（身體狀況並非完全健康，但是到醫療機構檢查，卻又查不出具體的病症，這個詞語是起源於中國，並只在中國流行，在國際間並未使用），並引起各種各樣的心理疾病。那麼怎麼樣的心態才有益於健康呢？

　　（一）保持樂觀情緒。俗話說，「笑一笑，十年少」。樂觀的情緒不僅能使你顯得青春活力，還將有助於增強身體免疫力，免受疾病的侵襲。

　　（二）坦然面對現實。在快節奏的都市生活中，人們會面臨種種壓力，勇敢地面對現實，把壓力當作一種挑戰，將更有利於人的身心健康。

　　（三）能拋棄怨恨，學會原諒。懷有怨恨心理的人情緒波動較大，不是整天抱怨，就是後悔；不是對人懷有敵意，就是自暴自

棄。這樣容易患心理障礙。

（四）要熱愛生活。當一個人患病時，熱愛生活的人會多方聽取醫生的意見，積極配合治療，並能消除緊張情緒。

（五）富有幽默感。有人稱幽默是「特效緊張消除法」，是健康人格的重要標誌。許多健康的事業成功者，都具有幽默感。

（六）善於宣洩情感。不善於用語言來表達自己的憂傷或難過等感情的人容易患病，而壓抑憤怒對身體也同樣有害，更不能用酗酒、縱欲等不健康的生活方式來逃避現實。傷心的人痛哭一場，或與知心朋友談談心，或參加適當的體育運動後，常會感到心情舒暢，這就是宣洩情感的意義。

（七）擁有愛心。擁有愛心不僅會使世界變得更美好，而且會更有助於自己的身心健康。這不僅是人生的一大樂事，還會使人更長壽。

每天喝一點雞湯：

> 每個人的健康對他的生活和工作都起著重要的作用，健康的身體必須要有健康的心態。

▶ 以平和的心態面對一切

《聖經》裡說：「嫉妒是骨中的朽爛。」其實，嫉妒是一種普遍的社會心理現象，是人類的一種普遍的情緒。它指的是自己以外的人獲得了比自己更為優越的地位、榮譽，或是自己寶貴的物質，鍾情的人被別人掠取或將被掠取時而產生的情感。它有一個重大的

特徵就是「指向性」，即嫉妒是有條件的，是在一定的範圍內產生的，指向一定的對象。也就是說，不是任何人在某些方面超過自己都會產生嫉妒，超過自己太多的人只會讓我們羨慕而不會嫉妒。

在現代社會激烈的競爭當中，有人成功，就必然有人失敗。失敗之後所產生的由羞愧、憤怒和怨恨等組成的複雜情感就是嫉妒。

在生活中，當你發現別人比你優秀時，也許會產生羨慕乃至嫉妒的情緒；當別人發現你太優秀時，也可能會對你心生嫉妒。面對嫉妒，我們要學會克制自己的嫉妒情緒，也要學會從容應對別人的嫉妒，更加奮進。

從容，即舒緩、平和、樸素、泰然、大度、恬淡之總和。自古至今，對於太多的人而言，都是一種難得的境界和氣度。從容，不僅反映了一個人的氣度、修養、性格和行為方式，而且是一種符合人的生理、心理需要的有節律的、和諧、健康、文明的精神狀態和生活方式。

因為從容，才讓我們這個世界的每一天多姿多彩。多一份從容，我們的每一天不再有狂風暴雨；多一份從容，我們才能聽到風柔和的聲音；多一份從容，我們才能感受到蝴蝶穿梭在花叢中的那份愜意；多一份從容，我們才能欣賞到生活的精彩。

小玲的真情告白：「我是高二的一名普通學生。最近我碰到一件很心煩的事情，大家都在背後對我指指點點，議論我，我的壓力很大，如果再這樣下去，將會影響我的生活。我是班級幹部，負責班級的班費以及安排班級的衛生勞動，我覺得我對工作是很認真負責的，老師雖然沒有經常表揚我，但是對我的工作是肯定和認可的。下個星期，學校裡要進行升旗儀式，老師推薦我代表班級發

言。要知道，每個學期每一個班只有一次這樣的機會，而我光榮當選，我的心情當然是無比高興的。但是還沒等我高興多長時間，我的好朋友就偷偷告訴我，班裡有些同學很不服氣，他們覺得我對班級的貢獻不夠大，學習成績又不是名列前茅，沒有資格代表班級發言，並認為我會當選，肯定用了一些小手段、小動作。

「我知道，這些人這麼說是因為這次重要機會沒有輪到小燕子，她們跟小燕子關係很好，小燕子心裡不開心，她們肯定很想幫忙，但是同學一場，把話說成這樣太令我傷心了。我回家跟媽媽說了這件事，她建議我跟班導師說說，希望班導師找同學談談。我膽子比較小，不好意思去跟老師說。但說實話，被人誤解、背後說閒話的滋味真不好受。下星期就要舉行升旗儀式，我真的不想退縮、放棄這樣的機會，但是面對流言蜚語，我又覺得無能為力。」

國中時期往往是情感最敏感、最強烈的時期。一方面，隨著年齡的增長，知識的增加，青少年的獨立意識和自尊心明顯增強；另一方面，青少年思想還不夠成熟，對事物，包括對別人議論的評價能力比較薄弱，所以外界不強的刺激，也會引起比較強烈的情緒波動。小玲雖然性格比較內向，但是工作很認真負責，她特別渴望自身的工作態度和能力得到肯定，被集體認可，所以他人的不理解甚至誤解會使她更感到傷心。目前她所缺乏的正是馬斯洛需要層次理論（Maslow's hierarchy of needs）中的尊重（自尊）的需要。

嫉妒是一種比仇恨還強烈的惡劣心理，是心靈空虛和無能的表現。瞭解這一惡劣心理現象，有助於我們找到自己有時產生嫉妒心理的原因，從而想方設法克服它，從而達到完善自我的目的。「與其臨淵羨魚，不如退而結網」。別人有成就時，不一味妒嫉，而是

透過努力拿出自己的東西，用成果同別人競爭，這才是上策。

其實，遇嫉而進，更加努力的發展和提升自己，以更高的素質贏得別人的尊重是一種滿足自尊的最佳方式。不僅如此，隨著時間的推移，別人最終會折服於你的從容氣度。

每天喝一點雞湯：

路有升沉進退，人有悲歡離合。從容是一種對人生的透徹把握，不管是誰，只要能以平和心態面對一切，閒看天邊雲卷雲舒，笑看庭前花開花落，必能擺脫是是非非、紛紛擾擾。也只有這樣，才能善待自己，善待生活，善待人生，善待生命。

▶ 堅持信念，點燃希望的火花

有一個出生在偏遠山村裡的農家女孩，在日出而作日落而息的勞作之餘，把全部的時間都用來做她最喜歡的一項傳統工藝——剪紙，並且達到了比較高的水準。

這個女孩子不知從哪裡聽說這麼一個消息：一些外國人喜歡中國的工藝品，大老遠跑到山西的農家小院去買老太太做的虎頭鞋，一雙十美元，值好幾十塊錢。她想，北京是首都，外國人多，如果把自己的剪紙拿到那裡一定能賣個好價錢。十八歲那年，她為自己的剪紙作品進行了第一次嘗試，她帶著省吃儉用攢出來的旅費，滿懷希望地到了北京。但是她沒有想到，北京藝術品市場裡的剪紙那麼便宜，她帶去的作品，一塊錢一張都沒人要，險些連回家的旅費

都成了問題。這次嘗試得到的答案是：此路不通，後果是不僅沒賺到錢還賠上了一筆數目不少的旅費。此時，這位女孩應當把什麼放在第一位？女孩選擇了堅持，她決定繼續學習剪紙藝術。

　　二十二歲那年，她為自己的剪紙進行了第二次嘗試。她苦苦哀求，拿到了父母為她準備的一千元嫁妝錢，交了省城一家美術館的展覽費。這一次更慘，她不僅賠上了自己的嫁妝，還欠下了一大筆裝裱費，而且成了鄰居茶餘飯後的笑話。後來，她為還錢跑到深圳去打工。打工的那段日子，儘管她過得很艱難，但她除了每天在工廠拚命工作外，晚上還擠出時間去上美術課，處處留心實現自己剪紙夢想的機會。

　　後來，她做了一次又一次嘗試。隨著年齡的增長和人生閱歷的增加，她將自己所能瞭解到的途徑一一嘗試：到藝術學校自薦，參加各種各樣的比賽和展出，給報紙雜誌寄作品，報名參加電視台的剪紙節目，想方設法接觸記者，聯繫贊助辦個人展，請工藝品店和市場代賣，去印染廠推銷自己的圖樣設計等等。她的嘗試有許多都失敗了，但她勇敢地承擔了每一次失敗帶來的後果。每失敗一次，都要狼狽不堪地處理善後問題，但她仍然對自己充滿希望，始終把熱愛的剪紙藝術放在第一位。

　　終於，她有了自己的一個小小的剪紙工作室，靠剪紙維持自己的生活。她滿足了，快樂地認為自己獲得了成功，因為日夜與她相伴的是剪紙藝術。最後，這個農家女孩成了一位聲名遠播的「剪紙藝人」。

　　希望具有鼓舞人心的創造性力量，它鼓勵人們去盡力完成自己所要從事的事業。希望是才能的增補劑，能增加人們的才幹，使一

切夢幻化為現實。

一位姓賀的醫生素以醫術高明享譽醫學界，事業蒸蒸日上。但不幸的是，就在某一天，他被診斷患有癌症。這對他如同當頭一棒。他一度情緒低落，但最終還是接受了這個事實，而且他的心態也為之一變，變得更寬容、更謙和、更懂得珍惜所擁有的一切。

在勤奮工作之餘，賀醫生從沒有放棄與病魔搏鬥。就這樣，他已平安度過了好幾年。有人驚訝於他的事蹟，就問是什麼神奇的力量在支撐著他。這位醫生笑盈盈地答道：是希望。幾乎每天早晨，我都給自己一個希望，希望我能多救治一個病人，希望我的笑容能溫暖每個人。就是這個希望讓我能樂觀地面對生活，讓我繼續平安地活著。

人類最可貴的財富是希望。希望減輕了我們的苦惱，希望總為人描繪出充滿樂趣的遠景，如果人類不幸到只限於考慮當前，那麼人就不會再去播種，不會再去種植，人對什麼也不準備了；從而在這塵世的享受中，人就會缺少一切。

每天喝一點雞湯：

對所有的人來說，堅持是「病入膏肓」的特效救命藥，也是患難中最難能可貴的依靠。所以不管你的人生中會有什麼劫難，只要你堅持心中的信念，點燃希望的火花，你的人生就會出現轉折。

▶ 解除封閉，融入世界

當天空下著絲絲小雨時，你是否會因為這場雨，耽誤了你的行程而懊惱，然而，當風雨過後，你是否會因為看到一束彩虹而欣喜？可是為什麼？大多數的人卻願意整日生活在自己孤單的小世界裡，而不願意把自己融入到身邊的大世界裡呢？

一個人如果永遠封閉在已經熟悉的環境和空間中，就只會讓自己安於現狀，滿足於自認為安逸的生活，就像黑暗永遠與七彩的天空無緣相識。

一陣細膩的春雨之後，透過薄薄的一層膜，兩隻蝶蛹好奇地窺視著外面五彩斑斕的世界。「太美了，外面的世界真漂亮！」一隻蝶蛹禁不住讚歎道，「我多麼渴望快快飛出去呀！」「我才不想呢。」另一隻蝶蛹說，「前天，暴雨突然降臨的時候，蜂呀，蝶呀，到處找藏身的地方，裝扮得再豔麗，被風吹雨打之後，又有什麼值得羨慕呢？」「可是……」第一隻蝶蛹說，「畢竟風和日麗的日子多過暴風雨呀！」

「風和日麗就太平了嗎？」第二隻蝶蛹不以為然地說，「昨天，有兩隻青蛙進了蛇的肚子，一隻黃鶯被石頭擊傷……這些，你都忘了嗎？」「可是，在小小的蝶膜裡，這樣一動不動地蜷縮著，看到的只是一小處的風景，有什麼好呢？」「你呀，真是身在福中不知福。」第二隻蝶蛹教訓道，「除了蝶蛹，誰有這麼好的居所？別看蝶膜裡這麼小，但它安全，保險，而且絕對純淨，沒有污染……」第一隻蝶蛹沉默了一會兒，然後說：「不管怎樣，我一定要飛出去。」

幾天之後，一陣大風把一隻乾癟的蝶膜吹到火裡，而此時，天空中有一隻美麗的蝴蝶，在風中翩翩飛舞。

社會是一個大家庭，在這個大家庭裡，每天都在發生著不同的故事，也許有很多的煩惱事，會讓你憂心不已，因而你便將自己束縛在你的天空裡。也許那裡會很寧靜、祥和，可外面的大世界，讓你感覺到的，是另外一番風味，天空清晰爽朗，陽光燦爛，聽鳥兒歡歌起舞，不能再猶豫了，風雨過後，你的煩惱就不會再是煩惱，因為，抬眼望去，你看到了很多很多美麗的東西。

每天喝一點雞湯：

一個人如果永遠封閉在已經熟悉的環境和空間中，就只會讓自己安於現狀，滿足於自認為安逸的生活，就像黑暗永遠與七彩的天空無緣相識。

▶ 打破心靈的枷鎖

人的一生要走過的路很漫長，而在這漫漫的人生路上，並不都是筆直的大道。這中間我們要遇到許多坎坷與束縛。因而，面對這樣的人生，我們需要不斷地衝撞，掙脫束縛，追尋屬於自己的幸福和快樂。尋找屬於自己的一片天空。有這樣一個關於大象的故事，講的就是如果擺脫不了心靈的枷鎖，那麼即使是一根小小的鐵鍊也能把千斤的大象困住。

一個小孩在看完馬戲團精彩的表演後，隨著父親到帳篷外面，拿乾草餵養剛剛表演完的動物。

　　這時候小孩注意到有一個大象群，問父親：「爸爸，大象那麼有力氣，為什麼它們的腳上只繫著一條小小的鐵鍊，難道它真的無法掙開那條鐵鍊嗎？」

　　父親笑了笑，解釋道：「沒錯，大象是掙不開那條細細的鐵鍊。在大象還小的時候，馴獸師就是用同樣的鐵鍊來繫住小象，那時候的小象，力氣還不夠大，小象起初也想掙開鐵鍊的束縛，可是試過幾次之後，知道自己的力氣不足以掙開鐵鍊，也就放棄了掙脫的念頭。等小象長成大象後，它就甘心受那條鐵鍊的限制，不再想逃脫了。」

　　正當父親解說之際，馬戲團裡失火了，草料、帳篷等物品都著火了，大火迅速蔓延到了動物的休息區。動物們受火勢所逼，十分焦躁不安，而大象更是頻頻跺腳，仍是掙不開腳上的鐵鍊。

　　兇猛的火勢最終逼近了大象，其中一隻大象已被火燒著，疼痛之餘，它猛然一抬腳，竟輕易將腳上鐵鍊掙斷，於是迅速奔逃到安全的地帶。有一兩隻大象見同伴掙斷鐵鍊逃脫，立刻也模仿它的動作，用力掙斷鐵鍊。但其他的大象卻不肯去嘗試，只顧不斷地、焦急地轉圈跺腳，最後被大火席捲，無一倖存。

　　在大象成長的過程中，人類用一條鐵鍊限制了它，即使那樣的鐵鍊根本繫不住有力的大象，但大象卻從未想到過掙脫。這就是人們在大象的心裡加了一把枷鎖的緣故。而在我們成長的環境中，是否也有許多肉眼看不見的鏈條繫住了我們？而在不知不覺中，我們也就自然將這些鐵鍊當成習慣，視為理所當然。於是本該屬於我們獨特的創意被這些習慣抹去，並開始向環境低頭，甚至於開始認命、怨天尤人、安於現狀、不思進取。

　　而這一切的一切，都是因為我們心中那條繫住自我的「鐵鍊」在作祟。跟故事中的那頭大象一樣，或許，你必須耐心靜候生命中來一場大火，必須選擇掙斷鏈條或甘心遭大火席捲。如果沒有一場大火的出現，或許你就安於被鏈條所困住一生。或許，你幸運地選對了前者，掙斷鏈條獲得重生。除此之外，你還有一種不同的選擇，那就是當機立斷，運用我們內在的能力，立即掙開消極習慣的捆綁，改變自己所處的環境，投入另一個嶄新的積極領域中，使自己的潛能得以發揮，獲得生命中屬於自己的一片天空。

　　你願意靜待生命中的大火，甚至甘心被它所席捲，而低頭認命？還是立即在心靈上掙開環境的束縛，獲得追求成功的自由？其實在這兩者之間做出選擇並不困難，困難的是我們有沒有勇氣去打破已有的格局，擺脫心靈的枷鎖。

　　如果你現在覺得自己還沒有打破這些枷鎖，那麼就請看下面的這些枷鎖在你身上是否存在。然後再對症下藥，給自己的心靈放一把大火。

　　第一種類型：一直擔心「別人會怎樣想」的心靈枷鎖。

　　有的時候，當你想做一件事情的時候，首先想到的不是成功，而是先想到如果失敗了「別人將會怎麼看？」這是一種最普遍而且最具自我毀滅性的心理狀態。這種心態是一種強而有力的枷鎖。它不僅會傷害你的創造力和人格，還有可能把你原有的能力破壞殆盡，使你永遠只停留在原地。

　　這裡給你推薦一種簡單易行的方法，為擺脫這種「別人」式的心靈枷鎖，你不妨想一想，首先你要清楚「別人」並不是「先知先覺」，他們往往都是「事後諸葛亮」。然後要時刻提醒自己：走自己

的路，讓別人去說吧！不要管別人會怎麼去想，怎麼去說。

第二種類型：認為「已為時太晚」的心靈枷鎖。

人的一生要經歷許多的成功與失敗，並不是說成功者就不會失敗，就沒有失敗過，往往是越成功的人，他們所經歷的失敗越多。並且成功沒有時間的先後，只要向著自己的目標努力，無論成功的大小都會有所回報。然而，許多失敗者失敗後，就覺得再重新拚搏已為時太晚了，無法再創業了，於是對自己的未來完全妥協，逆來順受地熬日子。試想如果一個三十歲的青年做生意虧本，就自認為無法東山再起；一個四十歲的寡婦就自認為太老無法再婚；一位十年前破產的廠長想要重新開始投資，就認為時過境遷。那麼三十歲就否定了自己的未來，四十歲的心態就變得老態龍鍾，十年後再投資就覺得時機不在的人，是否真的如他們所認為的那樣就不能成功呢？

為了解除這種「為時太晚」的枷鎖，這裡給你一個建議，看看那些社會上的活躍人物，他們不去理會年齡的限制，並下定決心，不斷奮鬥終究會有新成就。所謂「春蠶到死絲方盡，蠟炬成灰淚始乾」，成功與年齡無關，重新開始永遠為時不晚。

第三種類型：背著「過去錯誤」的心靈枷鎖。

有這麼一群人，他們害怕再次嘗試，因為他們曾經失敗過，受創很深，所謂「一朝被蛇咬，千年怕草繩」。但是，對每一位有志之士來說，他都必須對過去所犯的錯誤保持正確的哲學觀，從而使他得以再次突破，再創佳績。如果你能真正的理解「失敗是成功之母」的話，那你就不會害怕失敗。而如果你把失敗看成是成功路上所要學習的一筆財富的話，那麼你就不會被失敗所打倒。

這種類型的枷鎖的解決方法是，你完全不必把「過去的錯誤」看得太重。其實那根本不能算作失敗，只能算是受教育，它能教會你許多事情，使你更加成熟。

第四種類型：擔心「註定會失敗」的心靈枷鎖。

這是一種非常普遍的心理。一旦失敗，便將自己初始的動機全部扼殺。他們不斷重複著說：「早知如此，何必當初！」他們因此把自己看得渺小，無法真正透徹地看清自己。

為了擺脫「註定會失敗」的枷鎖，你不妨保持積極的態度。切莫在不經意中將自己的創新意識拋棄。只要想著「我將要成功」而不是會失敗；「我是一個勝利者」而非「一個失敗者」，擺脫自己的心靈枷鎖，尋找一切能助你成功的方法，你會成功地擁有屬於自己的一片天空。

每天喝一點雞湯：

一個人要想獲得成功，早日實現心中的理想，就必須掙脫以上這些束縛心靈的枷鎖。

▶ 想得開才能看得開

善待自己，就是珍惜自己，愛護自己；善待自己，就是善待自己的一言一行，一舉一動，也就是「言必行，行必果」；善待自己，就是把自己的才能、潛力最大限度地發揮出來；善待自己，就是對社會、家庭、事業和周圍的人負責；善待自己，就是善待生命，善待人生。

第6章　心態好一點，煩惱少一點

　　王冰現在是一家公司的市場部經理，三年前，在外面有情人的丈夫和她離了婚，雖然有了孩子，但王冰並未放棄對生活的熱愛和對幸福的追求，她自學考研究所，自修管理專業，還要照顧幼小的孩子，但她卻說她的生活很充實，至少沒有了和丈夫的爭吵，和對他的氣憤，她自信，必須以實際行動告訴孩子，他雖然沒有父親，卻有一個自信堅強的母親。孩子慢慢長大，現在，她每週都帶孩子去遊樂園玩，有時還請假帶孩子短遊幾天，孩子也很聰明開朗。最近，她又和一位優秀的男士結了婚，現在笑容每天都掛在她的臉上。

　　王冰，可以說是一位堅強的女性，她並未因失去丈夫而自暴自棄，也並未因為孩子小而讓她感覺到有負擔，而是作為一個母親，勇敢承擔起做母親的責任，照顧孩子，發展自己，最終獲得自己想要的幸福，這就是善待自己的典範。

　　每個人在自己的哭聲中來到這個世界，在別人的哭聲中離開這個世界，這來去之間，便是生命的歷程。相對於茫茫宇宙，只是短暫的一瞬，而相對於你我卻是一生一世。所以，我們要時刻懂得善待自己，為快樂而活。

　　世事難料，上天不會眷顧每一個人，甚至會在「降大任於斯人也」之前，先「苦其心志」，所以既然我們無法改變這些，那麼不管處境多難，過得多苦多淒慘，只要我們真正能體會到生命的尊嚴與來之不易，明白存在的價值，對自己心靈的感動就會油然而生，就會由衷地覺得好好活著是多麼的美好。所以，當今天我們還擁有這一顆脈搏起伏跳動的心時，要懂得善待自己，為快樂而活。

　　為快樂而活，不是爭名奪利，不是穿金戴銀，不是錦衣玉食，

而是追求心中的一份寧靜平和，讓自己時刻保持樂觀大度的心態。生命，上天都給予我們了，就不要因為自身條件的不如人意而痛苦，懊惱地折磨自己，與其這樣身心疲憊地折騰自己有限的生命，為何不充分利用這個時間來享受此刻我們所擁有的一切呢？親情、愛情、友情、陽光、空氣……還有讓自己變得快樂起來的心情！這才是為自己而活的最高境界。

善待自己，因為你是你今生的唯一；善待自己，你將獲得對自己的認同和理解；善待自己，為使自己能更好地給予他人。

義大利戲劇家皮蘭德羅（Luigi Pirandello）說：「我們每個人身上都擁有一個完整的世界，在每個人身上這個世界都是你自己的唯一。」

你應該這樣告訴自己：若沒有我，我的自我將變成空頭支票；若沒有我，我的生命將戛然而止；若沒有我，我的世界將變成一片廢墟。儘管在整個宇宙我不過是滄海一粟，但對於我自己，我是我的全部。為此我首先珍重自己，才能得到別人的珍重；我必須善待自己，才對得起造物主的恩賜。

當真正領悟到生命比一切都重要的時候，我們便可以真正地善待自己了，只有做到生命、心態、靈魂三者完美結合才算是真正的善待自己。生命誠可貴，自身價更高，只為快樂活，雜念早該拋。朋友，人生是短暫的，時刻善待自己，快樂地生活吧！

人在遇到困難、失敗和挫折時，最希望得到別人的幫助、鼓勵和支援。但是，俗話說「勸皮勸不了心」，外力還要靠自己內化，才能從根本上解決問題。所以，一個人遭受挫折後，最關鍵的是要自我安慰、自我調節，即善待自己。如果一個人不懂得善待自己，

承受挫折的心理是無法得以調節的。那麼，如何善待自己呢？

（一）善待自己，首先要珍惜自己的生命。

人生不過短短幾十年，如果在碌碌無為中度過，或者在消極悲觀中度過，甚至自殺了卻此生，那你豈不是白來世間一趟。如果，你在受了些挫折後，想不開，覺得活著沒意義，你不妨試著去欣賞一下別人的好處，知道在這個世界上，其實還有很多事情等著你去做，你的生命是很有價值的。生命只有一次，既然我們在這裡領悟過了人生，就該好好地去珍惜它，讓生命真正散發光彩。

（二）善待自己，要會保護自己。

許多挫折都是人為造成的，有的人因為鋒芒太勝，稜角太強而挫傷了別人也害了自己，這種人就是不會保護自己。所以，必須把保護自己也算作一種才華。一個不會自我保護的人再有才華，也會使才華過早地埋沒，而不能為社會做更多的事。為了避免再受挫折，凡是稜角較強的人都必須學會保護自己。平時不要過於鋒芒畢露，展現自己，要學會待人處事。

（三）善待自己，用一顆平常的心看待榮辱得失。

不以物喜，不以己悲。許多事情，只要我們用心去做了，只要我們問心無愧，結果就顯得不重要了，所以，不必因為失敗或挫折而怨天尤人，折磨自己。

（四）善待自己，不妨多些角度審視自我，還要換位思考問題。

「橫看成嶺側成峰，遠近高低各不同」。許多本來可以避免的麻煩與衝突，多是因處理不當將自己置入其中的。吃一塹，長一智。人正是在不斷失敗的過程中成長起來的，失敗是成功之母。

（五）善待自己，要懂得自我安慰。

給真誠執著的心加上一把勁，為屢敗屢戰的自己大聲喝彩！相信「不經歷風雨，怎能見雨後彩虹」，相信「冬天到了，春天還會遠嗎？」讓生命的真實在希翼中獲得一次暢快的呼吸。讓自己更堅強，讓生命更昂揚！

每天喝一點雞湯：

做到善待自己，就要做到看得開，想得開，珍惜生命，享受生活。人生在世，不如意事常八九，更何況當今世界物欲橫流，世事紛擾。世上沒有解不開的結，就怕你看不開，想不開。

▶ 精彩的生活不要想太多

一次，有人問農夫是不是種了麥子。農夫回答：「沒有，我擔心天不下雨。」那個人又問：「那你種了棉花了嗎？」農夫說：「沒有，我擔心蟲子吃了棉花。」於是那個人又問：「那你種了什麼？」農夫說：「什麼也沒種。我要確保安全。」

生活中不少人就像那個農夫一樣，不冒任何風險，到頭來，什麼也做不成，什麼也不是。他們不敢笑，因為他們怕冒愚蠢的風險；他們不敢哭，因為害怕冒別人恥笑的風險；他們不敢向他人伸出援助之手，因為要冒被牽連的風險；他們不敢暴露感情，因為要冒露出真實面目的風險；他們不敢愛，因為要冒不被愛的風險；他們不敢希望，因為要冒失望的風險；他們不敢嘗試，因為要冒失敗

的風險……他們被自己的態度所捆綁，是喪失了自由的奴隸。而有膽量，有勇氣的人不是這樣。

在人生中，思前想後，猶豫不決固然可以免去做錯事的可能，但更大的可能是會失去成功的機遇。

世界保險業的鉅子克萊門托・斯通（William Clement Stone）於一九〇二年五月四日出生於美國芝加哥的一個窮困無援的家庭中，父親很早去世，由母親將他撫養成人。斯通十多歲時就開始幫助母親從事保險業工作。母親命令他到辦公大樓從上至下爭取顧客，斯通感到害怕，站在辦公大樓外面的人行道上，兩條腿直發抖，這時候最能給斯通以鼓勵的一句話就是：「現在就做！」正是在這句話的鞭策之下，斯通才有勇氣從一個辦公室進入另一個辦公室。二十歲時，斯通建起了自己的「聯合保險代理公司」，而且第一天就做成了五十四份保險。當時，許多人都對「聯合保險代理公司」的前途持懷疑態度，斯通卻一往無前地將他的公司一再擴大，從美國的東海岸一直發展到西海岸，還雇用了一千名保險推銷人員。

然而，就在斯通的事業蒸蒸日上的時候，經濟大蕭條的寒流席捲了美國，許多中小工商業倒閉，人們都想把錢存下來以度將來更艱難的日子，再也沒有人想到斯通的保險公司去投保了。斯通冷靜地面對現實，他認為：「如果你在困難的時期以決心和樂觀來應對，你總會有利益可得。」斯通把自己的想法灌輸給自己的部下。那時推銷團隊只剩下兩百人，他帶領著部下艱難奮戰。

一九三〇年，一度十分興盛的賓夕凡尼亞傷亡保險公司因不景氣而停業，巴的摩爾商業信用公司願以一百六十萬元出售。斯通得到這一消息，決心乘此良機將該公司買下來，但是，他沒有這麼多

錢，他對自己說了句：「現在就做！」帶領律師走入了巴的摩爾商業信用公司董事長的辦公室。

「我想買你們的保險公司。」

「很好，一百六十萬元。你有這麼多錢嗎？」

「沒有，不過，我可以借。」

「向誰借？」

「向你們借。」

這真是一樁不可思議的買賣。但是，經過多次洽談，商業信用公司還是同意了。克萊門托·斯通買下賓夕凡尼亞傷亡保險公司，苦心經營，終於將一家微不足道的保險公司發展成為今日的美國混合保險公司，斯通本人也躋身於美國富翁之列，其財產至少在五億元以上。

在人生中，我們必須學會冒險，因為生活中最大的危險就是不冒任何風險。

每天喝一點雞湯：

生活中，不能缺少冒風險的勇氣。對於一項需要冒險的工作，當別人猶猶豫豫的時候，你迅速做出決斷，大膽承擔起來，很可能這就是改變你的命運的關鍵性一步。

▶ 活在當下沒煩惱

有一個年輕人看破紅塵了，每天啥也不做，懶洋洋地坐在樹底下晒太陽，有一個智者問，年輕人，這麼大好的時光，你怎麼不去賺錢？年輕人說，沒意思，賺了錢還得花沒了。智者問，你怎麼不結婚？年輕人說，沒勁，弄不好還得離婚。智者說，你怎麼不交朋友？年輕人說：沒意思，交了朋友弄不好會反目成仇。智者給年輕人一根繩子說，乾脆你上吊吧，反正也得死，還不如現在死了算了。年輕人說，我不想死。智者說，生命是一個過程，不是一個結果。年輕人幡然醒悟，這就叫一句話點醒夢中人。

這種生活智慧和佛家常勸世人要「活在當下」的含義相似。到底什麼叫做「當下」？簡單地說，「當下」指的就是：你現在正在做的事、處在的地方、周圍一起工作和生活的人；「活在當下」就是要你把關注的焦點集中在這些人、事、物上面，全心全意認真去接納、品嘗、投入和體驗這一切。

有個小和尚，每天早上負責清掃寺院裡的落葉。清晨起床掃落葉實在是一件苦差事，尤其在秋冬之際，每一次起風時，樹葉總隨風飛舞。每天早上都需要花費許多時間才能清掃完樹葉，這讓小和尚頭痛不已。他一直想要找個好辦法讓自己輕鬆些。

後來有個和尚跟他說：「你在明天打掃之前先用力搖樹，把落葉統統搖下來，後天就可以不用掃落葉了。」小和尚覺得這是個好辦法，於是隔天他起了個大早，使勁地猛搖樹，這樣他就可以把今天跟明天的落葉一次掃乾淨了。一整天小和尚都非常開心。

第二天，小和尚到院子裡一看，他不禁傻住了。院子裡如往日

一樣滿地落葉。老和尚走了過來，對小和尚說：「傻孩子，無論你今天怎麼用力，明天的落葉還是會飄下來。」

小和尚終於明白了，世上有很多事是無法提前的，唯有認真地活在當下，才是最真實的人生態度。對此，你可能會說：「這有什麼難的？我不是一直都活著並與它們為伍嗎？」話是沒錯，問題是，你是不是一直活得很匆忙，不論是吃飯、走路、睡覺、娛樂，你總是沒什麼耐性，急著想趕赴下一個目標？因為，你覺得還有更偉大的志向正等著你去完成，你不能把多餘的時間浪費在「現在」這些事情上面。

不只是你，大多數的人都無法專注於「現在」，他們總是若有所思，心不在焉，想著明天、明年甚至下半輩子的事。有人說「我明年要賺得更多」，有人說「我以後要換更大的房子」，有人說「我打算找更好的工作」。後來，錢真的賺得更多，房子也換得更大，職位也連升好幾級，可是，他們並沒有變得更快樂，而且還是覺得不滿足：「唉！我應該再多賺一點！職位更高一點，想辦法過得更舒適！」

這就是沒有「活在當下」，就算得到再多，也不會覺得快樂，不僅現在不夠，以後永遠也不會嫌夠。忘了真正的滿足不是在「以後」，而是在「此時此刻」，那些想追求的美好事物，不必費心等到以後，現在便已擁有。或許人生的意義，不過是嗅嗅身旁每一朵綺麗的花，享受一路走來的點點滴滴而已。畢竟，昨日已成歷史，明日尚不可知，只有「現在」才是上天賜予我們最好的禮物。

每天喝一點雞湯：

> 活在當下是一種全身心地投入人生的生活方式。當你活在當下，而沒有過去拖在你後面，也沒有未來拉著你往前走時，你全部的能量都集中在這一時刻，生命因此具有一種強烈的張力。這就是使生活豐富的唯一方式。

▶ 不要老跟自己過不去

人生中似乎困擾太多，快樂太少。你是否覺得人生本應一帆風順，那些降臨在自己身上的挫折與困難都該統統消失，否則便要怨天尤人？你是否認為眾人應該友好、平等地待你，你所追求的心儀對象應該接受你，否則便會感覺沮喪或是焦慮？你是否要求自己盡善盡美地完成工作，一旦稍有失誤就會自我否定或是自我譴責？其實，上述種種不快大都源於你自己，事實上是你在困擾自己。

有一位母親，多年從事高科技的研究，在事業方面很有成就。可是，在生活方面，她卻是個孤僻怪異、憤世嫉俗之人。她聽不慣年輕一代喜歡的流行音樂，不是一般的「不喜歡」，而是一種「憤恨」，只要聽到什麼搖滾音樂啊、網路歌曲的，她就會憤然痛斥一番，甚至用棉花球堵耳朵的方式以示抗議。她也不喜歡別人在她面前談論什麼青春，什麼時尚。

她的女兒很孝順也很優秀，研究所畢業後被分配在研究室裡做研究。母親說，做什麼研究啊，賺錢太少，我都做了一輩子研究了，沒什麼意思。女兒聽了母親的話，就辭掉了原來的工作，應聘

到一家跨國大公司做白領，工資很高，生活得也很好。可這位母親還是不滿意，一天到晚嘮叨，說女兒的工作沒有前途，公司總歸是別人的，以後老了怎麼辦。女兒一賭氣，不做白領了，自己開了一家公司，又憑著自己的努力，很快成為行業內有名的女強人。

女兒很感激母親的養育之恩，她也千方百計順著母親的心，為的是讓母親能有個幸福的晚年。她以為母親這下總該滿意了，可惜她錯了，母親仍然嘮叨，還是莫名其妙地發脾氣，說著一些無關緊要的事，生著無關緊要的人的氣。她總是陷入雜事中不能自拔，經常為找一個很小的東西把家裡翻得亂七八糟，還常和別人生氣。

這位母親真是沒事老跟自己過不去的一個典型。其實，她完全可以過另外一種自己喜歡的生活。她事業上有所成就，經濟上沒有壓力，有什麼事女兒隨叫隨到。按說她應該活得很好。可是，事情並不是這樣，她整天愁眉苦臉，總覺得誰欠了她似的。主要是她老跟自己過不去。

其實，活著就是活著，要活在自己的內心裡，不要活在別人的眼睛裡，千萬別跟自己過不去，而要糊塗一下，這樣你就會給自己和別人帶來快樂。

每天喝一點雞湯：

生活中糊塗是快樂之源。有時候，快樂就在離我們很近的地方，伸手可得。自己不跟自己過不去，裝裝糊塗就總能開心快樂。

▶ 珍惜眼前的幸福

人很奇怪，每每要到失去後才懂得珍惜。其實，幸福早就放在你的面前。肚子餓得不行的時候，有一碗熱騰騰的拉麵放在你眼前就是幸福；累得半死的時候，躺在軟軟的床上是幸福。

人生在世，由於際遇的不同，有的人生活清苦卻感到幸福，有的人則過著富裕的生活仍感到苦惱。而更多的時候，人們之所以感覺不幸福，是因為當幸福來臨的時候，常常渾然不覺，無論別人投來多少羨慕的目光，還是不知道珍惜自己所擁有的幸福，反而讓幸福白白地從自己手指間溜掉，到了最後，給自己剩下的只有揮之不去的痛苦。就像錢鍾書所說：「人生的刺，就在這裡，留戀著而不肯快走的，偏是你所不留戀的東西。」

印度有一位知名的哲學家，氣質高雅，因此成為很多女人的偶像。某天，一個女子來拜訪他，她表達了愛慕之情後說：「錯過我，你將再也找不到比我更愛你的女人了！」

哲學家雖然也很中意她，但仍習慣性地回答說：「容我再考慮考慮！」

事後，哲學家用他一貫研究學問的精神，將結婚和不結婚的好處與壞處，分條列下來，結果發現好壞均等，究竟該如何抉擇？他因此陷入了長期的苦惱之中。最後，他終於得出一個結論──人若在面臨抉擇而無法取捨的時候，應該選擇自己尚未經歷過的那一個。不結婚的狀況他是清楚的，但結婚後會是個怎樣的情況，他還不知道。對！應該答應那個女人的請求。

哲學家來到女人的家中，問她的父親：「你的女兒呢？請你告

訴她，我考慮清楚了，我決定娶她為妻！」女人的父親冷冷地回答：「你來晚了，我女兒現在已經是孩子的媽了！」

哲學家聽了，整個人幾乎崩潰，他萬萬沒有想到，他向來引以為傲的精明頭腦，最後換來的竟然是一場悔恨。此後，哲學家抑鬱成疾，臨死前，他將自己所有的著作丟入火堆，只留下了一段對人生的批註——如果將人生一分為二，前半段的人生哲學是「不猶豫」，後半段的人生哲學是「不後悔」。

哲學家死之前終於明白，幸福本沒有絕對的定義，平常的一些小事往往能振動你的心靈。幸福與否，只在於你怎麼看待。

幸福，其實是無時不在我們身邊的，只要我們細心地去感受，敏銳地去觀察，你會發現，原來，幸福與我們是那麼接近！如果你一個不小心，幸福也許會從我們身邊偷偷地溜走。只關注現在，不顧及將來，也未嘗不是一種保持歡樂的捷徑。所以，我們應該在幸福還沒有溜走之前，好好地把握，好好地珍惜！

每天喝一點雞湯：

幸福就是珍惜已擁有的一切。珍惜現在的自己，珍惜現在愛你的人，珍惜現在你愛的人，就是能把握的幸福。如果你想生活得快樂，那麼就學會珍惜吧！珍惜是幸福快樂的法寶。

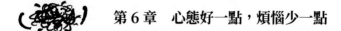

第 6 章　心態好一點，煩惱少一點

糊塗多一點，煩惱少一點

　　提起「糊塗」兩字，你是否想到了鄭板橋的一句名言：「難得糊塗」。短短四字言簡意賅，但它卻道出了糊塗生活的大智慧。糊塗與清醒本在一念之間，參照物不同，得出的結果自然也不同。糊塗其實是一種智慧，是一種生活的方式。人不是神，誰又能完全駕馭這個世界？所以，人是有局限的，因而人在某些場合就必須放棄自己的明白，順其自然，裝裝糊塗。

▶ 聰明多被聰明誤

誰都希望自己是一個非常聰明的人，絕大多數人也都希望能夠在眾人面前表現出自己的聰明才智，從而得到人們的認可。可是事實上，世上真正意義上的聰明人幾乎是沒有的，而本不聰明卻要自作聰明的人，卻是隨處可見，比比皆是。一則笑話說：有個人，天天閒得無聊，抓了幾粒稻子吃起來，覺得又扎嘴、又苦澀。他想：如果把稻子去掉皮殼，再煮熟就是非常好吃的米飯；如把煮熟的米種到地裡，將來收穫時不更好吃了嗎？於是，他煮了一鍋米飯，撒到地裡。結果可想而知，這便是自作聰明的結果。

三國時期，楊修在曹操手下任主簿，起初曹操很重用他，楊修卻處處耍小聰明。例如有一次有人送給曹操一盒乳酪，曹操吃了一些，就又蓋好，並在蓋上寫了一個「合」字，大家都不明白這是什麼含義，楊修見了，就拿起匙子和大家分吃，並說：「這『合』字是叫一人吃一口啊！」還有一次，建造相府，造好大門後曹操親來查看了一下，沒說話，只在門上寫了一個「活」字就走了。楊修一見，就令工人把門改窄。別人問為什麼，他說門中加個「活」字不是「闊」嗎，丞相是嫌門太大了。這樣一來，曹操就討厭楊修每次都猜出自己的心意了。

建安二十四年（西元兩百一十九年），劉備進軍定軍山，他的大將黃忠殺死了曹操的大將夏侯淵，曹操親自率軍到漢中來和劉備決戰，但戰事不利，前進則困難重重，撤退又怕被人恥笑。一天晚上，護軍來請示夜間的口令，曹操正在喝雞湯，就順便說了「雞肋」，楊修聽到以後，便不等上級命令，叫隨從軍士收拾行裝，準

備撤退，影響了軍心。曹操知道以後，他還辯解說：「魏王傳下的口令是『雞肋』，可雞肋這東西，棄之可惜，食之無味，正和我們現在的處境一樣，進不能勝，退恐人笑，久駐無益，不如早歸，所以才先準備起來，以免到時慌亂。」曹操一聽，大怒道：「你小子怎敢造謠亂我軍心！」於是喝令刀斧手，推出斬首，並把首級懸掛在轅門之外，警戒三軍。

對於曹操斬楊修，一般人們會認為是曹操心眼小，藉機殺人。其實關鍵是楊修聰明過頭。世上有真聰明與假聰明之分。可惜的是有些人屬於假聰明，卻並不自知，其結果可想而知。楊修就是這樣，經常不看場合，無視別人的好惡，只管賣弄自己的小聰明。結果自然越來越遭人討厭和憎恨，為自己招來了殺身之禍。雖然曹操事後不久果真退了兵，但平心而論，楊修之死也確實罪有應得。試想兩軍對壘，是何等重大之事，怎麼能根據一個口令，就賣弄自己的小聰明，隨便行動呢？即使真的撤軍，也要用正面的語言和行為來表達，不然會軍心大亂。而軍心是軍隊的命根。這是最起碼的軍事常識，但楊修違背了，豈不是自尋死路？

在我們的人生歷程中，不難看到類似的情形。每個人都想表現得很聰明，但如果一個人老耍小聰明就成了一種愚蠢。建議你在面對人生際遇時，切勿自作聰明，而要學學糊塗。

每天喝一點雞湯：

充分地認識自己，明確自己的能力，面對問題冷靜判斷，量力而為，這才是聰明人應該做的。如果你真的想表現得比其他人更聰明一些，那麼你就應該對自己

有一個自知之明，沒有必要總是要向他人強調自己的聰明，更沒有必要利用所有可利用的以及不可利用的機會向眾人表現你的聰明。

▶ 糊塗智慧比聰明更重要

大凡立身處世，是最需要聰明和智慧的，但聰明與智慧有時候卻依賴糊塗才得以體現。鄭板橋說：「聰明有大小之分，糊塗有真假之分，所謂小聰明大糊塗是真糊塗假智慧。而大聰明小糊塗乃假糊塗真智慧。所謂做人難得糊塗，正是大智慧隱藏於難得的糊塗之中。」

從理論上講，一個人的智商高出普通人的正常值，這樣的人就是我們生活中常說的聰明人。然而，順著這個邏輯，我們會發現很多成功的人物並不絕頂聰明，相反，他們可能還曾是有些笨。有個統計數字顯示，成功的人物中最多只有不超過百分之十的人智商超群，其餘百分之九十的智商絕對只是普通人水準。但是，他們成功了。為什麼會這樣呢？原來，成功的人物更重視智慧。

生活中，聰明與智慧實在是兩回事，聰明是一種先天的東西，總令人感到聰明人的光輝，但往往這種表面的光芒，不能令聰明人成功，所以我們經常看到很多被認為聰明的人往往一事無成。

而智慧就不同了，有智慧的人未必聰明，如寓言塞翁失馬中的塞翁，愚公移山中的愚公，他們眼裡看見的不是即時的利益，而是日後的好處，因為日後的大利，他們肯去吃眼前的苦。這樣的人肯

定不是聰明人，但他卻是一個有智慧的人。

美國總統威爾遜（Thomas Woodrow Wilson）小時候比較木訥，鎮上很多人都喜歡和他開玩笑，或者戲弄他。一天，他的一個同學一手拿著一美元，一手拿著五美分，問小威爾遜會選擇拿哪一個。

威爾遜回答：「我要五美分。」

「哈哈，他放著一美元不要，卻要五美分。」同伴們哈哈大笑，四處傳著這個笑話。

許多人不信小威爾遜竟有這麼傻，紛紛拿著錢來試。然而屢試不爽，每次小威爾遜都回答「我要五美分。」整個學校都傳遍了這個笑話，每天都有人用同樣的方法愚弄他，然後笑呵呵地走開。

終於，他的老師有一天忍不住了，當面詢問小威爾遜：「難道你連一美元和五美分都分不清大小嗎？」

「我當然知道。可是，我如果要了一美元的話，就沒人願意再來試了，我以後就連五美分也賺不到了。」

你看，威爾遜只是不願把心思放在貪圖小利的小聰明上，而只著眼於智慧。生活中，智慧和聰明就像主人和僕人的關係。主人沒有僕人的協助不行，會顯得非常笨拙狼狽，缺乏效率。但再聰明的僕人都還是僕人，他不可能是主人。僕人需要主人的方向，沒有主人的僕人，等於失去了用處。因此，我們必須通過實踐去把聰明轉變成智慧，在智慧的基礎上行動，從而能夠事半功倍。

每天喝一點雞湯：

糊塗智慧可以成就大事業，能經受時間考驗；聰明只能帶來一時的成功，總有機關算盡的時候。當然，聰

明不是錯，更不是罪，關鍵是要用好自己的聰明，把聰明轉化為智慧。這樣，才能為自己的人生錦上添花，而不會讓它成為美麗的泡沫。

▶ 糊塗是一種傻瓜精神

有一道題問：如果漂流到一個荒島，只能帶三樣東西，你會帶什麼？許多人回答：一棵檸檬樹，一隻鴨子，一個傻瓜。為什麼不帶聰明人而帶傻瓜？因為聰明人會砍掉檸檬樹，吃掉鴨子，甚至最後害了主人。只有傻瓜，才能執著地拚命努力，最後能種瓜得瓜。生活中，人們需要這種傻瓜精神。傻瓜精神是一種智慧的處世方法，有傻瓜精神的地方往往會發生奇蹟。

一般說來，生活中精明人有精明的算計，傻瓜自然也有傻瓜的辦法。傻瓜對許多事是不放心上的，缺乏精明人的一些算計和設想。不過，算計和設想雖是好事情，可好事情的另一面常常就是陷阱，就造成人的過失。而傻瓜缺乏那樣的算計，也就避免了那樣的算計，也就避免了那樣的過失，也就無陷阱可言。傻瓜不會過分注意身邊的潛在危險和可能要失去的東西，所以他們往往對事物並不主動出擊，這樣既不會使危險擴大，又能最終成就一些事業。

在電影《阿甘正傳》中，主角阿甘在人們的眼中一度像個白癡一般，但是他卻做出了偉大的事業。阿甘出生在美國南部阿拉巴馬州的綠茵堡鎮，由於父親早逝，他的母親獨自將他撫養長大。

阿甘不是一個聰明的孩子，小的時候受盡欺侮，他的母親為了

鼓勵他，常常這樣說：「人生就像一盒巧克力，你永遠也不知道接下來的一顆會是什麼味道。」他牢牢地記著這句話。在社會中，阿甘是弱者，他幾乎沒有能力掌控自己的生活。於是，他選擇命運為他做出安排。

阿甘的智商只有七十五，但憑藉跑步的天賦，他順利地完成大學學業並參了軍。在軍營裡，他結識了「捕蝦迷」布巴和神經兮兮的丹‧泰勒中尉。隨後他們一起赴越南戰場。戰鬥中，阿甘的小分隊遭到了伏擊，他衝進槍林彈雨裡搭救戰友，丹中尉命令他乖乖地待在原地等待援軍，他說：「不，布巴是我的朋友，我必須找到他！」雖然沒能最終挽救布巴的生命，但至少，布巴走時並不孤單。

戰後，阿甘決定去買一艘捕蝦船，因為他曾答應布巴要做他的捕蝦船的大副。當他把這個想法告訴丹中尉時，丹中尉笑話他：「如果你去捕蝦，那我就是太空人了！」可阿甘說，承諾就是承諾。終於有一天，阿甘成了船長，丹中尉當了他的大副。

阿甘和女孩珍妮是青梅竹馬，可珍妮有自己的夢想，不願平淡地度過一生。於是，珍妮讓阿甘離自己遠遠的，不要再來找她，可阿甘在越南依舊每天寫信給珍妮，依舊會跳進大水池裡和珍妮擁抱。珍妮說：「阿甘，你不懂愛情是什麼。」阿甘說：「不，雖然我不聰明，但我知道什麼是愛。」珍妮一次又一次地離開，但阿甘從未放棄過她。最終有情人終成眷屬。

曾讀一篇妙文，其中有句話恰好道出了其中奧妙：「天下最傻的人，是把別人當傻子的人！」阿甘的成功，從某種意義上說，拜賜於他的傻、不計較輸贏得失。阿甘總是那麼快樂、那麼勇敢，我

們以為他不知道自己和別人不同，沒想到，原來他一直都承受著因歧視而帶來的痛苦，從而不希望他的孩子與自己一樣，原來他不是不知道，只是裝糊塗，不計較。

傻瓜的天性裡含有一種自然的忍讓、寬容和視而不見，是一種精明人很難做到的事情。傻瓜由於自身的特點，目光往往是不夠尖銳的，這樣他也就沒有那麼多的挑剔。一個不去挑剔生活和別人的人，是幸福的。而生活中的糊塗智慧就是這樣。

每天喝一點雞湯：

> 古語云：大智若愚，大巧若拙。這句話的大概意思是擁有大智慧的人往往都表現很愚鈍，身手很靈敏的人往往都表現的很笨拙。其實，這是一種境界。人生中適當的「傻」是一種美德，也是一種智慧。

▶ 一張一弛，文武之道

在大都市里經常存在這種現象：早上六點左右鬧鐘響，職業男女匆忙起床，忙得團團轉，洗漱一番，套上職業工作服；要是有時間，就用點早餐，抓起公事包往外跑，開始接受每天例行的懲罰——所謂交通高峰的堵塞；朝九晚五的工作，應付上司，應付同事，應付廠商，應付客戶、顧客。這種緊張繁忙的工作會讓你飽受壓迫。

心理學家做過一個試驗，用動物來類比人的「緊張狀態」。他們將狗關一個大房間裡，房間裡有足夠的食物與水。心理學家整天

整夜地用光和聲響驚嚇這些狗，使它們緊張起來。經過幾天的試驗，發現有的狗在緊張的氣氛中變得精神抖擻，視覺、聽覺和動作變得敏銳，到處尋找逃生的出口；有的狗全身發抖，夾著尾巴，甚至變成了「狂犬」；有的狗則變得行為遲鈍，萎縮在角落裡睡著了。

緊張對人和動物都有刺激，如同動物受刺激後反應不同一樣，人在緊張狀態下的反應也各有不同，有的人樂於忍受壓力，越有壓力越興奮，快節奏使其感到舒坦；有的人卻不然，一旦有強大的壓力，則會心神不寧，不知所措，以至失眠。每個人只要注意觀察自己的應激表現，就可以瞭解自己在什麼程度的緊張狀態下工作情況最好。但緊張一旦超過了自身的承受力，則會產生許多不良的影響。

趙先生是位生意人，賺了幾百萬元，而且也存了相當多的錢。他在事業上雖然十分成功，但卻一直未學會如何放鬆自己。他是位神經緊張的生意人，並且把他職業上的緊張氣氛從辦公室裡帶回了家裡。

趙先生剛剛下班回到家裡踏入餐廳中。餐廳中的家具十分華麗，但他根本沒去注意它們。他在餐桌前坐下來，但心情十分煩躁不安，於是他又站了起來，在房間裡走來走去。他心不在焉地敲敲桌面，差點被椅子絆倒。

趙先生的妻子這時候走了進來，在餐桌前坐下；他打聲招呼，一面用手敲桌面，直到一名僕人把晚餐端上來為止。他很快地把東西一一吞下，他的兩隻手就像兩把鏟子，不斷把眼前的晚餐一一鏟進嘴中。

吃完晚餐後，趙先生立刻起身走進起居室去。起居室裝飾得

第 7 章　糊塗多一點，煩惱少一點

十分美麗，有一張長而漂亮的沙發，華麗的真皮椅子，地板鋪著高級地毯，牆上掛著名畫。他把自己投進一張椅子中，幾乎在同一時刻拿起一份報紙，他匆忙地翻了幾頁，急急瞄了一瞄大字標題，然後，把報紙丟到地上，拿起一根雪茄，點燃後吸了兩口，便把它放到煙灰缸去。

趙先生不知道自己該怎麼辦。他突然跳了起來，走到電視機前，打開電視機，等到畫面出現時，又很不耐煩地把它關掉。他大步走到客廳的衣架前，抓起他的帽子和外衣，走到屋外散步去了。

趙先生這樣子已有好幾百次了。他沒有經濟上的問題，他的家是室內裝潢師的夢想，他擁有兩部汽車，事事都有僕人服侍他──但他就是無法放鬆心情。不僅如此，他甚至忘掉了自己是誰。他為了爭取成功與地位，已經付出他的全部時間，然而可悲的是，在賺錢的過程中，他卻迷失了自己。

人應該學會調整和放鬆。你要知道應該在什麼時候放下工作，輕鬆一會兒，在緊張的生活中我們要學會鬆弛自己的神經。

一張一弛既能讓事業得到發展，也能夠保證身體、生理、心理、精神方面的健康狀態。你只有覺得不再那麼神經緊張時，才可以快快樂樂地工作。因此，你要接受你的不足。要知道你只是一個人，你的能力有限。告訴你自己不要把自己逼得像個奴隸，你應該輕鬆下來。如果你發現自己正在瘋狂地奔波勞累，那要趕快停下來。問問你自己這樣做有何用處，你是願意把自己逼出心臟病來，還是承認自己的有限能力，然後輕鬆下來？

每天喝一點雞湯：

> 　　一張一弛，文武之道。人們在安排日常生活時，既不要過分緊張，也不要過分鬆垮，應把生活安排得充實一些，使生活的節奏適度緊張，並且把這種生活看成是一種樂趣，這會使生活變得豐富多彩。

▶ 糊塗的生活不怕挫折

　　科學研究證明，世界上的跳高冠軍是跳蚤。跳蚤跳起來的高度是跳蚤身高的一百倍以上，因此被稱為世界上跳得最高的動物！

　　科學家用跳蚤進行試驗：他們在跳蚤的頭上罩上一個玻璃罩，然後使跳蚤跳動。跳蚤第一次起跳就碰到了玻璃罩。連續多次以後，跳蚤調整了自己能夠跳起的高度來適應新的環境，此後每次跳起的高度總保持在罩頂以下。科學家們逐漸降低玻璃罩的高度，跳蚤又經過數次碰壁之後主動調整了高度。最後，玻璃罩接近桌面，跳蚤無法再跳了，只好在桌子上爬行。經過一段時間，科學家把玻璃罩拿走後，再拍桌子，跳蚤仍然不會跳，「跳蚤」變成「爬蟲」了。「跳蚤」變成「爬蟲」，不是因為已經失去了跳躍的能力，而是一次次遭受挫折之後學乖了，習慣了，最後麻木了！

　　最可悲的是：雖然玻璃罩已經不存在，跳蚤卻連「再試一次」的勇氣都沒有。玻璃罩的限制已經深深地刻在它那十分有限的潛意識裡，反映在它的心靈上——不是沒跳高的能力，而是沒有跳高的勇氣。

動物是這樣，人也是這樣。很多人的經歷與此極為相似。有的人就因為自己受到挫折，號稱自己的是過來人，在工作中害怕承擔責任、不思進取、不敢拚搏，他們對失敗習以為常，逐漸喪失了信心和勇氣。

古人說過：「人生逆境十之八九。」在現實生活中，也確實難以事事如意，挫折總是伴隨著人們，小至無端遭人譏諷，受到批評，夫妻拌嘴，大至考試落榜，初戀失敗，婚姻破裂，事業挫折等等。其實，遭受挫折並不可怕，關鍵是用積極的行為方式去自我調節，從消極的挫折心理中得以解脫。

成功與失敗往往就是一步之遙，堅持到最後就是成功，一遇見困難就放棄肯定是要失敗的。相似的故事似乎並不少見，我們也總能清晰地悟出其中的道理，可真輪到自己，又是那麼的沉不住氣。不能堅守，乃是由於我們不自信。我們在本該放手一搏的時候，卻猶豫彷徨。我們不願意再試一下，是因為沒有信心。

因此，在工作中你遇到了挫折，不能被挫折所嚇倒，而要考慮如何從挫折中解脫出來。在遇到挫折時，如果你認為自己被打倒了，那麼你就是真正地被打倒了。如果你認為自己仍屹立不倒，那你就真的屹立不倒。如果你想贏，但又認為自己沒有實力，那你一定不會贏。如果你認為自己會失敗，那你必敗無疑。如果你自慚形穢，那你就不會成為一個強者。

每天喝一點雞湯：

　　生活的路上總是有很多的坎坷，一次次地跌倒並不可怕，可怕的是失去對成功的期待與堅持。更重要的

是，一次次摔倒後，你還能不能頑強地爬起來，總結經驗重整旗鼓，繼續堅持下去，直到成功為止。如果受了重擊後便一蹶不振，那麼，你只好永遠趴在勝利者的腳下。

▶ 糊塗能夠體現智慧

糊塗不是無智，相反它是人類隱藏著的智慧。糊塗不是無能，相反它是人類一種未曾被啟動的潛能。做人要學會糊塗，鄭板橋曾道，難得糊塗。但難得糊塗的鄭板橋，其實是個明白人。看破官場腐敗、骯髒的他，辭官回鄉，寫詩作畫為生，瀟灑人生，以怪馳名。能看破，但就是不說出來或做出來，這是一種心裡明白裝糊塗的智慧。

一天深夜，一個猶太人帶了一筆錢快步走在回家的路上。在經過一段沒有路燈的小巷子時，從牆角處突然閃出一個蒙面大漢，用手槍頂住猶太人的前額，窮凶極惡地說：「把身上所有的錢都交出來。」

猶太人看著黑漆漆的槍口，裝做渾身發抖的樣子，戰戰兢兢地說：「我是有點錢，可全是上司的，幫個小忙吧，在我帽子上打兩槍，我回去好交待。」

蒙面大漢沒有說話，但把他的帽子接了過去，「砰砰」地打了兩槍。

猶太人又央求再朝他的褲腳打兩槍，「這樣就更逼真，主人不

273

會不相信了。」

　　蒙面大漢不耐煩地拉起褲腳打了幾槍。

　　猶太人又說：「請再朝衣襟上打幾個洞吧。」

　　蒙面大漢罵道：「你這個膽小鬼，他媽的……」

　　蒙面大漢扣下扳機，但不見槍響。猶太人一看，知道子彈沒了，便飛也似的跑了。

　　生活中我們難免會遭遇各種危險，只要你保持鎮定，控制好情緒，糊塗面對，就有可能化險為夷。這裡再給大家講一個有關張作霖裝糊塗的故事。

　　張作霖是民國時期的大軍閥，但他強烈主張抵禦日本侵略，這一點深得人心。

　　有一次張作霖出席名流集會。席間，有幾位日本浪人突然聲稱，久聞張大帥文武雙全，請即席賞幅字畫。張作霖明知這是故意刁難，但在大庭廣眾之中，「盛情」難卻，就滿口答應，吩咐筆墨侍候。他瀟灑地踱到桌案前，在滿幅宣紙上，大筆一就寫就了一個「虎」字，然後得意地寫上落款「張作霖手黑」，印上朱印，躊躇滿志地擲筆而起。那幾個日本浪人面對題字，一時像丈二和尚一樣，摸不著頭腦，面面相覷。

　　機敏的隨侍祕書一眼發現了紕漏，「手墨」怎麼成了「手黑」？他連忙貼近張作霖身邊低語道：「大帥，您寫的『墨』字下面少了個『土』，『手墨』變成了『手黑』。」張作霖一瞧，不由得一愣，怎麼把『墨』字寫成『黑』了。如果當眾更正，豈不大丟面子？

　　張作霖眉梢一動，故意裝糊塗地呵斥祕書道：「我還不曉得這『墨』字下面有個『土』？因為這是日本人索要的東西，就是不能帶

『土』。這就叫做『寸土不讓』嘛！」語音剛落，滿堂喝彩。那幾個日本浪人這才領悟到張作霖不好惹，他們越想越沒趣，只好悻悻退場了。

糊塗是一種大智，是一種能給自己一個假面，又不怕丟失自己的藝術。張作霖在自己寫錯字的情況下，並沒有亂了陣腳，而是將錯就錯，巧妙地暗示大家他把『墨』寫成『黑』，不是因為自己不會寫，而是因為對於日本的侵略寸土不讓。這樣一來，本來已經出錯的張作霖心裡明白裝糊塗，不但避免了尷尬，反而表現出他的民族氣節。

每天喝一點雞湯：

> 聰明人總愛裝糊塗，因為糊塗能夠體現智慧。有很多場合，常常會出現意外事件，如果不能妥善處理，就會發生難以承受的事。這時不妨糊塗一下，就坡打滾，或許就能挽回看似無法挽回的局面。

▶ 聰明之人，難得糊塗

「難得糊塗」，表面上看是糊塗，其實是一種聰明。這裡的「糊塗」，並不是真糊塗，而是「假糊塗」，嘴裡說的是「糊塗話」，臉上反映的是「糊塗的表情」，做的卻是「明白事」。因此，這種「糊塗」是人類的一種高級智慧，是精明的另一種特殊表現形式，是適應複雜社會、複雜情景的一種高級的、巧妙的方式。

一次，英國首相邱吉爾（Sir Winston Leonard Spencer-

Churchill） 和 夫 人 克 萊 門 蒂 娜 （Clementine Ogilvy Spencer-Churchill） 一同出席某要人舉行的晚宴。

席間，一位著名的外國外交官將一隻自己很喜歡的小銀盤偷偷塞入懷裡，但他這個小小的舉動被細心的女主人發現了，她很著急，因為那只小銀盤是她心愛的一套古董中的一部分，對她來說很重要。

怎麼辦？女主人靈機一動，想到求助於邱吉爾夫人把銀盤「奪」回來，於是她把這件事告訴了克萊門蒂娜。邱吉爾夫人略加思索，向丈夫耳語一番。

只見邱吉爾微笑著點點頭，隨即用餐巾做掩護，也「竊取」了一隻同樣的小銀盤，然後走近那位外交官，很神祕地掏出口袋裡的小銀盤說：「我也拿了一隻同樣的小銀盤，不過我們的衣服已經被弄髒了，所以應該把它放回去。」外交官對此語表示完全贊同，兩人將盤子放回桌上，於是小銀盤物歸原主。

在很多場合，很多人是不肯裝糊塗的，並能夠拍著胸膛理直氣壯地叫嚷：「我眼裡不揉沙子。」不肯放過每一個可以顯示自己聰明的機會，張口就是應該怎樣怎樣，不應該怎樣怎樣，遇事總是喜歡先用一種標準來判斷一下對與錯，卻總是出力不討好，原因就是不懂得難得糊塗的道理。

每天喝一點雞湯：

在生活中，人們經常會遇到一時會難於處理、難於解決的矛盾和衝突，人們可以借助「故意的糊塗」，有意識地拖延時間，緩和矛盾、化解衝突，以便利用最佳時

機解決問題——因此，這種「糊塗」實際上就是「明者遠見於未萌，智者避危於無形」，是一種少有的謹慎，可以有更多的時間去專注於某項重要的工作，是一種為以後取得勝利的一種策略。

▶ 糊塗一點，大愚藏智

據說大宋哲宗皇帝一次為公主找夫婿「遍士族中求之」。在屢屢「莫中聖意」之後，近臣問，不知要挑個什麼樣的人呢？哲宗說：長得要像狄詠。哲宗的話傳開之後，天下都說狄詠是「人樣子」。狄詠是北宋名將狄青的兒子，但狄詠具體好看到什麼程度，卻沒有記載，但其英俊瀟灑的樣子則是可想而知。

從一個人的樣子可以看出許多的東西。自古以來，窮人有窮人的樣子，富人有富人的樣子。糊塗人自然也有糊塗人的樣子。大愚藏智，平和憨厚就是糊塗人的樣子。

一位自稱「聰明的爸爸」得意洋洋地訓斥孩子：「真笨！這樣簡單的題都不會做；你的老師也笨，連這樣的題也沒教會。來看爸爸的。」

而另一位植物學家卻自稱「笨爸爸」。有一天念小學的兒子持一株小草去問老師，老師也不認識這種草，但老師很誠實，很謙虛，親切地告訴小學生：「你爸爸是個很有學問的植物學家，你去問他，我也很想知道這株小草的祕密呢！」第二天，小學生找到老師說：「爸爸說他也不知道小草的名字。他說老師一定知道，可

能是一時忘記了。讓我再問問你。」並送上一封他爸爸寫給老師的信，裡面對小草做了說細的介紹。最後還附一句：「這個問題由老師來直接回答，想必更為恰當。」

這位植物學家在兒子面前裝傻，要當一個「笨爸爸」，比起那位「聰明爸爸」要高明的多了。現在有些人在社會上，總要表現出比別人強，在單位也要表現出比別人強，在家裡也是如此，豈不知貶低了老師，也就是降低了老師在孩子心目中的威信，使孩子失去了對老師的信任，這樣他還能跟著老師認真學習嗎？能不影響他的成績嗎？

從上面提到的植物學家的做法中，我們似乎可以得出這樣一些道理：人雖有才，卻不可以自耀，不足以自誇。就如同人有一大筆財富一樣，需要時把它取出，可以解危、解難辦成大事；不需要時取出炫耀，只會招災惹禍。對自己的聰明才智應該知道在何處表現，而不是處處都要表現；應該懂得在何時表現，而不是時時都去表現；應該明白在何人面前表現，而不是在人人面前都要表現。

因此，大智若愚，換一個角度來說，也可理解為小事愚，大事明。所謂愚，是指有意糊塗，表現的是靈活性。該糊塗的時候，就不要顧忌自己的面子、自己的學識、自己的地位、自己的權勢，一定要糊塗。而「明」表現的是原則性，該聰明、清醒的時候，則一定要聰明。由聰明而轉糊塗，由糊塗而轉聰明，靈活性與原則性高度結合，則必左右逢源，不為煩惱所擾，不為人事所累。

每天喝一點雞湯：

在生活中，真正的聰明人，遇到任何事絕不自作

聰明，大發議論。相反，他們總是做出一副什麼都不知道、什麼都不清楚的樣子，躲躲閃閃裝糊塗。其實這樣的人往往心知肚明，他們以裝瘋賣傻的手法，別出心裁，出奇制勝。

▶ 裝瘋賣傻才是真聰明

「裝瘋賣傻」的本義其實是一種人生境界，是聰明人所為；是那種明瞭一切卻不點破的拈花微笑般的智慧。在生活中不少人就用「裝瘋賣傻」的方法把生活中的事模糊處理得十分圓滿。

據史書記載，清朝年間廣東省有個梅知縣深得糊塗學的精髓，判案經常以裝瘋賣傻的糊塗手法，別出心裁，出奇制勝。這裡就有一件他裝瘋賣傻的判案故事。

有一年，一位商販從海外回來，帶了五百兩銀子，天黑趕路怕碰上強盜打劫，便把銀子全部埋在本村十里坡的大榕樹下，趁著月色趕回家中。叫門多時，妻子才出來開門。招呼睡下後，妻子問道：「夫君奔波海外多年，賺了多少銀子？」丈夫回說：「這回出門數年，賺得紋銀五百兩，黑夜途中恐遭劫，只好埋在十里坡的大榕樹腳下，明日天亮便可取回來。」

第二天早起，商販趕去起銀。開院門時，院門卻是虛掩著，以為是自己昨夜忘記關門，便沒有多疑，徑直去大榕樹下取銀子。可是到了榕樹下一看，埋銀子的地方已扒開一個坑，銀子早不翼而飛了。他癱軟在樹腳下痛哭一場，本想回家告訴妻子丟了銀子，又怕

妻子說自己昨晚說謊，盡騙人，於是跑到縣城報案。

梅知縣聽完這個埋銀丟銀的經過後，問道：「你外出多少年？」回說：「出門四年。」梅知縣又問：「家中有些什麼人？」回說：「只有妻兒二人，兒子今年四歲多，是我出門前生下的。」又問：「家中有奴僕嗎？」回說：「沒有，一切家務由妻子操持。」又問：「昨晚回家碰見了誰，說起銀子的事嗎？」回說：「沒有，我半夜回家，孩子已經睡著，只是對妻子說過把銀子埋在十里坡大榕樹腳下，可我去取銀子時，妻子尚未起床，孩子也在睡懶覺。」「妻子高興嗎？」回說：「態度倒也平常。」梅知縣又問道：「你回家時，妻子高興嗎？」回說：「態度倒也平常。」梅知縣又問道：「你仔細想想，家中有什麼異常現象沒有？」回說：「沒有。」梅知縣最後說道：「果真如此，你的案子我也難以搞清楚了。」那個商販沉思了一陣，說道：「今早我出院門時，院門卻是虛掩著，我記得昨晚好像關上的，這是否算是異常情況？」梅知縣聽其一說，佯怒拍案大喊：「千怪萬怪，都怪那棵樹！你把銀子寄放在那裡，它卻沒有替你保管好，而被人偷了去！此樹罪該萬死。」於是命令衙役前去拔掉那棵樹，並且囑咐，拔不動就用大鋸去鋸，鋸倒運回來，我要親自審問那棵樹！回過頭來問商販：「你來告狀，你的妻子知道嗎？」回說：「不知道。」知縣告訴他：「你回家不要告訴她，否則我要罰你！明天早上你帶孩子準時來縣衙。」商販回到家，說起丟銀的事，妻子罵他騙人，他也由她罵罷了。衙役們好不容易把樹砍倒，費力的往縣衙大院搬運，途中路人見到官差累得滿身大汗，都問運樹幹什麼。衙役們埋怨道：「梅知縣要開堂審樹。」這話傳出，縣裡的老小皆知，都哈哈大笑，均說梅知縣又犯「癲病」了，知縣審樹，真

是一件奇聞怪事，大家都好奇起來，爭先恐後從四面八方趕到縣衙大院看熱鬧。

知縣審樹開始了，只見大樹倒放在院子中間，眾人擠滿了院。知縣早把商販安排在審台跟前，抱著孩子佯作站著看熱鬧。然後命令眾人，一個跟一個地從審台前經過，人們莫名其妙，只好乖乖地一個接一個走過。突然商販的孩子向迎面走來的一個男人喊道：「叔叔抱我，叔叔抱我！」那男人裝聾作啞便想溜過。梅知縣叫住那個想溜的男人，問道：「你認識這小孩嗎？」那男人搖頭說：「不認識。」梅知縣命令那男人去抱那孩子，孩子卻歡喜地伸手求抱，狀甚親密。知縣讓商販問其孩子：「這個叔叔你在哪裡見過？」小孩子回說：「這是我家叔叔。」又問：「叔叔喜歡你嗎？」回說：「喜歡。」又問：「叔叔喜歡媽媽嗎？」回說：「喜歡！」梅知縣聽完孩子的答話，指著那男人喝道：「就是你，盜竊了大樹下的銀子，趕快從實招來。」那男人矢口抵賴。梅知縣道：「大膽刁民！前天晚上你在商販家偷聽到他們夫婦說話後開門出院，便去大樹底下取走了銀子，趕快從實招來，否則兩罪並罰，嚴懲不貸！」那男人見事敗露，又怕激怒梅知縣，追究姦情就更麻煩了，只好老老實實招供並如數交出全部銀子，知縣為了照顧商販夫妻關係，而沒再過問姦情之事。

結案之後，眾人有些不解，梅知縣說，我從商販講述的經過中，覺察到有人偷聽到他們夫妻的談話，從商販說早上出去時門是虛掩著的，判斷此家半夜有人出門，而這個人又是商販回家之前就呆在院子裡的，大有姦夫之嫌，究竟是誰，只有叫小孩來認。撒謊審樹，不過是以癲惑人。為了製造一種奇聞。因為越是奇聞就會招

來好奇的人前來看熱鬧，犯了法的人更關心審案的事，必然要來看個究竟，這就給小孩提供認其母「相好之人」的場合和對象。一席話說得大家恍然大悟。

梅縣令遇事裝瘋賣傻，不動聲色，實際就是裝糊塗。而且裝得徹底，既破了盜銀案，又保全了受害人一家的幸福。不過，在生活中裝傻是一門有技術涵養的活。你表面上要裝得恰到好處，內心裡還要清楚你裝傻的目的。所以，一個人裝傻裝得好也是要靠才情的，這是一種和聰明一樣艱難的工作。

每天喝一點雞湯：

> 在人生中，越是大事，糊塗越要裝得徹底。同時，裝傻也會讓自己的心明白很多，聰明不用寫在自己臉上，寫在心裡才是大智！世道複雜，裝瘋賣傻才是真聰明、真本領啊。

▶ 心裡明白裝糊塗

生活中，心裡明白裝糊塗是一種達觀，一種灑脫，一份人生的成熟，一份人情的練達。懂得了這一點，我們才能挺起剛勁的脊梁，披著溫柔的陽光，到達希望的彼岸。李白有一句耐人尋味的詩，叫「大賢虎變愚不測，當年頗似尋常人」，揭示了糊塗學意義上的處世法，這是指在一些特殊的場合中，人要有猛虎伏林，蛟龍沉潭那樣的伸屈變化之胸懷，讓人難以預測，而自己則可在此其間從容行事，當然做到「明知故昧」，絕非易事，如果沒有高度涵

養，斤斤計較，是斷然不行的。

　　春秋時，楚王大宴群臣，名叫太平宴。文武大小官員，寵姬妃嬪，統統出席，務要盡歡。席間奏樂歌舞，美酒佳餚，飲至黃昏，興猶未盡。楚王命點燭繼續夜宴，還特別叫最寵愛的兩位美人許姬和麥姬，輪流向各人敬酒。忽然一陣怪風，吹熄了所有蠟燭，漆黑一團，席上一位官員乘機揩油親澤，摸了許姬的玉手，許姬一甩手，扯斷了他的帽帶，匆匆回座附耳對楚王說：「剛才有人乘機調戲我，我扯斷了他的帽帶，趕快叫人點起燭來看看誰沒有帽帶，就知道是誰。」楚王聽了，忙命不要點燭，卻大聲向各人說：『寡人今晚，務要與諸位同醉，來，大家都把帽子除下來痛飲。』

　　於是各官除掉帽子，楚王命令點燭，都不戴帽子了，也就看不出是誰的帽帶斷了。席散回宮，許姬怪楚王不給她出氣，楚王笑說：「此次宴會，目的在狂歡，酒後狂態，乃人之常情，若要追究，豈不是大煞風景，豈是宴會原意。」

　　許姬聽說，方服了楚王裝糊塗的用意。這就是有名的「絕纓會」。

　　後來楚王伐鄭，有一健將獨率數百人，為三軍開路，斬將過關，直逼鄭的首都，使楚王聲威大震，這位將軍後來承認他就是當年揩許姬油的那個人。

　　在人生中，人們定會遇到許許多多令自己「難堪」的情境，對此，人們可以借助於「糊塗」，「忍讓」一下，不過於斤斤計較，暫時「吃點小虧」，作點「退卻姿態」。這種「糊塗」，可以讓你有更多的時間去享受人生，具有「保護自己」的能力。

第 7 章　糊塗多一點，煩惱少一點

每天喝一點雞湯：

．．．

　　裝糊塗在人際相處上很重要。心胸開闊些，寬容大度些，也就大事化小，小事化了了。如果發生意見不一致，爭論一陣，見不出高低，便不必再爭論了。沒有多少原則性的大是大非，何必非爭個清楚明白呢？你知道自己的意見正確，對方同樣認為自己正確，這樣，就應當裝糊塗，讓爭論在和平的氣氛中結束。

▶ 花要半開，酒要半醉

　　在電視連續劇《水滸傳》中，武松醉打蔣門神的片斷非常精彩：武松手握酒杯，仰脖而乾，身子東倒西歪，步履輕漂虛浮，蔣門神於漫不經心之際，鼻梁突著一拳，尚未回過神來，眼額又遭一腿……當其終於醒悟這絕非是酒鬼的「歪打正著」之時，其身已受重創而無還手之力了。武松所用的「醉拳」，乃武術中一高難度拳術，委實厲害之極。「醉拳」的厲害，在於一個「裝醉」，表面上看來跌跌撞撞，踉踉蹌蹌，不堪一推，而其實呢，醉醺醺之中卻殺機暗藏，就在你麻痺大意之時，卻被「醉鬼」打趴在地。

　　因此，玩「醉拳」的，是「形醉而神不醉」，「醉」只是迷惑對手的手段。人生也是這樣，要學會裝醉。所謂「花要半開，酒要半醉」就是這個道理。不然，當你志得意滿、目空一切時，你不被別人當靶子打才怪呢！

　　春秋時期，鄭莊公準備伐許。戰前，他先在國都組織比賽，挑

選先行官。眾將一聽露臉立功的機會來了，個個躍躍欲試，準備一
顯身手。

　　眾將首先進行擊劍格鬥，都使出了渾身本領，爭先恐後。經
過輪番比試，選出了六個人來，參加下一輪射箭比賽。在射箭項目
上，取勝的六名將領各射三箭，以射中靶心者為勝。有的射中靶
邊，有的射中靶心。第五位上來射箭的是公孫子都。他武藝高強，
年輕氣盛，向來不把別人放在眼裡。只見他搭弓上箭，三箭連中靶
心。他昂著頭，瞟了最後那位射手一眼，退下去了。最後那位射手
是個老人，鬍子有點花白，他叫潁考叔，曾勸莊公與母親和解，立
有大功。潁考叔上前，三箭射擊，連中靶心，與公孫子都打了個
平手。

　　只剩下兩個人了，莊公派人拉出一輛戰車來，說：「你們二人
站在百步開外，同時來搶這部戰車。誰搶到手，誰就是先行官。」
公孫子都輕蔑地看了對手一眼，哪知跑了一半時，公孫子都卻腳下
一滑，跌了個跟頭。等爬起來時，潁考叔已搶車在手。公孫子都哪
裡服氣，提了長戟就來奪車。潁考叔一看，拉起車來飛步跑去，莊
公忙派人阻止，宣布潁考叔為先行官。公孫子都因此懷恨在心。

　　潁考叔果然不負莊公之望，在進攻許國都城時，手舉大旗率先
從雲梯衝上許都城頭。眼見潁考叔大功告成，公孫子都嫉妒得心裡
發疼，竟抽出箭來，搭弓瞄準城頭上的潁考叔射去，一下子把沒有
防備的潁考叔射死了。

　　做人切忌恃才自傲，不知饒人。鋒芒太露易遭嫉恨，更容易樹
敵。潁考叔的死就是因為他不知道糊塗保身，鋒芒太露的緣故。當
今社會，此理仍然。你不露鋒芒，可能永遠得不到重任；你鋒芒太

露卻又易招人陷害。雖容易取得暫時成功，卻為自己掘下了墳墓。當你施展自己的才華時，也就埋下了危機的種子。所以才華顯露要適可而止。

所謂「花要半開，酒要半醉」，凡是鮮花盛開嬌豔的時候，不是立即被人採摘而去，也就是衰敗的開始。人生也是這樣。所以，無論你有怎樣出眾的才智，但一定要謹記：不要把自己看得太了不起，不要把自己看得太重要，不要把自己看成是救國濟民的聖人君子似的，還是收斂起你的鋒芒，夾起你的尾巴，掩飾起你的才華吧。

每天喝一點雞湯：

作為一個人，尤其是作為一個有才華的人，要做到不露鋒芒，既有效地保護自己，又能充分發揮自己的才華，不僅要說服、戰勝盲目驕傲自大的病態心理，凡事不要太張狂、太咄咄逼人，更要養成謙虛讓人的美德。

▶ 出頭屋簷先爛

杜甫有句名詩：「射人先射馬，擒賊先擒王。」君不見，一年四季，風吹雨淋，年復一年，日久天長，出頭的屋簷先爛是自然而然的了。在客觀世界中，類似的事情很多，人們已經司空見慣了。

然而，在社會生活中這類事情也是屢見不鮮。我們這些人在工作、學習中或多或少地都會嘗到「出頭的屋簷先爛」的滋味，恐怕也都是受害者。君不見，有的人工作成績突出受到上級的表揚獎

勵。這本來是一件好事，上級表揚和肯定了這個人的工作是要引導大家向這個人學習。但事與願違，這種表揚獎勵往往搞得這個人很尷尬。流言蜚語、冷嘲熱諷會隨之而來。甚至有人還會顛倒黑白，向受表揚的人施放冷箭、潑髒水。搞得誰也不願意再出頭，只能是隨大流得過且過了。

一篇小說《臥底》，就深刻地揭示了這個道理。《臥底》講的是一名試用記者為了把工作做好，為了伸張正義，為了給窮人出一口氣，到一個小煤窯作臥底記者，結果出現意外，他失去了光明，也失去了那份工作。

從小說中，我們可以看到個人的力量相對於強勢是有限的，揭露這個社會的黑暗面是一個記者的職責，但是在現實社會裡畢竟深藏著勢力、金錢、利益等一系列難以想像的東西，靠一個記者的身分去解決問題是遠遠不夠的。因為記者畢竟是一個凡人，俗話說得好，縣官不如現管，再能幹，在有些問題面前也顯得很蒼白，很無力。

為了揭露社會黑暗面，他失敗了，不但失去了人身自由，更失去了工作，一個三十多歲的人，下一步將去何方，古人的教訓，古人的名言，我們為何不用？

由此看來，「出頭的屋簷先爛」，也許不僅僅是輕輕鬆鬆的瀟灑之言，而是人生痛苦經驗的總結。

每天喝一點雞湯：

一個人事業有成、春風得意，難免鋒芒畢露。若不知收斂，一味賣弄乖巧，耍小聰明，甚至逞強鬥勇，定

會傷及左右，招致詆毀誹謗，最終落個聰明反被聰明誤的下場。如果糊塗一點，大智若愚，藏巧於拙，如孫臏裝瘋賣傻、司馬懿裝傻充呆，不僅保全了身家性命，而且也為最後取得勝利奠定了基礎。因此，韜光養晦，來點糊塗，則未嘗不是明哲保身之道。

▶ 睜一隻眼閉一隻眼

法國有位農學家，在德國吃過土豆，很想在法國推廣種植這種作物，但他越是熱心的宣傳，別人越不相信。醫生認為土豆有害於人的健康，有的農學家斷言種植土豆會使土地變得貧瘠，宗教界稱土豆為「鬼蘋果」。經過一段時間的思考，這位一心推廣土豆種植的農學家，終於想出一個新點子。在國王的許可下，他在一塊出了名的低產田裡栽培了土豆，由一支身穿儀仗隊服裝的國王衛兵看守，並聲稱不允許任何人接近它，挖掘它。但這些士兵只在白天看守，晚上全部撤走。人們受到禁果的引誘，晚上都來挖土豆，並把它栽到自己的菜園裡。這樣，沒過多久土豆便在法國推廣開了。這個推廣土豆種植的主意獲得成功，就得益於情境的巧用。直言土豆好，人們不信；由皇家種植，國王衛兵看守，暗示的情境意義即：是貴重物品。由此誘發了人們占有的欲望，加之栽種後親自品嘗與體驗，確信有益無害，就會完全接受了這種作物。這就在於利用了人們的好奇心理，睜一眼，閉一眼，創造了一個使人接觸土豆的契機，所以產生了可喜的效應。

　　生活中也是這樣。俗話說得好：人無完人。每個人都有自己的缺點和不足，在人與人的交往中，如果我們總是睜大眼睛，就像兩眼球是顯微鏡似地觀察、計較別人的缺點和不足，那麼，我們永遠不會滿意對方，我們會嫌棄、厭惡別人，就處理不好與同學、同事、朋友、親人、愛人的關係了，會破壞基本的團結關係，會失去朋友，甚至失去親人和愛人。如果我們閉上一隻眼睛，以一份寬容的心看待別人的缺點和不足，給別人一份信心，給自己一份輕鬆，生活就變得可愛多了。

　　有個孤兒被一個算命的瞽目先生收做徒弟，某日一枚銀元掉落地上，徒弟剛伸手，卻讓師傅搶先一步撿去。於是西洋鏡看破，原來師傅的瞽目是假的！師傅說，偽裝是為了生計，為了這生計你又不得不偽裝。你看，那個女人手持藥方，步履匆匆而神色慌張，你就知道她家裡人得了急病；那個男人大腹便便，講話嘻皮笑臉，你就猜出是位當官的。如此，替人算起命來就容易多了。徒承師業，這孤兒後來也裝成瞎子，戴上一副墨鏡周遊四方，號稱「瞎半仙」。在他的算命生涯裡，找他算命的可謂三教九流都有，有祕書陪同的官員，也有官員陪同的更大官員，有身邊人替他付算命錢的，也有自己從一隻「紅包」裡抽出錢來的。反正人家都以為他是瞎子，只會閉眼替人算命，不能睜眼看這現實世界。事實上某些人在他眼前一站，他就認出是誰了。對其中的某位，「瞎半仙」或許會在肚子裡直笑：昨天我在電視上看你口沫飛舞地做掃除迷信報告，今天你卻到這裡聽我做算命文章。

　　這種行為在生活中就是「睜一隻眼閉一隻眼」的糊塗。在生活中，糊塗不等於馬虎，糊塗是一門學問，包含著物極必反的深奧道

理，屬於清醒的最高級別，需要傾注大量的文化情愫，進行長年累月的修煉之後才能自然流露。而馬虎是不需要什麼的，只不過是一種陋習罷了。

> **每天喝一點雞湯：**
>
> 　　將「糊塗學」活學活用到生活中，也就是「睜一隻眼閉一隻眼」，成語叫做視而不見。對有些事情，你好像已經看見了，好像又沒有看見。上司的某些醜陋，你看得明聽得清，但你就是擺出一點兒也不知道的樣子，故意讓自己蒙在鼓裡。倘若你說自己知道了，那你就是聰明過頭。

▶ 外表糊塗，內心清楚

　　糊塗與清醒，糊塗一些好呢？還是清醒好呢？一般的答案一定是後者。可糊塗學卻提倡前者。例如，電視劇《九品芝麻官》中，包龍星自幼家貧，但他有志要像先祖包公一樣做個明鏡高懸的清官。龍星長大，親戚們出錢給他捐了個候補知縣，是個九品芝麻官。龍星看似懶散糊塗的外表下，有其他人難以企及的智慧，每判奇案，深受百姓愛戴。這便是外表糊塗，內心清楚的生活智慧了。

　　當然，如果一個人內心本來很清楚，卻要他在表面上裝糊塗，這確實是件很困難的事，非有大智慧者不容易辦到。而做到了這一點，就是所謂的「清楚之糊塗」了，這跟老子所讚賞的「大智若愚」幾乎如出一轍。

三國時期的司馬懿，本來是個老謀深算、絕頂聰明的人，卻總喜歡裝糊塗。當年他在五丈原，憑藉一套大智若愚的陰騭功夫，終於拖垮了老對手諸葛亮，居功至偉，在國內也權傾一時。正因為功高震主，少不得引來同僚的妒忌和朝廷的猜疑。這種情況下，司馬懿乾脆裝起糊塗來，以病重為由長期在家休假，給人製造一種他行將就木的假象。但他的對手們還是不放心，派了個人以慰問病情為由，刺探司馬懿的虛實。司馬懿乾脆將計就計、順水推舟，真的裝出一副日薄西山、奄奄一息、病入膏肓的樣子，接待來使，演出了一幕生動的活劇。在司馬懿的策劃下，來人果然被矇騙過去了，回去就說司馬懿病勢嚴重，將不久於人世，於是司馬懿的政敵們終於放鬆了警惕。就在這個時候，司馬懿暗中培植羽翼、廣羅親信，神不知鬼不覺地布置自己的兩個兒子抓住了京師禁軍大權。後來看准了一個時機，發動了「高平陵之變」，幾乎將曹家的勢力一網打盡，至此魏國軍政大權盡數落在司馬氏手中。

你看，一個人充分運用糊塗學的技巧，會有很多意想不到的收穫，也不失為保全自己的手段。細數古今中外，無論是政治、軍事、外交、管理，其實都用得著「清楚之糊塗」的招數。所以對聰明人來說，正確的態度應該是什麼呢？那就是「該清楚時就清楚，偶爾也要裝糊塗」。

每天喝一點雞湯：

內心本來是「清清楚楚」的，卻為了因應實際的需要，在外人面前表現出「含含糊糊」的姿態，也許更加有助於達到「圓通」的境界，這也是一種出色的人生智慧。

電子書購買

國家圖書館出版品預行編目資料

適度放棄，停止「勒索」自己：憂鬱本身不是
罪，不必為悲觀向任何人道歉 / 謝琇龍，大衛
著 . -- 第一版 . -- 臺北市：清文華泉事業有限公
司 , 2022.12
面；　公分
POD 版
ISBN 978-626-7165-17-1(平裝)
1.CST: 人生哲學 2.CST: 自我實現
191.9　　　111020103

適度放棄，停止「勒索」自己：憂鬱本身不是罪，不必為悲觀向任何人道歉

臉書

作　　　者：謝琇龍，大衛
發 行 人：黃振庭
出 版 者：清文華泉事業有限公司
發 行 者：清文華泉事業有限公司
E - m a i l：sonbookservice@gmail.com
粉 絲 頁：https://www.facebook.com/sonbookss/
網　　　址：https://sonbook.net/
地　　　址：台北市中正區重慶南路一段六十一號八樓 815 室
Rm. 815, 8F., No.61, Sec. 1, Chongqing S. Rd., Zhongzheng Dist., Taipei City 100,
Taiwan
電　　　話：(02) 2370-3310　　　傳　　真：(02) 2388-1990
印　　　刷：京峯彩色印刷有限公司 （京峰數位）
律師顧問：廣華律師事務所 張珮琦律師

定　　　價：360 元
發行日期： 2022 年 12 月第一版
◎本書以 POD 印製